중유일기

한시 짓는 개성상인 공성학의
1923년 중국 유람기

중유일기

공성학 지음　박동욱 · 이은주 옮김

Humanist

인삼 파는 개성상인 공성학의 중국 유람기

공성학과 20세기 초의 개성상인

공성학(1879~1957)이 어떤 사람인지 잘 알려주는 자료가 둘 있다. 하나는 친일인명사전편찬위원회에서 펴낸 《친일인명사전》(민족문제연구소, 2009)이고, 다른 하나는 1988년 4월 16일 《매일경제신문》에 실린 고승제(高承濟)의 〈개성인삼과 전기주식회사(電氣株式會社)〉라는 글이다. 《친일인명사전》에서는 공성학이 식민통치에 협력했고 1937년 중일전쟁에서 일본의 승리를 기원하거나 일본 제독의 죽음을 애도하는 시를 지었다는 점, 전시 체제 당시 일제의 요구에 부응하여 육·해군기 두 대를 헌납하기 위해 실행위원으로 16만 원 모금에 앞장섰다는 점을 강조한다. 한편 〈개성인삼과 전기주식회사〉에서는 인삼수출권을 사실상 장악했던 미쓰이 물산과의 전담 거래를 위해 개성상인들이 개성삼업조합(開城蔘業組合)을 설립하였으나 이들이 일본인이 독점하고 있던 근대적 산업에 진출하고자 열악한 상황에서 '민족자본'으로서 얼마나 분투했는지를 말하고 있다. 그렇다고 이 상반된 모습이 모순적이라고는 볼 수 없다. 일제강점기에서 한인 실업가의 행보는 친일파인 동시에 일본 자본에 맞서는 민족자본가 사이를 서성거릴 수밖에 없었을 것이다. 어쩌면 이 두 자료는 공성학이 지닐 수밖에 없었던 상반된 모습을 각각 다른 방향에서 비추고 있는 것일지 모른다.

공성학은 1879년 2월 경기도 개성에서 태어났다. 1906년 대한제국의 경리원(經理院) 주사로 임명되었다가 2월에 의릉참봉을 맡았다. 1909년에는 대한협회 개성지회 평의원으로 활동했고 1910년 개성삼업조합 설립에 적극 참여해 제2대 조합장을 지냈다. 1912년에는 개성의 실업가들과 함께 영신사(永信社)를 설립해 상무이사를 지냈고 1921년에는 당시 유일하게 민족 자본으로 설립한 전기회사인 개성전기주식회사 이사와 고려삼업사 이사를 맡았다. 1924년에는 개성 문묘 사성(司成)에 임명되었고 1925년에는 개성양조주식회사를 설립해 대표이사로 취임했으며 1929년에는 경기도 도평의회원에 임명되었다. 1930년에는 경학원 부설기관인 명륜학원 평의원으로 활동했고 1936년에는 개성삼업주식회사를 설립하고 이사를 맡았다. 1938년에는 개성상회를 설립하여 사장 겸 대표로 취임했고 1943년에는 경학원 부제학에 임명되었다. 1957년에 사망했다.

실업가 이외에도 다양한 이력이 있었지만, 공성학을 설명할 때 가장 중요한 키워드는 인삼을 파는 개성상인이라는 점일 것이다. 앞서 언급한 고승제의 〈개성인삼과 전기주식회사〉에서는 개성상인에 대해 흥미로운 이야기를 두 가지 서술하고 있다. 하나는 개성인삼이 유명하지만 그 역사가 우리가 생각하는 것만큼 오래되지는 않았다는 것이다. 인삼의 본고장은 전라도 동복(同福, 전남 화순)인데, 개성 상인들이 이 지방을 왕래하다 인삼 경작법을 터득해 개성에 전했으며, 중국과 가깝다는 지리적 이점과 인삼 재배에 적당한 기후와 풍토, 인삼을 수확하려면 최소한 4~5년이 걸리는데 이렇게 긴 기간 동안에도 자금을 계속 투여할 수 있는 자본력, 또 인삼 재배와 관련된 기물과 시설을 창안해낸 덕분에 개성이 유명한 인삼 생산지로 떠오르게 되었다는 이야기다. 당시 여러 신문에서 보도했듯 미쓰이 물산이 홍삼 전매를 장악하는 바람에 일반 삼업인이 판매할 수 있는 인삼은 수삼과 백삼뿐이었다. 그때 최익모(崔益模)가 인삼 포장에 금띠를 두르고 '고려인삼'이라는 금박 상표를 붙이는 등 개량하여 명품 브랜드화하거나 신문이나 잡지에 인삼을 광고하면서 통신판매 주문을 받는 등 여러 전략으로 성공을 거두었으니, 개성상인들의 수완을 보여주는 단적인 예라 할 수 있다.

다른 하나는 개성상인에 대해 언급할 때 많은 글에서 이들의 '협동 정신'을 특기한다는 점이다. 이는 앞에서 소개한 공성학의 이력 중 개성삼업조합을 중심으로 개성상인들과 연합해 회사를 설립하고 운영하는 점으로도 드러난다. 그런데 이러한 결속력은 동업자로서 협동을 중시하는 상인 특유의 의식 때문만은 아니다. 개성상인의 '협동 정신'은 개성이라는 지역의 특수성과 맞물려 있다.

패망한 왕조의 수도이기 때문에 조선시대 내내 지역적 차별을 당했다는 공유의식으로 단결한 개성상인들은 상업적 성공으로 축적한 자본을 문화 사업에 투자했다. 이들의 문화적 구심점은 개성의 걸출한 문인 김택영(金澤榮)이었는데, 그는 《숭양기구전(崧陽耆舊傳)》과 《신고려사(新高麗史)》로 개성의 주요 인물들을 정리하며 고려

왕조를 재조명했다. 개성상인이자 문인이었던 이들은 20세기 초 새로운 문학 장르가 등장하고 한글 표기가 전면에 등장하는 흐름과는 달리 순한문을 쓰고 전통적 글쓰기를 계승하는 방향성을 보였다. 이들이 펼친 출판 사업도 기본적으로는 전통 문집 발행, 곧 선조(先祖)의 문집을 세상에 전한다는 맥락에서 이루어졌다. 공성학이 간행한 《고산선생실기(孤山先生實記)》는 선조 공은(孔僡)의 시와 사적을 정리하면서 후학들의 추모시를 엮은 것이고, 공성학의 회사 춘포사(春圃社)에서 간행한 《운호당승언(雲湖堂賸言)》은 허정중(許遠重)이 부친 허응(許應)의 평소 가르침을 정리한 것이며, 공성학이 조선 왕조에 출사하기를 거부하고 은거한 두문동(杜門洞) 72현의 사적을 편집한 《두문동서원지(杜門洞書院誌)》도 그중 한 사람인 임선미(林先味)의 후손 임하영(林河永)의 제안으로 이루어진 것이었다. 나아가 가문의 범위를 넘어 개성의 유명한 학자 김헌기(金憲基)의 《요천선생집(堯泉先生集)》, 문인 김진만(金鎭萬)의 《춘정집(春亭集)》, 박문규(朴文逵)의 《천유시집(天遊詩集)》과 《천유집고(天遊集古)》도 간행되었다. 이들 문집의 간행에 여러 개성 문인이 참여한 것은 개성의 걸출한 인물들을 드러냄으로써 그동안 정치적으로 열세에 놓여 있던 개성의 위상을 높이려는 시도였다고 볼 수 있을 것이다.

개성상인들은 대개 개성삼업조합 간부였는데, 1922년 2월 22일 총회에서 다시 선출된 개성삼업조합 임원은 조합장 손봉상(孫鳳祥), 부조합장 공성학, 이사 고도후(高燾厚)·박봉진(朴鳳鎭)·최진영(崔進永)·조용환(曹龍煥)·박세창(朴世昌), 회계 김정호(金正浩)였다. 공성학은 개성삼업조합에 속한 이들 몇몇과 홍삼 판로를 확대하고자 1923년 중국을 시찰했고 1928년에는 대만과 홍콩을 시찰했다. 《중유일기》는 이들이 중국을 시찰하면서 적은 메모를 정리해 서술한 일기체 형식의 여행기다.

《중유일기》의 내용

1923년 어느 날 인삼 전매를 담당하던 조선총독부 전매국 개성 출장소 소장 이모리 겐조(伊森賢三)가 중국 시장 시찰을 권유하면서 이들의 중국 방문은 전격적으로 결정되었다. 개성삼업조합장 손봉상이 이 말을 듣고 공성학에게 함께 가자고 제안했고, 이사 박봉진, 서기장 조명호(趙明鎬)와 함께 시찰단을 꾸렸다. 이들이 4월 1일에 개성역을 출발해 경성의 남대문역에 도착했을 때 홍삼 위탁 판매를 독점하는 미쓰이 회사의 경성 지점장 대리 아마노 유노스케(天野雄之輔)가 중국 시찰을 안내한다는 취지로 합류하였고 개성 부호로 자주 언급되는 김원배(金元培)가 동행함으로써 여섯 명으로 구성된 시찰단이 결성되었다.

이 중국 방문은 홍삼 판로를 시찰하는 데 주목적이 있었지만, 실제로는 중국의 여러 명승지를 방문하는 전형적인 여행에 가까웠다. 특히 이들이 순한문을 사용하는 전통적 글쓰기를 지향했던 문인이기도 했다는 점을 고려하면 중국 여행이 결정되었을 때 이들이 느낀 감격은 대단히 컸을 것이다. 조선시대의 문인들은 중국에 가보는 것이 꿈이지만 실제로 중국에 가는 일은 선택된 소수의 사람들에게만 허용되었기 때문이다. 예기치 않게 풍랑을 만나 중국에 닿았다가 환송되는 비공식적이고 예외적인 사례를 제외하면, 중국 방문 후 기록을 남기는 경우는 대체로 사행에 국한되었다. 그런데 소수의 사행단에 선발되는 것 자체가 쉽지 않았기 때문에, 중국 문헌을 보면서 자연스럽게 중화문명(中華文明)을 동경했던 조선 문인들에게 중국은 실제로는 존재하지만 현실적으로는 체험하기 어려운 관념적 공간으로 남아 있었다.

보통 개성에서 중국을 간다면 기차를 타고 육로를 이용하는 게 가장 빠른 길이다. 하지만 이들 공성학 일행은 조선총독부 전매국과 미쓰이 물산의 후원을 받아서 가는 것이었고, 당시 중국에서 한창 극렬하던 배일 운동을 의식하지 않을 수 없었을 것이다. 1915년 1월, 일본이 중국에 '21개조'를 요구하자 그 내용이 일본에만 유리한 것임을 듣게 된 중국인들은 일본과의 조약 체결을 강력히 반대하고 일본 상품 불매운동을 벌였으며 1915년 5월에 원세개 정부가 이 조약을 승인하자 5·4운동에 불이 붙었다. 그래서 이를 피해 개성에서 경성(서울)을 거쳐 부산으로 이동한 뒤 부산에서 일본을 경유하여 중국 상해로 들어가는 경로를 택했다.

이들이 문인적 색채를 가지고 있던 상인이라고는 해도 미쓰이 물산에서 이끄는 시찰단이었기 때문에 이 여행기는 상해에서 중국의 삼호들과 만나 홍삼 판로에 대해 논의한 내용을 비중 있게 기록하고 있고, 다른 곳에서도 홍삼 가격과 판로, 저장에 대한 정보를 입수했다는 언급이 있다. 그러나 공성학 개인으로서는 이 시찰이 평소의 소원을 이룰 기회이기도 했다. 자신이 존경했던 김택영을 통주에서 직접 만날 수 있었고, 책으로 보면서 상상만 했던 여산폭포의 장관을 볼 수 있었다. 또 본관인 곡부(곡부 공씨)를 찾아가서 공자·맹자의 무덤과 사당을 볼 수 있었다.

《중유일기》는 크게 두 가지로 그 특색을 이야기해볼 수 있다. 하나는 그동안 여러 차례 지적되었던 친일적 시각이다. 이들의 시찰은 따지고 보면 모두 조선총독부 전매국을 배경으로 또 미쓰이 물산의 지원으로 이루어진 것이기 때문에 공성학 일행 스스로도 그러한 시각에서 벗어나기는 어려웠을 것이다. 그래서 시모노세키의 슌판로에 올라 이토 히로부미와 이홍장이 조약을 담판지은 곳임을 떠올리면서 '영웅'이라는 표현을 쓰고, 중국 삼호들을 만났을 때는 이들이 미쓰이 물산을 상대로 이익을 챙기려고 속이는 게 아닐까 의심하기도 한다.

물론 이것이 스스로를 일본인과 동일시한다는 뜻은 아니었다. 공성학 일행은 홍삼 판매 문제에서도 미쓰이 물산의 입장과 자신들의 입장을 구분했다. 4월 7일 상해에서 중국 삼호 다섯 사람과 만난 자리에서 홍삼 판로에 대한 이런저런 이야기를 들으면서 공성학이 내린 결론은 지난해 금융공황 때 재고품이 쌓였는데도 홍삼 가격을 유지할 수 있었던 것은 거대 자본을 보유한 미쓰이 물산 덕분이라는 점, 그런데 홍삼 가격이 낮아지면 판매량이 증가할 것이라는 중국 삼호들의 이야기도 일리가 있다는 점, 만약 그 의견을 받아들여 미쓰이 물산에서 박리다매로 장사를 하게 되면 생산하는 자신들만 과잉생산으로 손해를 볼 수 있다는 것이었다. 이 점은 미쓰이 물산과 협력해야 하는 관계이지만 미쓰이 물산으로부터 약간의 선금을 받고 5년 동안 인삼을 경작해서 납품해야 하는 자신들의 불리한 위치를 철저히 인식하고 있다는 의미였다. 공성학이 귀국하면서 산천이 아름다운들 우리 땅이 아니라는 탄식도 그러한 맥락으로 이해할 수 있을 것이다.

《중유일기》에서 읽어낼 수 있는 또 다른 특색은 중국의 여러 지방을 돌아보면서 공성학이 복잡 미묘한 감정을 보인다는 점이다. 중국을 바라보는 그의 시선에는 곡부가 본관이라는 점에서 공자의 후손이라는 자부심과, 한학을 배우고 한문 문헌에 익숙해 중국에 대해 너무나 잘 알고 있는 문인으로서 가질 법한 과거 중국에 대한 동경이 분명히 나타난다. 그러나 또 어떤 대목에서는 근대를 선도하는 일본의 시선으로 중국의 낙후성을 발견하기도 한다. 그런 한편, 일본을 비롯한 서구 열강에 둘러싸인 중국의 현재 모습에서 어떤 동질감을 느끼기도 한다.

공성학은 《중유일기》의 권말에서 "예전에 일본을 세 차례 여행"했지만 이번 중국 방문이 훨씬 더 절실하고 시급한 것이었다고 쓰고 있다. 그렇다면 그 전의 일본 여행은 공성학의 중국 인식에 어떤 영향을 미쳤을까.

1920년대의 중국 여행기들 그리고 《중유일기》

한말~1910년대에 일본이 조선인시찰단(관광단)을 조직해 일본 관광을 시켰을 때는 일본의 한국 병합에 공로가 있는 자들에 대한 보상, 보수적 관료와 유생의 인식 전환, 관료에 대한 교육적 차원에서 주로 이루어졌다. 이 일본 관광은 꽤 성공적인 것으로 평가되었다. 많은 조선인이 일본의 근대 산업 시설, 번화한 도시, 역사 유적에 감탄했기 때문이다. 1920년대 이후에는 총독부가 직접 주도하는 '내지 시찰'이 본격적으로 시행되었고 다양한 계층으로 참여자의 폭이 넓어졌다. 일본이 근대화를 통해 얼마나 발전했고 역사와 저력이 얼마나 대단해졌는지를 보여주려던 그 의도는 상당 부분 효과를 거두었다. 식민지 시기 조선인들은 일본 시찰을 통해 근대성에 매료되었고 일본과 조선의 현실을 비교하며 일본에 대한 선망과 조선에 대한 비판을 토로했다. 공성학의 세 차례 일본 방문 중 두 번째는 1912년 9월 20일에 김익환(金益煥), 박봉진과 함께 여행을 간 것이고, 세 번째는 1920년에 아들 공진항이 아프다는 소식을 듣고 급히 교토에 간 것이다. 처음 일본에 간 시점과 상황은 확인하기 어렵지만 일본에 갔을 때 본 근대적 건물과 풍경에 대한 소감은 시찰단으로 일본에 다녀온 사람들의 반응과 크게 다르지 않았을 것이다. 그래서《중유일기》에도 그 기저에는 근대화에 대한 욕구가 깔려 있고, 그러한 인식의 연장선상에서 '근대화되지 못한 것들'에 아쉬움을 토로하고 있다.

그동안 그다지 주목하지 않았지만, 중국은 한국인들이 가장 많이 방문한 곳이었고 1919년 4월 15일 일제가 한국인들의 국외 여행을 견제하기 위해 '조선인 여행 취체규칙(取締規則)'을 제정하여 실시했을 때 만주 여행자가 가장 많았다고 한다. 그러나 만주 이외에 중국 내륙 지방을 여행하고 여행기를 남기는 경우도 적지 않았다.《동아일보》에 실린 중국 여행기로는 권태용(權泰用)의 〈중국여행기(中國旅行記)〉(1920년 7월, 전 3회), 유광렬(柳光烈)의 〈중국행(中國行)〉(1923년 6월, 전 2회)이 있고,《개벽》에도 동곡(東曲)이라는 필명으로 쓴 〈항주(杭州) 서호(西湖)에서〉(1923년 9월)가 실렸다. 박영철(朴榮喆)의《아주기행(亞洲紀行)》처럼 단행본으로 출간된 사례도 있다.

이러한 중국 기행문 가운데《중유일기》와 비교할 만한 것은 〈항주

서호에서〉와《아주기행》일 것 같다. 근대적인 눈으로 중국을 바라봤던 여타 기행문과 달리《중유일기》는 전통적인 유기(遊記)의 성격을 띠는데 〈항주 서호에서〉는 중국 명승지를 보면서 이전의 문화 전통을 떠올린다는 점에서,《아주기행》은 순한문체라는 점에서《중유일기》와 공통점이 있다.《중유일기》에도 부분적으로 '근대적 시선'으로 중국을 평가하는 대목이 나타나기는 하지만 대체로는 유명한 유적지를 찾아가 관련된 이야기나 그곳을 소재로 쓴 시 구절을 떠올린다. 그런 점에서《중유일기》는 이 두 기행문보다도 더 전통적 문인의 시각을 강하게 견지한다.

상해의 요리점과 댄스홀, 상해와 북경과 남경에서 기녀와 어울리는 '풍류' 장면을 끊임없이 서술하는 장면도 유의해서 볼 대목이다. 중국에 대해 근대적으로는 낙후되어 있다고 생각하면서도 막상 공성학 일행은 미쓰이 물산이 정해놓은 일정 속에서 움직이면서 풍류문인의 호사스러운 체험을 만끽하고 있다. 책에서 봤던 유적을 실제로 봤을 때 상상했던 것과는 달리 초라한 모습에 실망하며 서호 주변에 중국인들이 건물을 건설하지 않는 것을 안타까워하거나 무순의 탄광을 주도적으로 개발하지 못한 것에 대해 중국 정부의 무능을 탓하기도 하지만, 그래도《중유일기》의 상당 부분은 공성학이 기존에 문헌을 통해서만 알았던 상상 속의 중국을 직접 보는 경험이 주를 이룬다. 그래선지 일기를 읽다 보면, 20세기라는 근대에 한문 전통을 계승하는 마지막 전통 문인이 과거와 현재가 혼재하는 중국을 복잡한 감정으로 바라보고 있다는 인상을 받게 된다.

이와 관련하여 우리 옮긴이들은《중유일기》에 박지원의《열하일기》와 거의 비슷한 구절이 중복되어 나타난다는 점을 주를 달아 밝혔다. 이를테면 4월 6일 공성학 일행이 상해에 도착해 처음 본 상여 행렬에 대한 묘사, 4월 7일 상해의 요리점에 갔을 때 기녀의 노랫소리에 대한 서술, 4월 10일 서호를 구경하고 난 뒤 항주성 시가지를 통과하면서 본 좁은 골목에 나란한 상점에 대한 묘사, 4월 26일 북경에서 우연히 보게 된 신행(新行) 행렬 묘사는 모두 《열하일기》의 구절을 거의 그대로 가져다 쓴 것이다. 이 대목들이 《중유일기》에서 아주 큰 비중을 차지하는 것은 아니고, 또 자신의 생각과 부합하면서 좀 더 글을 잘 쓴 박지원의 《열하일기》 구절을 가져오는 게 더 적절하다는 나름의 판단을 내렸을 것으로 짐작되기도 하지만, 이는 현재의 기준으로 표절일 뿐 아니라 전근대적 기준으로도 표절이라는 점에서 심각성이 없지 않다.

이러한 문장 중복(표절)을 어떻게 이해할 것인가는 사안이 심각한 만큼 여러 측면을 고려해 판단해야 할 문제일 것이다. 연행 기록에서도 이전의 자료를 그대로 가져와서 자료 간에 특정한 구절이 중복되는 경우가 많다는 점도 고려해야 한다. 그렇기 때문에 《중유일기》가 전근대 시기 여행기의 관습을 따른 것인지, 아니면 공성학의 의도적 선택이었는지를 논의하는 과정이 필요하다. 다만 이 글에서는 《중유일기》에서 《열하일기》의 표현이 보이는 점을 어떻게 읽을 수 있는가를 설명하려고 한다. 그리고 왜 하필 가져온 책이 《열하일기》인가는 박지원이 유명한 문장가였기 때문만은 아닐 것이다. 개성에서는 연암 일파의 북학을 받아들였고 특히 김택영은 조선시문의 정통을 농암(農巖) 김창협(金昌協) 이래 연암(燕巖) 박지원 일파로 인식하여 박지원의 시문집을 간행하는 데 힘썼다. 곧 개성 문인에게 박지원은 좀 더 특별한 문인이었던 것이다. 여러 자료를 검토해야겠지만 《중유일기》만 본다면 공성학이 《열하일기》의 몇몇 문장을 그대로 가져다 쓴 것은 자신의 본업이 문인이 아니라는 의식 아래 다소 자유롭게 《열하일기》를 자신의 여행기에 삽입함으로써 문장력의 수준을 높이려는 의도가 있었거나, 박지원처럼 전통문인을 자처하면서 18세기 중국의 모습을 부분적으로 《중유일기》에 반영하고 싶었던 것이 아닐까 추측할 뿐이다.

공성학이 참가한 또 다른 여행, 그리고 기행시문

《중유일기》를 필두로 공성학은 여러 개성상인들과 국내외를 여행하고 그 기록을 남겼다. 공성학은 《중유일기》 발문에서 자신이 중국의 역사에는 해박한 반면 우리나라 역사에 대해서는 무지하다면서 자괴감을 토로한다. 마찬가지로 손봉상도 조국의 역사와 지리를 몰라선 안 된다는 의견을 피력한다. 손봉상은 나아가 1923년의 중국 여행 때 일본인이 운영하는 숙소에 있던 장서에서 여산에 대해 쓴 수많은 기록이 있는 것을 보고 여행기와 여행시의 의미를 새삼 자각했다(〈남유록(南遊錄) 서문〉). 그래서 "사사로운 욕심에서가 아니라 세상에 대한 공적인 마음에서" 같이 간 일행에게 기록을 남기도록 했다고 서술했는데, 이는 《중유일기》에서 금강산이 태산보다 높지만 명성이 태산보다 못한 것은 결국 사람 때문이라 결론짓는 것과 같은 맥락이다. 현전하는 이들 개성상인의 기행시문 목록은 다음과 같다.

1924년 경상남도 여행 《남유록(南遊錄)》

1928년 대만·홍콩 여행 《향대기람(香臺紀覽)》

1929년 금강산 여행 《봉래연상록(蓬萊聯賞錄)》[1]

1936년 일본 여행 《탕도기행(湯島紀行)》

1937년 충청도 여행 《호서기정(湖西紀征)》

1939년 금강산 여행 《풍악동유록(楓嶽同遊錄)》

1944년 묘향산 여행 《향산만록(香山漫錄)》

　　공성학이 참가한 여행을 기록한 기행문은 거의 공동저작의 형태를 띠고 있다. 예컨대 《향대기람》처럼 공성학이 아니라 공성구(孔聖求)가 기록한 경우도 있다. 사실 《중유일기》도 공성학이 여정을 기록했지만 동행했던 사람들의 시를 함께 수록하였다. 《향대기람》, 《봉래연상록》처럼 여정과 시를 함께 수록하면서 저자별로 분류한 경우도 있고, 《호서기정》처럼 일정 없이 시만 수록하면서 저자별로 묶지 않고 시의 제목별로 여러 사람의 시를 함께 실은 경우도 있다. 그런 점에서 보면 이 기행시문은 개성적 취향이나 문예미보다는 함께 여행하고 수창(酬唱)한 것 자체에 의의를 두고 있다고 말할 수 있다.

　　공성학을 비롯해 개성의 실업가들은 친일파라는 점에서 비난의 대상이지만, 그와 별개로 일제강점기에 이들이 어떻게 여행을 통해 세상을 인식했는지를 살펴보는 것은 충분히 의미 있는 일이다. 이들은 전통적 한문학을 잇는 마지막 세대이며 또 문화 사업에 진출한 전통적 문인이라는 정체성을 가지고 있다. 또 인삼업 외에도 다양한 형태의 기간산업에 진출했던 유력한 사업가라는 점에서 당시 사회

─────────────

1　1935년에 금강산 유람을 하고 쓴 《풍악시초(楓嶽詩鈔)》가 있지만 자료가 발견되지 않았다.

에서 큰 영향력을 행사했다. 한글과 한문, 근대를 이해하는 다양한 관점이 혼재하는 일제강점기 공간의 역동적 모습을 보여주는 데 이 자료들이 도움이 되리라는 것은 의심할 나위가 없다.

그러나 현재까지는 이러한 기행문 또는 기행시에 접근하기가 어려운 상황이다. 순한문으로 쓰여 있어 원문 번역이 절실한데,《향대 기람》(공성구 지음, 박동욱 옮김, 태학사, 2014) 한 권만 번역되어 있을 뿐이다. 공성학에 대한 연구는 상당수 있지만 정작 기행시문 개별 작품에 대한 연구는 그리 많지 않아,《중유일기》,《향대기람》,《탕도기행》을 개관하는 논문만 있다. 이번《중유일기》번역이 일제강점기 한국인이 쓴 기행시문의 모습과 이들의 세계 인식을 이해하는 데 일조할 수 있었으면 한다. 끝으로 세심하고 꼼꼼하게 편집 작업을 하여 이 책이 출간될 수 있도록 해준 휴머니스트 출판사에 깊이 감사드린다.

■ 일러두기

- 이 책은 서울대학교 규장각한국학연구원에 소장된 《中遊日記》를 번역한 것이다. 신식활자본(新式活字本)으로 1923년에 출간되었으며 출판사는 미상이다. 고려대학교 도서관과 성균관대학교 존경각 등에도 동일한 판본이 소장되어 있다.

- 원문에는 각 날짜 일기에 제목이 따로 없으나 독자들의 이해를 돕고자 옮긴이가 달았다. 또한 각주도 옮긴이가 추가한 것이다.

- 연도 표기의 경우 원문에 없는 서기를 옮긴이가 대괄호([ ]) 안에 넣어 병기하였으며, 부연이 필요할 때도 대괄호 안에 첨언하였다.

- 일본의 인명과 지명은 국립국어원의 외래어표기법을 따라 표기했고 중국의 인명과 지명은 우리의 한자 독음대로 읽어 표기했다. (예: 황헐, 상해, 나카사키, 아마노 유노스케)

차례

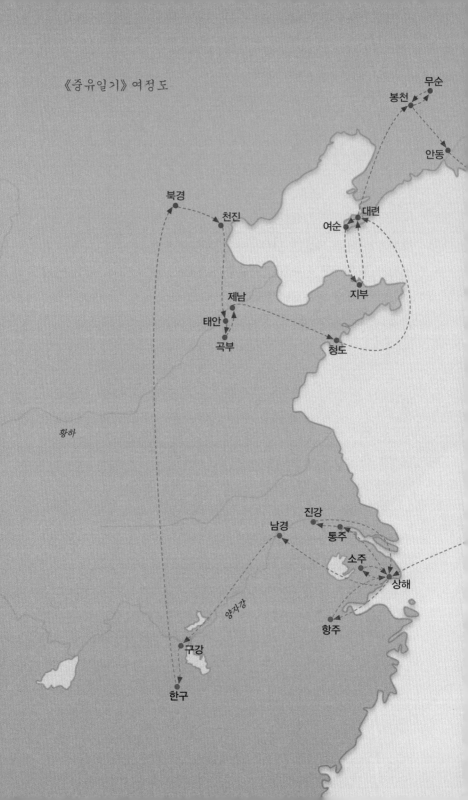

《중유일기》 여정도

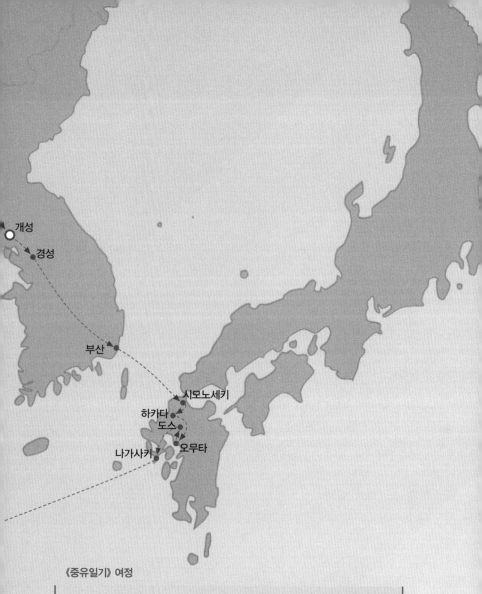

개성

경성

부산

시모노세키

하카다

도스

나가사키

오무타

《중유일기》 여정

4월 1일 개성 ▸ 경성 ▸ 4월 2일 부산 ▸ 시모노세키 ▸ 하카다 ▸ 4월 3일 오무타 ▸

도스 ▸ 4월 4일 나가사키 ▸ 4월 6일 상해 ▸ 4월 9일 항주 ▸ 4월 11일 상해 ▸

4월 12일 소주 ▸ 상해 ▸ 4월 13일 통주 ▸ 4월 14일 진강 ▸ 4월 15일 상해 ▸

4월 17일 남경 ▸ 4월 19일 구강 ▸ 4월 22일 한구 ▸ 4월 25일 북경 ▸ 4월 28일 천진 ▸

5월 2일 태안 ▸ 5월 3일 곡부 ▸ 5월 4일 제남 ▸ 5월 5일 청도 ▸ 5월 7일 대련 ▸

5월 8일 여순 ▸ 5월 9일 지부 ▸ 5월 11일 대련 ▸ 5월 12일 봉천 ▸ 5월 13일 무순 ▸

봉천 ▸ 5월 14일 안동 ▸ 개성

서문序

계절이 바뀌니 자연의 경치도 달라지는데, [하는] 일이 계기가 되어 감회가 생겨났다. 양자강 가에 끝없이 펼쳐진 푸른 갈대밭은 흰 눈처럼 나부낄 것이고, 태산(泰山)의 높은 봉우리에 첩첩이 쌓였던 구름은 영험한 기운에 따라 모이고 흩어질 것이다. 현재 부소산(扶蘇山)에는 예쁜 단풍과 고운 국화가 한창이고 마침내 수확 철을 맞은 돌밭¹에서는 홍삼 원료를 선별하여 보내느라 바빴다. 예전에 상해에 있을 때 중국 상인과 함께 홍삼의 품질, 가격, 판로 등을 의논했던 일이 이따금 생각났는데, 내가 깊이 관여했기에 자연스럽게 잠시 감회가 일었던 것이다.

이때 나의 친구 춘포(春圃) 공성학(孔聖學)² 군이 소매 속에 책 한 권을 넣고 와서는 나에게 보여주었다. 이 책은 중국을 43일간 여행한 일기 자료였고 지은 시를 첨부한 것으로, 상세하면서도 모든 것

---

1 1923년 11월 4일 《동아일보》에 실린 〈조선명산(朝鮮名産)인 인삼은〉이라는 기사에는 개성에서 인삼을 재배하던 방법을 소개하고 있다. 이 기사에 따르면 인삼을 첫해에는 거름을 썩힌 약토(藥土)와 송악산에서 흰모래 섞인 백토(白土)를 섞은 삼판(蔘板)에 심고 그 이듬해 춘분 때 그 인삼의 모를 뽑아 제일 나은 것을 모래가 많이 섞인 밭에 심는다는 표현이 나온다. 본문의 '돌밭[石田]'은 그렇게 옮겨 심었던 모래 섞인 밭을 가리킨다. 옮겨 심고 나서 5년이 지나면 가을에 수확하는 것이다.

개성 인삼밭

이 다 포함되어 있었고 세밀하면서도 아름다웠다. 이 책을 읽어보고 기뻐하면서 "진실로 없어서는 안 될 것이다. 만약에 이 책이 없다면 그때 어디를 갔고 무엇을 보고 들었는지는 마침내 아득한 꿈같아질 것이니 무엇으로 나중에 참고할 자료를 마련하겠는가."라고 하였다. 이 여행은 주변 사람들이 권유한 일인데 나도 그 일행 중 한 사람으로 참가할 수 있었다. 62년간의 인생사가 무엇인들 꿈같지 않은 적이 있었겠느냐마는, 지금 43일 동안 중국을 갔던 일은 더욱더 꿈속의 꿈 같았다.

꿈에서 깨고 나니 어렴풋한 기억이 진짜 같기도 하고 가짜 같기도 했다. 그때 갔던 곳을 회상해보니 배와 차로 쏜살같이 달려 한순간에 천 리를 지났으며, 또 체류할 때에도 일정이 정해져 있어 한 시간도 자유롭지 못했고 하루도 편히 쉴 수 없었다. 짐을 꾸릴 때는 군장(軍裝)보다도 훨씬 간단해 진실로 먼 곳으로 가는 여행 짐이라고는 볼 수 없었다. 그래서 [공성학이] 산수를 읊은 시구와 역과 선창의 이름을 기록한 것을 수첩에 쓴 것은 말을 타고 가면서 격문(檄文)의 초안을 완성한 것[3]처럼 대단한 일이다. 우리 춘포 군이 생각이 재빠르면서도 기억력이 좋고 문장력이 좋으면서도 글을 빨리 쓰는 것을 이미 알고 있었지만, 어떻게 경황없는 상황에서도 이렇게 주도면밀하게 일을 해낼 수 있었을까?

하루는 아마노 유노스케(天野雄之輔) 군에게서 촬영한 26장의 사진을 받았는데, 이것은 경성에서 출발하여 일본의 후쿠오카(福岡)로 갔다가 중국의 안동(安東)에 도착하고 나서 마침내 내가 사는 개성(開城)에 이르기까지 뱃길과 육지길 1만 6,000리 여정 동안 거쳐 갔던 모든 명승지와 고적을 아마노 씨가 휴대한 사진기로 언제나 우리 일행과 동행하면서 찍은 것이었다. 인물, 의관, 산수, 정자를 일일이 살펴보니 선명하게 떠오르지 않는 것은 아니었지만, 기록을 남기지

---

2 공성학(1879~1957)의 집안은 대대로 삼포 경작에 종사했으며 공성학의 부친 공응규(孔應奎) 대에 이르러서는 개성 거상의 반열에 올랐다. 공응규의 차남으로 가업을 계승한 공성학은 삼포 경영에 주력하는 한편으로 여러 사업에 뛰어들어 활발하게 활동하면서 개성을 대표하는 실업가 중 한 사람으로 자리 잡았다. 공성학은 부친 공응규와 교유했던 손봉상과 함께 인삼의 품종 개량과 경작법을 개선하는 등 혁신적 방법을 강구했고, 초대 삼업조합장인 손봉상을 이어 제2대 삼업조합장을 지냈다. 이와 함께 공성학은 김택영을 사숙하여 한학을 배웠고 개성 문묘의 사성과 경학원 부제학을 역임했다. 또 8권 8책의 시집 《춘포시집(春圃詩集)》과 여러 여행 기록을 남겼다. 《중유일기》는 그중 가장 이른 시기의 여행기이다.
3 당나라 장수 설수(薛收)에 관한 고사이다. 반란이 일어나 당태종이 이를 진압하러 출정한다는 격문을 발표할 때 그 격문을 주로 설수가 썼는데 글을 빨리 쓰면서도 잘 써서 말을 타고 가며 격문을 완성했는데도 고칠 데가 없었다고 한다.

공성학   손봉상   박우현

않아 어떤 경우에는 희미하여 얼른 기억할 수가 없어서 이곳이 어디인지 또 무엇인지를 곰곰이 생각해도 떠올리지 못할 때가 있었다. 날짜가 겨우 여섯 달밖에 지나지 않았고 지금 사진을 가지고도 오히려 이러한데, 만약 기록해두지 않는다면 1년이 지난 뒤에는 어찌 될 것이며, 또 10년이 지난 뒤에는 다시 어찌 되겠는가.

그래서 나는 춘포가 이 기록을 작성한 것이 매우 의미 있는 일이라는 것을 새삼 알게 되었다. 또 돌밭에서 인삼을 캐는 바쁜 나날에 이 글을 보여준 것은 아마도 떠올랐던 감개가 [나와] 다르지 않아서였을 것이다. 무릇 일이 있을 때 기록을 하고 책을 만들어 세상에 전하는 것은 본래 오래 보관하여 나중에 참고자료를 갖추기 위해서이다. 문장을 자랑하면서 이름을 떨치는 것은 역시 그다음 일인 것이다. 이를 출판하여 널리 전하게 하여 이후에 중국을 여행하려는 사람들이 지침서로 삼았으면 한다.

계해년[1923] 9월 1일,
소산(韶山) 손봉상(孫鳳祥)[4]

---

4 개성 출신으로, 선대로부터 삼포(蔘圃)로 재산을 모은 개성의 거부였다. 개성삼업조합의 초대
   조합장을 역임했고 1912년에는 개성의 거상 김원배(金元培), 공성학, 김정호(金正浩), 박우현
   (朴宇鉉) 등과 함께 영신사(永信社)를 설립하여 이사가 되었다. 1918년에는 고려인삼주식회사
   를 법인화하여 삼포 경영을 관장하였다.

서언緒言

천하의 일은 모두 우연이다. 가까이에 있는 금강산은 볼 수 없었으나, 멀리에 있는 여산(廬山)과 태산(泰山)을 보게 된 것은 진실로 우연이었다. 연운(燕雲)[1] 지방의 바닷비로 마음을 졸이고 잘 보지도 못한 채 다녔지만 그래도 장강 남북 1만 6,000리 여정을 돌아볼 수 있었으니 이 또한 우연이었다. 반평생을 인삼 농사만 짓던 사람이라 그 옳고 그름을 가려 제대로 글을 써서 정리하지 못하고 돌아온 뒤, 말하고 들은 자질구레한 것들을 천마산 관음사[2]의 책상에서 쓰게 된 것도 우연이다. 우리 삼업조합의 중국 홍삼 판로 시찰은 오랜 숙원이었다. 어느 날 조합장 손봉상(孫鳳祥) 씨가 이사 박봉진(朴鳳鎭) 군과 함께 조합으로 나와 나를 불러 말하였다.

"이모리 소장[3]이 서기장 조명호(趙明鎬) 군에게 말하여 나에게 시

---

1   '연운'은 유주(幽州)와 운주(雲州)의 준말로, 지금의 북경, 천진(天津), 하북성 북부, 산서성 북부가 여기 해당한다. 이 글은 청도에서 비가 세차게 몰아치던 5월 5일의 경험을 가리키는 것으로 보인다.

2   개성의 천마산 기슭에 있는 사찰. 절 뒤 깊숙한 바위굴 속에 돌부처가 안치되어 있어 이름을 이렇게 붙였다고 한다.

3   인삼 전매를 담당하던 총독부 전매국(專賣局) 개성 출장소장 이모리 겐조(伊森賢三)를 가리킨다. 수삼을 쪄서 말린 홍삼은 조선의 주요 수출품으로 18세기 말부터 사역원(司譯院)이 관할하고 있었고 1899년 말부터는 궁내부로 담당 관청이 옮겨 갔다가 1908년부터 탁지부(度支部)가 관리하였다. 일제강점 이후 홍삼 전매는 전매국이 관리하게 되었다.

1910년 개성삼업조합사무소의 모습

찰을 권하였네. 내 괴로운 인생사를 돌아보니 속세의 일과 가업이 계속 이어져 오늘도 어제 같고 내년도 올해 같은 채로 순식간에 세월이 흘러 나도 모르는 사이에 머리털이 희끗희끗하게 되었지. 내가 지금 가기로 결심했으니 어찌 그대가 함께 가지 않을 수가 있겠는가."

내가 깜짝 놀라며 말하였다.

"조합장님이 가고자 하신다면 제가 마땅히 따라야지요. 다만 제가 중국 사람의 말을 모르는 것이 흠입니다."

그가 말하였다.

"나와 자네가 중국어를 하지 못하는 것은 칠 년 묵은 병에 삼 년 묵은 쑥을 구하는 것[4]과 같으니 자네의 말은 너무 고지식하네."

32   중유일기

박 군과 조 군이 옆에서 나에게 권유하였다.

"어떻게 아이 양육법을 다 배우고 나서야 아이를 낳을 수가 있겠습니까? 저도 중국말은 잘 모르지만 서로 잘 이끌어주어 좋은 기회를 놓치지 않도록 합시다."

나는 말하였다.

"두 형이 함께한다면 나도 함께 하겠습니다."

홍삼 판로의 시찰은 어느 때를 막론하고 조합에서 마땅히 실행해야 할 것이나, 내가 여러 사람들과 동행할 기회를 얻은 것도 진실로 우연이었다.

서둘러 짐을 꾸리고 드디어 약속한 날 여정에 올랐으니, 바로 계해년(癸亥年) 여름인 4월 초하룻날이었다.

기록한 사람이 쓰다

---

4 《맹자(孟子)》〈이루 상〉, "맹자가 이르기를 '지금 왕을 하고자 하는 이는 마치 칠 년 묵은 질병에 삼 년 묵은 약쑥을 구하는 것과 같으니, 진실로 미리 저장해두지 않으면 종신토록 얻지 못하리니, 진실로 인(仁)에 뜻을 두지 않으면 종신토록 근심과 욕을 당하다가 죽음에 빠지고 말 것이다.'라고 하였다.(今之欲王者, 猶七年之病, 求三年之艾, 苟爲不蓄, 終身不得, 苟不志於仁, 終身憂辱, 以陷於死亡.)"

여정을 시작하다

날씨가 맑고 따뜻했다. 새로 맞춘 양복과 단모(短帽), 딱 붙는 소매 차림에 행장을 간단하게 꾸렸으니, 버젓한 하나의 시찰단이었다. 오전 9시에 개성역을 출발하는데 (총독부 전매국) 개성 출장소 소장과 삼업조합(蔘業組合) 임원과 직원 일동과 친척과 친구 등 많은 사람이 역으로 전송을 나왔다. 희당(希堂) 최중건(崔中建) 선생과 춘산(春汕) 조인원(趙仁元) 박사와 해관(海觀) 최진영(崔進永) 사백(詞伯)이 각각 전송하는 시를 지어주었다.

의복은 요순 때처럼 예스럽고	衣裳萬古唐虞國
도덕도 공자와 맹자를 배운 고장답네.	道德千秋孔孟鄉
글 읽어 옛 성현 벗함이 평생의 일이었건만,	讀書尚友平生是
바다 건너 길 떠나니 오늘 하루가 길겠구나.	越海征鞭此日長
상해 청루(青樓)에서 술 마실 땐 달이 막 떠오르고,	滬樓賈酒月初上
요동 벌판에서는 옷깃 풀어 바람을 맞겠지.	遼野披襟風一當
강산 읊은 시 자루에 꽉 차게 모아 오면	收拾江山詩滿橐
돌아온 뒤 우리 만랑(漫郎)¹을 잘 대해주리라.	歸來好惠我漫郎

-희당(최중건)

기자의 백성이 요임금의 나라로 여행을 떠나는데　箕民行啓堯封州

옷과 모자에는 보리 수확기라 바람이 일렁인다.　衣帽吹涼麥欲秋

기차 밖으로는 역의 나무들이 파랗게 이어지고　驛樹靑連飛轍外

저녁 뱃머리엔 바다 구름이 흩어지겠지.　海雲晴落晩帆頭

불행히도 진시황[祖龍]²의 뒤를 이어 홍삼을　蒸包不幸祖龍後
만들지만

그래도 사마천처럼 장관을 유람하는구나.　壯觀猶爲司馬遊

만약에 신강(申江)³에서 속세를 버린 객을 보게　若見申江遺世客
되면

그저 언제 고향으로 돌아갈지 물어보게.　第詢何日返先邱

- 춘산(조인원)

영웅은 눈물을 흘릴 줄 알고　英雄能有淚

지사는 이별에 잘 대처하네.　志士好相離

손잡으며 떠오른 끝없는 뜻을　執手無窮意

시가 아니라 마음으로 전한다.　以心不以詩

- 해관(최진영)

1　세속에 얽매이지 않고 형해(形骸) 밖을 방랑하는 문사(文士)를 뜻한다. 당(唐)나라 안진경(顏眞
卿)의 〈용주도독겸어사중승본관경략사원군표묘비명(容州都督兼御史中丞本管經略使元君表
墓碑銘)〉에서 "원결(元結)이 양수(瀼水) 가에 살면서 자칭 낭사(浪士)라 하고 〈낭설(浪說)〉 일곱
편을 지었다가, 뒤에 낭관(郎官)이 되자 당시 사람들이 '낭자(浪者)도 부질없이[漫] 벼슬을 하는
가?' 하고는 '만랑'이라 불렀다." 한다.
2　원문의 조룡(祖龍)은 진시황의 별호(別號)다. 몸에 좋은 인삼을 재배하는 자신들이 불로초를 찾
아 헤맸던 진시황의 뒤를 이은 것 같다는 뜻이다.
3　양자강의 지류인 황포강의 별칭이자 상해를 이르는 말이다.

이날 12시에 경성(京城) 남대문역(南大門驛)에 도착했다. 미쓰이 회사[4] 경성 지점장 대리(支店長代理) 아마노 유노스케[5]가 자동차를 가지고 역까지 마중 나왔다. 이 사람은 대한제국 때부터 지금까지 홍삼 업무를 20년간 담당하였는데, 중국 출장 경험이 여섯 번이다. 전매국의 아오키[6] 국장과 이마무라[7] 과장이 스미[8] 지점장과 교섭해주어, 아마노 씨가 우리 일행을 안내하여 편의를 도모하도록 예정되어 있었다. 그래서 이렇게 마중 나온 것이다. 차를 타고 미쓰이 회사에

---

4 미쓰이 물산을 가리킨다. 조선시대 인삼 교역은 공무역과 팔포, 허가받은 사무역으로 한정되었는데 1870년대에 일본 시장이 쇠퇴한 이후로는 중국이 가장 큰 판매시장이었다. 구한말 인삼 수출권은 막대한 이권을 얻을 수 있는 사업이었으므로 개항 이후 서구 열강이 인삼 판매를 두고 치열한 신경전을 벌였는데 결국 1900년에 일본 미쓰이 물산과 3년 기한으로 홍삼 위탁 판매 계약이 체결되면서 이후 미쓰이 물산의 독점 판매가 시작되었고, 일본 통감부가 1908년 홍삼전매법을 제정하면서 위탁 판매는 불하제로 바뀌었고 원칙적으로는 미쓰이, 독일의 세창양행(世昌洋行), 중국의 동순태(同順泰) 등 네 개 회사가 경쟁하는 형식이었으나 실질적으로는 미쓰이 물산의 독점 수출 체제로 들어갔다. 상세한 내용은 옥순종의 《(은밀하고 위대한) 인삼이야기》(이가서, 2016) 참조

5 아마노 유노스케(天野雄之輔, 1877~?)는 동경제대 출신으로 1923년 당시 미쓰이 물산 경성 지점에 근무하고 있었다. 《반도관재인물평론(半島官財人物評論)》에 따르면 조선 전문가이며 원만한 성격에 체구가 비대하며 좌담에 능해 설득력 있는 말투로 사교적 수완을 발휘했다고 한다.

6 아오키 가이조(靑木戒三, 1880~?) 역시 동경제대 출신으로 조선총독부 서기관, 식산국 수산과장, 철도국 서무과장 등을 거쳐 전매국장이 되었다. 이후 전라북도지사, 평안남도지사를 역임하였다.

7 이마무라 다케시(今村武志, 1880~?)를 가리킨다. 동경제대 출신으로 통감부 서기관, 총독부 사무관, 재무국 전매과장, 전매국 서무과장 등을 역임했고 1925년에 황해도지사가 되었고 이후 내무국장, 중추원 서기관장을 겸임하였다. 《조선공로자》의 인물평에 따르면 성격이 온후하고 겸손했다고 한다. 손위처남이 유명한 사상가이자 미술평론가인 야나기 무네요시(柳宗悅, 1889~1961)이다.

8 스미 다쓰오(住井辰男, 1881~?)를 가리킨다. 미쓰이 물산 경성 지점 지점장으로 중국 및 석탄 전문가로 평가받았다. 《반도관재인물평론》에 따르면 온순하고 인내심이 강하며 점원 견습생으로 시작해 성공한 입지전적 인물이라고 한다.

가서 감사 인사를 하고, 조합장의 아들 손홍준(孫洪駿)[9]에게 가서 점심을 먹었다. 다시 총독부에 가서 아오키 국장의 안내로 사이토 마코토[10] 총독과 아리요시 주이치[11] 정무총감(政務總監)에게 고별인사를 했는데, 둘 다 훈사(訓辭)가 있었다. 곧바로 손홍준의 집에 가서 최해관의 오언 절구에 화운한 시와 편지를 맡겼다. 해석(海石) 김원배(金元培)도 동행하였기에, 진실로 손잡고 함께 가자는[12] 마음이 들었다.

비단 부채에 아름다운 시를 써서	錦字題紈扇
떠날 때 은근한 마음을 전했네.	慇懃贈別離
맑은 바람 부는 만 리 길에 들고 가서	清風携萬里
손안에 있는 시를 애독하시길.	愛讀手中詩

---

9 손홍준(1886~?)은 개성 출신으로 인삼 농사로 부호가 된 손봉상의 장남이다. 일본에 유학하여 고베 고등상업학교를 졸업하였고 아버지의 뒤를 이어 고려삼업사 사장을 지냈으며 개성인삼판매조합장, 개성삼업주식회사 사장 등을 역임하였다. 개성부회 부회의원, 개성 초대부윤 등 공직에도 진출했다. 태평양전쟁 기간 중에는 고액의 국방헌금을 헌납하기도 했다.

10 사이토 마코토(齋藤實, 1858~1936)는 일본의 군인·정치가로, 조선총독부 제3대 총독을 지냈다. 해군병학교를 졸업하고 미국에 유학, 해군대신을 비롯해 5대 내각에 재직했다. 1919년 조선총독으로 임명되어 1927년까지 재임하면서 이른바 문화통치를 실시했다. 1927년 제네바 군축회의 전권위원을 지냈고, 1929년 제5대 조선총독으로 재차 임명되었다. 1936년 일본에서 2·26사건이 일어나 암살당했다.

11 아리요시 주이치(有吉忠一, 1873~1947)는 일본의 내무 관료로 교토 부 미야즈 시 출신이다. 지바 현·미야자키 현·가나가와 현·효고 현의 관선 지사를 지냈으며, 크리스천이었다. 1922년부터 1924년까지 조선총독부의 정무총감과 조선사편찬위원회 위원장을 겸임했다.

12 원문의 '혜호휴수(惠好携手)'는 《시경》〈북풍(北風)〉의 "북풍은 차갑게 불고, 눈은 펑펑 내린다. 나를 좋아하는 이와 손잡고 함께 가리라.(北風其涼, 雨雪其雱. 惠而好我, 携手同行.)" 구절을 염두에 둔 것이다.

같은 날 오후 7시 20분에 경성을 출발하였다. 서울에 살고 있는 여러 고향 친구들과 미쓰이 회사 사원들이 전송해주었다. 소산 옹(韶山翁) 손봉상과 함께 운자(韻字)를 뽑아 시를 지었는데, 이후에는 이렇게 시를 짓는 일이 일상이 되었다.

중국 유람 가는 길에 잠시 일본에 들르니	將欲西遊轉向東
길게 이어진 현해탄을 큰 바람 따라가리.	逶迤玄海逐長風
평생 동안 몇 번이나 중국 가는 꿈을 꾸었던가.	平生幾作中州夢
만 리 길을 이제는 배 한 번으로 가는구나.	萬里今將一棹通
한강의 저녁놀 아래에서 이별 노래[13] 불렀는데,	漢上驪歌殘照裏
이역만리 저녁 구름에 기러기 발자국[14] 남기네.	天涯鴻爪暮雲中
말을 알아듣지 못하니 세상에 무슨 보탬 될까마는,	盲聾於世終何補
이번 여행길엔 그저 감회가 끝이 없네.	此去祇應感不窮

이번 여행은 경봉선[京奉線, 북경~봉천(심양)] 직행이 아니라 시모노세키(馬關)를 경유해 나가사키(長崎)로 가게 되었는데, 이렇듯 배를 타고 여행을 하게 된 것은 중국의 각 철로 주변에 도적과 반일 세력이 많아 안전한 상황이 아닌 까닭이다. 중국 여행에서도 옷차림은

---

13 원문의 '여가(驪歌)'란 이별 노래를 말한다. 고대 사람들이 고별할 때 여구(驪駒)라는 시편을 데서 기인한다.

14 원문의 '기러기 발톱[鴻爪]'은 기러기가 눈이나 진흙 위에 남긴 발자국을 가리킨다. 소식(蘇軾)의 〈자유의 민지회구 시에 화운하다[和子由澠池懷舊]〉에 "인생의 이르는 곳 무엇과 비슷한가? 기러기가 눈, 진흙 밟는 것과 같겠지. 진흙 위에 우연히 발자국이 남겠지만, 기러기 날아가면 다시 어디로 갈지 알 수가 없네.(人生到處知何似, 應似飛鴻踏雪泥, 雪上偶然留爪印, 鴻飛那復計東西.)"라는 구절이 있다.

마땅히 조선식이어야겠지만 쉽게 주름이 가고 쉽게 더러워져 부득이도 이런 차림을 하게 되었다. 사실 조선식 옷차림은 조선의 큰 문제로, 옛 방식만을 따를 뿐 바꾸지 못하니 한탄스럽다. 이날 밤은 기차 안에서 잤다.

부산역에서 일본행 배에 오르다

맑았다. 오전 6시 부산역에 도착하였다. 미쓰이 회사 부산 출장소 직원인 야마다 고이치(山田好一)가 역에 마중 나왔다. 자동차를 타고 부산반점(호텔)에 들어갔다. 아침밥은 뱃멀미를 할까 봐 배부르기 전에 수저를 놓았고, 부산방직회사(釜山紡織會社)로 가서 참관하였는데 사업이 매우 발전해 있었다. 공장장 고바야시 이치로(小林一郎)가 조선 여공의 작업이 부지런하고 재빠른 것을 칭찬하였다. 9시 40분에 부산을 출발하는 쇼케이마루(昌慶丸)를 탔다. 이날 날씨가 따뜻하고 바람이 온화하여 배 운행이 안정적이었다. 창문을 열고 멀리 보니 하늘과 물이 위아래로 온통 한없이 푸르게 펼쳐져 있었다. 칠언율시를 짓고, 또 뱃멀미에 대한 시를 한 수 지었다.

부상에서 자욱한 구름 사이로 해가 뜨는데	扶桑日出海雲重
4월이라 배를 타니 온통 따뜻한 기운이네.	四月行舟暖氣濃
바닷길은 바람 타서 익새가 나는 듯하고	航路隨風飛彩鷁
엔진 돌려 물결 헤치니 용을 탄 것 같네.	輪機排浪駕蒼龍
상전벽해 같은 세상일 어찌 물으랴.	滄桑世事何須問
봉래산[1]의 신선들 곧 만날 수 있겠구나.[2]	蓬島仙儔卽可逢
참으로 이 몸이 하늘에 앉은 듯 느껴져,	眞覺此身天上坐

1930년대의 부산역

부산과 시모노세키를 오가던 관부연락선

베갯머리 파도 소리에 낮잠 한숨 편하게 잤네.　波聲一枕午眠慵

한순간 현기증 나서 사방이 겹쳐 보여　　　一時眩暈四圍重
마치 술을 너무 마셔 취한 듯 쓰러지네.　　醉倒渾如酒氣濃
천지는 돌고 돌아 쉼 없이 달리는 말과 같고,　天地回回循跡馬
몸과 마음은 피곤하니 흙으로 만든 용³ 같네.　形神囷囷着泥龍
눈 감고 그저 배고픈 걸 참고 누워 있을 뿐　閉目祇宜忍飢臥
얼굴 활짝 펴고 웃으면서 대할 수 없구나.　　開顏不得笑迎逢
파도 헤치고 바람 타고 가리라 평소 꿈꿨건만　破浪乘風平素志
배 타고 보니 용렬한 졸장부라　　　　　　登船還愧拙夫慵
도리어 부끄러웠네.

　오후 5시 20분, 시모노세키에 도착하니 미쓰이 회사의 모지(門司)
지점장 대리 가나이 준조(金井潤三)가 작은 증기선을 가지고 와서 기
다리고 있었다. 다시 그 배를 타고 가서 슌판로(春帆樓)⁴에 올라갔는
데, 이 슌판로는 이토 히로부미(伊藤博文)와 이홍장(李鴻章) 두 국가
영웅이 일본과 청나라 간 강화 조약을 체결했던 곳이다. 두 영웅이

---

1 원문의 '봉도(蓬島)'는 선인(仙人)이 산다는 삼신산(三神山)의 하나로 동해 봉래산(蓬萊山)을 가
　리킨다.
2 《사기》〈진시황 본기〉에는 진시황이 장생불사약을 구하러 서복(徐福)을 동해 봉래산으로 보냈
　는데 나중에 알고 보니 일본에 도착했다는 전설이 전한다. 이 시에서는 일본에 가기 때문에 봉
　래산을 언급하였다.
3 흙으로 용을 만들어 기우제 때 사용한 것이다. 남에게 전해봐야 쓸모없는 물건이라는 뜻도 있다.
4 슌판로는 청일전쟁에서 청나라가 패하여 1895년 일본과 시모노세키 조약을 체결했던 고급 음
　식점이다.

앉았던 의자가 여전히 슌판로에 있었다. 인간사의 변화가 먼 산천처럼 아득하게 느껴졌다. 사진을 보니 강화 조약을 맺던 날 저녁에는 오히려 남포등이 그 앞에 걸려 있었다. 그 후 일본이 발전한 것이 이와 같으니 또한 놀랄 만한 일이다.

슌판로 앞에 푸른 강물[5] 둘렀는데	春帆樓前繞碧江
슌판로 위에선 저물녘 종을 치네.	春帆樓上暮鍾撞
관문 하나 솟아올라 산 어귀에 열려 있고,	一關陡立開山口
많은 선박이 바다를 통해 섬나라에 모여드네.	萬舶浮來湊海邦
조약 맺던 영웅들 지금은 볼 수 없지만,	講約英雄今不見
절로 쌍을 이룬 갈매기 보면서 세상사를 잊네.	忘機鷗鷺自成雙
작은 배 옮겨 타고 모지(門司) 향해 떠나니	小舠移向門司去
사주[6]로 취해 판창(板窓) 가에 누웠네.	社酒醺人臥板窓

오후 6시에 배를 갈아타고 모지 부두에 정박한 뒤 자동차를 타고 모지의 미쓰이 구락부(三井俱樂部)[7]에 도착하니 나무는 푸르고 집 모습은 새하얗다. 만찬 대접을 받았다. 밤 9시에 차를 타서 9시 20분에 하카다(博多)에 도착했다. 미즈노 여관(水野旅館)에 들어가 숙박했다.

---

5 실제로는 강물이 아니라 바다이다. 혼슈와 규슈 지방을 연결하며 한국의 부산과 시모노세키를 오가는 페리호가 지나가는 간몬해협(關門海峽)을 가리킨다.

6 입춘(立春) 후 다섯째 무일(戊日)을 춘사(春社), 입추(立秋) 후 다섯째 무일을 추사(秋社)라 하는데, 이날 토지신에게 제사하여 풍년을 기원했다. 사주(社酒)는 그 제사에서 쓰고 남은 술을 가리킨다.

7 1921년 미쓰이 물산이 접대와 숙박을 위해 세운 건물이다. 1923년 아인슈타인 박사 내외가 일본을 방문했을 때 이곳에서 숙박했다.

1895년 시모노세키 조약을 체결한 고급 음식점, 슌판로

미쓰이 구락부

후쿠오카 현의 이곳저곳을 보다

맑았다. 아침밥을 먹고 9시에 자동차를 타고 하카다의 니시 공원[西公園]에 올라가 충혼비(忠魂碑) 앞에서 사진을 찍고 후쿠오카 만을 내려다보았다. 후쿠오카는 규슈(九州)에서 으뜸가는 현이다. 인구의 번창과 물산의 풍요로움이 오사카(大阪)나 도쿄(東京)와 다름이 없었다. 곧이어 히가시 공원[東公園]으로 갔는데, 안에 하치만구(八幡宮)¹가 있었고 편액에 '적국항복(敵國降伏)'이라는 네 글자가 쓰여 있었다. 또 니치렌종(日蓮宗)을 창시한 니치렌 선사의 동상이 우뚝 서 있었다. 부부가 많이 와서 기도하고 절하였다. 항구 주변을 산책하고 숙소로 돌아와 점심밥을 먹었다.

후쿠오카 만 주변에서 오랫동안 서 있다가	福岡灣畔立多時
공원을 산책했는데 경관이 좋아 천천히 걸었네.	散策公園麗景遲
밀물 들어온 낚시터에는 봄 배가 비치고	潮上漁磯春棹影
구름 낀 산의 앉을자리에는 노송 가지 드리워 있네.	雲蟠山榻老松枝
석단의 신상 가운데 누구의 공이 가장 큰가.²	石壇神像功誰大

---

1   일본의 고대 궁시신(弓矢神)인 팔번신(八幡神)을 모신 별궁이다.

히가시 공원 내의 하치만구

동전에 있는 유명한 꽃에 관한 일 또한 기이했네.　銅殿名花事又奇
보고서 쓸 생각에 힘들게 상상만 했었는데　　報筆幾經勞夢想
한번 실제로 와서 보고는 만사를 알게 되었네.　一來眞境萬般知

오후 2시에 오무타(大牟田)에 도착하니 미쓰이 회사의 미이케 지점(三池支店)에서 이노우에 다케오(井上竹雄)가 역으로 나와 맞아주었다. 자동차를 타고 미이케 지점으로 가니 지점장 하시모토 후사지(橋本房次)가 차를 내와 서로 이야기를 나누었다. 이어 미이케 탄광

2　히가시 공원은 가마쿠라 시대에 원나라의 침략에 맞서 전쟁을 치렀던 곳이다. 공원 안에는 원나라가 들어오자 적의 퇴치를 기원한 13세기의 일왕 가메야마 상왕의 동상과 원나라 침입에 대비해야 한다고 진언한 '니치렌종'의 창시자 니치렌 쇼닌의 동상이 있다.

(三池炭礦)으로 가 공장을 참관하였다. 광산에서 광물을 채취하는 인부가 하루 평균 3,000여 명이고, 채굴하는 곳의 깊이는 1,900척이다. 새 탄광과 옛날 탄광 두 곳에 설비가 있었다. 곧이어 미이케 항구 선적장(船積場)에 갔는데, 항구 축조 공사가 완료된 상태였다. 완공된 지가 벌써 40여 년이 되었다고 한다. 오랜 세월 뿌리를 단단하게 내렸기에 잎사귀가 무성하게 난 것도 진실로 당연한 일이다. 미쓰이의 상권이 동양에 기세를 떨친 것도 미루어 알 수 있었다. 지점장의 초대로 미이케 구락부(三池俱樂部)에 갔는데 깔끔하고 청결한 것은 모지에 있던 구락부와 같았으나 건물의 규모는 훨씬 더 컸다. 어떤 사람은 바둑을 두고 어떤 사람은 당구를 쳤으며 어떤 사람은 마구 붓을 휘두르는 등 각자 하고 싶은 일을 마음껏 하면서 일행은 잠시 여행의 고단함을 잊었다. 이날 오후 10시에 미이케를 출발해 같은 날 12시에 도스(鳥棲)역에 도착했는데, 앞차가 지연되는 바람에 역전 다방을 찾아 거기서 기차를 기다리며, 앉아서 선잠을 잤다.

새벽에 다방 문을 똑똑 두드린 것은	剝啄五更茶屋扉
도스역 아래 길이 어렴풋해서였네.	鳥棲驛下路依微
맥주는 갈증 난 목을 적시기에 특히 좋았고,	麥酒偏宜渴喉飲
전등을 잠시 빌려 글 쓰는 데를 비추었네.	電燈暫借寫書輝
먼 길 여행객이라 기적 소리 놓칠세라 잠들지 않았고	遠客戒眠聽汽笛
작은 상투 튼 주인은 색동옷 끌고 웃으며 반겼네.	小鬟迎笑曳班衣
새벽길에 또 출발해 나가사키 향하여 가니,	曉程又發長崎去
서쪽으로 본 바다 위 하늘엔 별빛이 드무네.	西望海天星斗稀

다음 날 새벽 2시 30분에 도스역을 출발하여 기차를 타고 서쪽으로 갔다.

기차를 몇 번 갈아타느라 내렸다가 다시 타면서	纔降旋升換幾車
바쁜 여행길에 여행객의 옷자락이 스쳤네.	栖栖一路拂征裾
외로운 마을의 닭 울음소리가 아침 해를 재촉하고	孤村鷄唱催紅日
백 리의 강물엔 파란 하늘이 일렁였네.	百里江光動碧虛
침대에 누운 나그네는 쉽게 잠들지 못하고	旅夢易驚寢臺臥
표지판을 열심히 보며 역명을 기록했네.	程標探看驛名書
밤새도록 서쪽 해안가 달리는 동안	終宵行盡西濱路
술 마시고 시 짓느라 우스갯소리 드물었네.	酒困詩忙笑語踈

나가사키를 구경하다

흐렸다. 오전 7시, 나가사키에 도착했다. 미쓰이 회사 나가사키 지점 직원 마쓰쿠마 도모가즈(松隈知一)가 역으로 마중 나왔다. 자동차를 타고 우에노 여관(上野旅館)에 들어가 아침밥을 먹었다. 9시에 작은 증기선을 타고 나가사키 조선소를 지나 하쿠산마루(白山丸) 진수식을 구경하였다. 대개 먼저 경사진 나무판자에 배를 놓고 배 건조가 끝나면 기계를 이용해 항구로 밀어 나아가게 하는데, 흡사 잘 달리는 말이 가파른 언덕을 달려가는 모습 같았다. 고개를 들어 쳐다보니 태산이 스스로 북해를 넘는 듯하였다. 사람들이 말하기를 대략 만 톤짜리 상선인데 그중에서도 걸출한 것이라고 한다.

돌아가는 길에 미쓰이 회사 지점장 오카다 쇼인(岡田省胤)을 방문하여 이야기를 나누었다. 12시에 히후미테(一二三亭)[1]에서 점심을 먹었는데, 이 점심밥은 아마노가 우리 일행을 위하여 한 상 차려준 것이다. 가랑비가 잠시 뿌렸다 잠시 그쳤다 해서 숙소로 돌아와 누웠다. 저녁 7시 반에 지점장이 숙소로 찾아와 우리 일행을 데리고 고요테(紅葉亭)에 올라갔다. 건물은 4층으로, 온 항구에 펼쳐진 시가지

---

1 나가사키 메가네바시(眼鏡橋) 부근에 있으며 1896년에 개업한 향토 요리 전문점이다. 보통 '히후미테이'로 통용된다.

를 내려다보니 집들이 산을 따라 올라갔다 내려가고 건물은 층층마다 전등이 켜져 불규칙적으로 빛나고 있어 이 또한 기이한 장관이었다. 미인이 술을 가득 따라주어 나도 모르게 취했다. 내가 아마노를 돌아보며 "한성에서 출발할 때는 홍삼 판로에 시찰의 목적이 있다고 생각했습니다. 모지에서 여기까지 오로지 미쓰이 지점으로부터만 환영 연회와 전송 연회를 받고 보니, 지금 우리 일행은 바로 미쓰이에서 주최한 여행의 관광단이 된 것이군요."라고 하였다. 또 지점장에게 "오늘 밤에는 술을 마셔서 즐거운데 하늘에서 비까지 내리니 바다를 건너고 싶은 마음이 들지 않습니다."라고 하였다. 신재(박봉진의 호)가 "춘포[공성학]는 나가사키의 명물[미녀]을 보자마자 그곳에 머물러 살고 싶어 하는데, 만약 바다 건너 소주와 항주의 명물을 본다면 수중에 있던 수많은 돈도 사례금으로 주느라² 부족할 것입니다."라고 하니 자리에 있던 사람들이 크게 웃었다. 밤이 깊어서야 비를 맞으며 숙소로 돌아왔다.

만에 있는 항구가 긴 병처럼 생겼는데	一灣水口似長壺
병 안에서 배 수만 척을 들이고 내보내네.	壺裏舟容百萬輸
아녀자들도 영어를 잘하는데	兒女猶通英國語
사서를 편찬한 누가 허생의 계획을 알았던가.³	史編誰識許生謨

---

2 원문에서는 '전두(纏頭)'라고 표현하고 있는데 이는 곧 기녀에게 주는 사례금을 말한다. 기녀에게 비단 같은 것을 머리에 둘러주었기에 전두라고 한 것이다.

3 박지원의 《허생전》에는 허생이 한양 갑부 변 씨에게 빌린 1만 냥으로 과일과 말총 같은 물건을 매점매석하여 큰돈을 번 뒤 그 돈으로 도적들을 모아 무인도로 들어가 농사를 지어 수확한 양곡을 기근에 시달리던 일본 나가사키로 가져가 팔아 100만 냥의 수익을 올렸다는 대목이 나온다.

시가지는 굽이굽이 산을 따라 비탈져 있고   市衢曲曲連崎嶮
건물들은 층층마다 그림을 펼쳐놓은 듯하네.   樓閣層層展畫圖
높은 고요테에서 전체 항구 모습을 내려다보며   紅葉亭高俯全港
가랑비 내리는 봄에 등불 켜고 깊도록 술 마셨네.   春燈細雨夜深酤

뱃멀미로 고생하다

흐렸다. 오전 9시에 나가사키를 출발하였는데, 지점장이 부두에 나와 전송하였다. 상하이마루(上海丸)를 탔는데 이날은 바람이 심하게 불지 않았는데도 큰 바다여서 파도로 배가 요동쳤다. 나는 점심밥 먹은 것을 토하고 하루 종일 가만히 누워 있어야만 했으니, 좋은 상황이 아니었다. 이튿날 아침에야 억지로 밥숟가락을 들었다.

서쪽 해변에 도착했다가 다시 서쪽으로 향하니	行到西濱更向西
망망대해가 하늘과 나란했네.	茫茫碧水與天齊
배가 흔들려 침상에서도 큰 파도 소리 들렸고	撼來一枕波聲壯
여러 산봉우리가 바다 밑으로 사라져갔네.	沒却千峯海色低
마음에 둔 저곳엔 언제나 도착하랴.	彼岸心懸那日到
같이 배를 타게 된 건 친구 덕분이었네.	同舟緣得故人携
아침 되자 차츰 황하에 근접한 걸 깨달았으니	朝來漸覺黃流近
양자강 펼쳐진 모습 뚜렷하게 보이네.	楊子江開望不迷

엽서 속의 상하이마루

상해에 도착하여 상여 행렬을 보다

맑았다. 오전 10시에 상해항(上海航)에 도착하였으니 스물여섯 시간
이 걸렸다. 미쓰이 회사 상해 지점의 홍삼계 주임(紅蔘係主任) 곤도
도미에(近藤富衛)와 나카무라 야지로(中村彌次郎), 에토 로쿠로(惠藤
六郎) 등이 부두로 나와 맞아주었다. 가다가 상여를 만났다. 큰 상여
가 방만큼 컸고 비단으로 휘장을 쳤는데 구름과 새와 용이 그려져
있었다. 상여 꼭대기는 오색실을 묶어 매듭을 만들었다. 쌍으로 된
끌채의 길이는 일고여덟 길[丈]이고 붉은 칠을 하고 도금을 하였다.
옆으로 난 멜대는 앞뒤로 두었는데 상여꾼들이 사오십 명을 밑돌지
않을 정도로 많았다. 금색으로 명정(銘旌)을 썼다. 붉은 일산(日傘),
푸른 일산, 검은 일산이 각각 몇 쌍이 되었다. 깃발이 대여섯 쌍이고
죽산마(竹散馬)[1]가 한 쌍이며, 피리·젓대·북·나팔 등 악대가 뒤를
이었다. 중과 도사들이 각각 복장을 갖추어 입고, 염불을 하거나 주
문을 외우며 앞에서 인도하였다. 상주와 친족인 남자와 여자가 각각
소복을 입고서 인력거를 타고 상여의 뒤를 따라갔다. 그 앞뒤의 행
렬이 잡다하게 펼쳐져 그 의미를 이해할 수 없으니 본받을 것이 못

---

1 임금이 죽은 뒤 국장(國葬)으로 발인할 때 쓰는 의장의 하나로 안장 없는 대나무 말을 말하는데,
   대개 두 개의 죽산마를 준비해 썼다.

된다.[2]

자동차를 몰아 서화덕로(西華德路)에 있는 풍양관(豊陽館)으로 들어가서, 곤도와 함께 판로 조사 건에 대해 협정하고 점심을 먹었다. 미쓰이 지점장 노히라 미치오(野平道男)를 찾아가니, 과자와 차를 내오며 "1년 전에는 홍삼이 쌓여 있어 처치 곤란이었습니다만, 다년간 노력한 결과 재고품을 모두 팔아 좋은 성적을 얻었습니다."라고 하였다.

노히라 씨를 가만히 살펴보니 키는 작았지만 목소리가 컸으며, 논

2 중국에서 본 상여에 대한 묘사를 《계산기정》, 《열하일기》 같은 사행 기록에서 가끔 볼 수 있다. 공성학의 이 상여 기록도 이들 기록과 크게 다르지 않다. 특히 위의 서술은 박지원의 《열하일기》와 상당히 흡사하다는 점에 유의해서 볼 필요가 있다. 《열하일기》에서는 이렇게 묘사하고 있다. "길에서 날마다 상여를 만났는데, 그 제도는 한결같지 않으나 가장 거추장스럽게 보인다. 거의 두 칸 방만 하고 오색 비단으로 휘장을 치고, 거기다 구름·꿩·참새 같은 여러 가지 그림을 그렸다. 상여의 꼭대기에는 은빛으로 도배를 하기도 하고 오색실을 꼬아서 끈을 만들어 달기도 하였다. 쌍으로 된 끌채의 길이는 거의 일고여덟 발이나 되는데, 붉은 칠을 하고 누런 구리로 장식하여 도금한 것이 두드러졌다. 옆으로 난 멜대는 앞뒤 각기 다섯 개이고 길이도 서너 발이 되고 그 위에 짧은 멜대가 있어 두 끝을 어깨에 메도록 했다. 상여꾼은 적어도 수백 명이고, 명정은 모두 붉은 비단에 황금빛 글씨로 썼다. 명정을 단 대나무는 높이가 세 길이고 검은 칠을 한 뒤 그 위에 황금 빛깔의 용을 그렸다. 대나무 아래에는 받침대가 있어 역시 쌍으로 멜대를 만들어서 반드시 아홉 사람이 메도록 했다. 붉은 일산 한 쌍, 푸른 일산 한 쌍, 검은 일산 한 쌍, 깃발 대여섯 쌍이 따르고 피리·젓대·북·나팔 등 악대가 뒤를 잇고 중과 도사들이 각각 복장을 갖추고 염불을 하거나 주문을 외우며 그 뒤를 따른다. 중국에서는 만사를 간편하게 하지 않는 것이 없고 하나라도 쓸데없는 비용을 들이지 않는데 이 장례 제도만은 도대체 이해할 수가 없으니 본받을 것이 못 된다.(沿道日逢喪輿, 不一其制,而太質鈍, 輿之大, 幾如二間屋子, 以五色錦緞爲帷帳. 雜畵雲物, 雉雀亭頂, 或爛銀, 或結五色絲爲紐. 雙轅長幾七八丈, 紅漆飾以黃銅, 鍍金出色. 橫杠前後各五, 亦長三四丈, 更以短杠, 兩頭肩擔. 擔夫不下數百人, 銘旌皆紅緞金字書寫, 旌竿三丈, 黑漆畵金龍, 竿下有跗, 亦架雙杠, 必九人擔之. 紅盖一雙, 青盖一雙, 黑盖一雙, 幡幢五六對, 繼之笙簫皷吹, 僧徒道流, 各具其服, 誦唄念呪, 以隨輿後. 中國萬事莫不簡便, 而無一冗費, 此最不可曉, 非可取法也.)" 이하 《열하일기》의 번역은 김혈조의 번역(《열하일기》, 돌베개, 2009)을 참고하되 필요에 따라 부분적으로 수정하였다.

변하는 것이 조리가 있고 임기응변에 능한 것 같았다. 이어서 일본 조계지에 가서 산책을 하며 바람을 쐬고 돌아오는 길에 영안공사(永安公司)³에 들어가 의운각(倚雲閣)으로 올라갔다. 의운각의 규모는 일본의 아사쿠사(淺草) 공원에 있는 12층 건물⁴과 같았으나 건물이 완벽하여 오히려 더 나았다. 상해 시내의 전경을 내려다보니 사람이 다니는 것이 팥과 같았고 말이 가는 것이 개미와 같았다. 날이 저물어 멀리 바라보자 바다가 아득하게 보였다.

드높은 건물이 조각구름에 기대 있어	千層閣倚片雲開
상해의 전경이 전부 한눈에 들어오네.	滬景全收一目來
온 나라 진귀한 물건은 바다와 육지에서 들여왔고	萬國錯珍輸海陸
반공중에 서린 금빛과 푸른빛은 높은 누대의 모습.	半空金碧聳樓臺
움푹 들어간 눈과 큰 코의 유럽인들이 세상을 지배하며	深眸隆準方持世
잠수정과 비행기로 각자 재주를 자랑하네.	潛艇飛機各衒才
하늘 향해 소리치지만 하늘은 아무 말 없어	高語聞天天默默
동쪽으로 산천을 바라보며 서글퍼하며 서성거린다.	海山東望悵徘徊

이번 여행에서는 참고 자료가 없어 그저 중역(重譯)하는 말에 의지하여 상해의 연혁을 대략 들었다. 상해는 춘신군(春申君) 황헐(黃

---

3 상해에 있던 5대 대형 점포 가운데 하나다. 1918년에 문을 열었으며 1949년 이전까지 상해에서 가장 멋지고 세련되며 값비싼 물건이 많은 고급 백화점이었다.
4 아사쿠사 공원에 있는 능운각(凌雲閣)을 가리킨다. 12층탑 모양의 서양식 건축물로, '아사쿠사 12층(淺草十二層)'이라고도 불린다. 관동대지진 때 심하게 파손되었다가 그 이후 철거되었다.

상해 제일의 백화점이었던 영안공사

歇)[5]에게 식읍으로 봉해주었던 땅이다. 상해를 '신강(申江)', '황포(黃浦)'라 하는 것도 이 때문이다. 지금으로부터 70년 전 영국 사람들이 처음으로 상해에 와서 개항하였고(개항장 세관에 영국인 동상[6]이 있다.) 통상 조약이 맺어지자 상권이 발전하여 미국, 프랑스, 독일, 일

---

5 춘신군(?~ 기원전 238)은 중국 전국 시대 말기 초(楚)나라의 정치가로, 제(齊)나라 맹상군(孟嘗君), 조(趙)나라 평원군(平原君), 위(魏)나라 신릉군(信陵君)과 함께 전국사군(戰國四君) 가운데 한 사람이다. 회북(淮北) 땅 12현(縣)을 봉지로 받고 문하에 식객이 3,000명에 이르렀다 한다.

6 로버트 하트(Rober Hart, 1835~1911)를 가리킨다. 북아일랜드 출신으로 세무 관리였던 그는 1854년에 중국으로 파견되어 주영 영파영사관에서 근무하였고 1858년에는 주영 광동영사관에서 근무하였다. 1863년부터 1908년까지 중국 세관의 총세무사(總稅務司)를 지냈다. 그의 사후, 해관에 있던 서양인들이 동상을 세우자고 논의하여 1914년에 동상이 상해로 운반되었고 성대한 개막식이 열렸다.

본이 연이어 왔으니 이를 통해 나날이 건물이 세워졌고 높고 큰 규모라 '작은 서양'이라 불렸으며, 수레와 사람의 어깨가 맞부딪칠 정도로 혼잡한 오늘날에 이르게 되었다. 각 조계지에는 사람들 사이에 혹시라도 소요가 일어날 것에 대비하여 곳곳마다 경비병이 있고, 현재 거주인 수는 백만 명이 된다고 한다. 영안공사 건물은 상해에서 제일가는 굴지의 건축물로, 무늬 있는 창문과 아로새긴 난간, 안팎으로 진열된 진귀한 물품으로 외관을 아름답게 꾸몄고, 수많은 고객들을 자주 유치하기 위해 3층으로, 그리고 두 개의 대광장을 만들었다. 그 규모의 웅장함과 배치의 섬세함이 경탄할 만하였다. 이 백화점의 주인은 광동성 사람인데, 중국 거상들은 대부분 광동성 출신이라고 한다. 숙소로 돌아와 쉬고 잤다.

4월 6일

4월 7일
홍삼 판로를 논의하다

흐렸다. 아침밥을 먹고 미쓰이 지점으로 가서 에토의 안내로 영사관에 들어갔다. 부영사(副領事)가 말하였다.

"조선 사람의 행동은 매우 불편하게 만드는 것이 있으니 각별히 주의해야 합니다."

나는 마음속으로 탐탁지 않게 여기며 심드렁하게 말하였다.

"그런 것 같습니다."

상무관(商務官) 요코타케 헤타로(橫竹平太郎)가 말하였다.

"홍삼 광고를 다방에서 하자는 말은 매우 일리가 있습니다."

관사로 돌아와 점심밥을 먹었다. 그런데 잠시 비가 내렸다가 곧 그쳤다. 다시 미쓰이 지점으로 가서 곤도와 나카무라의 안내로 차를 타고 함과가(醎瓜街)의 삼호[參號, 삼호(蔘號)와 같다]에 이르렀다. 삼호에는 다섯 대가(大家)가 있다. 보대삼호(葆大參號)의 김계(金階), 원창삼호(元昌參號)의 호석기(胡錫琪), 부창삼호(阜昌參號)의 공신보(孔慎甫), 덕창삼호(德昌參號)의 정재기(鄭栽祺), 유풍덕삼호(裕豐德參號)의 정천릉(鄭天陵)이 그들이다. 다른 네 대가의 지배인까지 한꺼번에 보대삼호의 집에 모여 악수를 건네며 만났다. 중국 사람 왕정각(王廷珏)에게 삼호 다섯 대가의 통역을 맡기며 이렇게 말하였다.

"현재 홍삼의 모양은 매우 양호합니다. 그러나 다만 세 가지(흰 껍

질의 삼, 홍삼의 몸체가 찢어진 것, 잔뿌리가 갈라진 곳에 검은 점이 있는 것)
결함이 있어 소매상에 팔 때마다 매번 어려움이 많았으니, 이 세 가
지를 개량하는 것이 제일 필요한 일입니다. 다섯 대가는 매년 평균
적으로 판매하는 근수가 1만 2,000~1만 3,000근이 되니, 만약 가격
을 조금 싸게 팔면 2만 근 이상도 아무런 염려 없이 판매하게 될 것
입니다. 또 홍삼 상표에 다만 계해년(癸亥年)[1923]이라 쓰고 있는
데, 그렇게 하지 말고 12년이라고만 쓰면[중화민국 연도와 다이쇼
(大正) 연도는 같다] 일본 물건을 배척하는 혐오감을 막을 수 있을
것이니 이것이 상업의 전략입니다."

서로 논의하면서 다섯 시간에 걸쳐 긴 대화를 나누었는데, 먼저
미쓰이 회사의 장부상 조사표를 바탕으로 하고 거기에 다섯 대가가
구두로 말한 실제 상황을 참고해 다음과 같이 별도로 기록하였다.[1]

홍삼 판매 근수의 명세표-다이쇼 9년[1920] 5월 이후

기간	천삼(天蔘) 근수	지삼(地蔘) 근수	합계	적요
다이쇼 9년[1920] 하반기	20,183	1,622	21,805	
다이쇼 10년[1921] 상반기	22,497	3,192	25,689	
다이쇼 10년[1921] 하반기	12,180	8,844	21,024	
다이쇼 11년[1922] 상반기	9,602	10,353	19,955	
다이쇼 11년[1922] 하반기	4,857	4,640	9,497	
다이쇼 12년[1923] 상반기	13,090	11,069	24,159	
합계	82,409	39,720	122,129	

이상 1년 평균 판매량은 4만 710근이다.

판매 가격[천삼 수량별, 단위: 냥(兩)]

연도	천삼 15지[支, 또는 편(片)][2]	천삼 20지	천삼 30지	천삼 40지	천삼 50지
다이쇼 9년[1920] 6~12월 평균	72	65	64	60	58
다이쇼 10년[1921] 1~6월	73	67	65	62	58
다이쇼 10년[1921] 7~12월	86	75	72	69	58
다이쇼 11년[1922] 1~6월	85	70	68	67	58
다이쇼 11년[1922] 7~12월	86	72	70	69	58
다이쇼 12년[1923] 1~6월	85	74	68	67	58

1 말리지 않은 인삼을 수삼이라고 하는데 수삼을 증기로 쪄서 말린 것을 홍삼이라고 한다. 홍삼은 품질 등급에 따라 천삼, 지삼, 양삼(良蔘), 절삼(切蔘), 미삼(尾蔘)으로 분류한다. 이 중 본문에 나온 천삼은 품질이 가장 좋은 특상품으로 내용조직이 치밀하고 외형이 가장 좋은 것이고, 지삼은 천삼 다음 등급의 상품으로 내용조직과 외형 면에서 천삼 다음으로 좋은 것을 말한다.

2 홍삼이 고가이기 때문에 수요 창출을 위해 품질별 등급과 뿌리 수에 따른 등급 등 그 기준에 따라 소량 포장하는데, '지'는 뿌리 수로 분류한 것이다. 10지, 15지, 20지, 30지, 40지, 50지 등이 있고, 숫자가 적을수록 고급을 뜻한다.

판매 가격(지삼 수량별, 단위: 냥)

연도	지삼 15지 (또는 편)	지삼 20지	지삼 30지	지삼 40지	지삼 50지
다이쇼 9년[1920] 6~12월 평균	52	48	44	43	42
다이쇼 10년[1921] 1~6월	50	47	44	42	40
다이쇼 10년[1921] 7~12월	57	57	50	48	46
다이쇼 11년[1922] 1~6월	56	57	51	49	48
다이쇼 11년[1922] 7~12월	57	54	52	50	49
다이쇼 12년[1923] 1~6월	57	53	51	49	49

이상의 판매 가격을 일본의 화폐로 환산하면 68냥에 해당했으니 이는 종이 화폐 100원에 해당한다. 은의 시세가 높으냐 낮으냐에 따라 판매 가격이 다시 정해지기 때문에 일정하지 않다고 한다.

각 점포별 취급 근수표[천삼과 지삼 공통, 단위: 근(斤)]

취급점	9년 하반기	10년 상반기	10년 하반기	11년 상반기	11년 하반기	12년 상반기
상해	12,730	12,300	7,360	9,312	4,350	12,578
홍콩	2,790	3,450	6,540	3,275	2,250	4,010
광동	1,600	2,030	1,930	2,289	310	1,740
하문(廈門)	1,295	2,880	1,140	1,920	780	2,320
산두(汕頭)	390	1,050	1,140	900	-	-
태북(台北)	1,010	1,290	1,200	670	540	540
싱가포르 (新嘉坡)	859	1,228	634	562	574	679

한구(漢口)[3]	630	390	390	120	60	660
복주(福州)[4]	70	135	140	40	125	100
천진	41	161	3	17	–	30
북경	–	–	96	–	70	–
사수(泗水)[5]	30	75	84	96	41	64
방콕(盤谷)	–	180	48	280	10	130
자카르타 (吧城)	–	26	16	34	28	10
지부(芝果)[6]	240	242	242	212	124	1,117
사이공(西貢)[7]	110	110	40	140	76	48
랭군(蘭貢)[8]	–	–	50	35	44	90
하이퐁(海防)[9]	10	10	–	–	–	–
세마랑 (スマラン)[10]	–	40	36	29	30	31
경성	–	92	35	22	46	4
마닐라 (マニラ)[11]	–	–	–	2	–	8
샌프란시스코 (桑港)	–	–	–	–	37	–
뭄바이(孟買)[12]	–	–	–	–	2	–
합계	21,805	25,689	21,024	19,955	9,497	24,159

　새 판로의 확대된 수요가 사수, 방콕, 자카르타, 사이공, 랭군, 세마
랑, 샌프란시스코, 뭄바이, 마닐라(馬尼剌) 등지에 영향을 미쳐야 하

3　중국 호북성 동부에 있는 무한시(武漢市)의 상공업 지구를 가리킨다. 1858년 천진조약(天津條
　　約)에 의해 개항되었으며 양자강과 한수(漢水)의 합류점에 자리 잡고 있다. 제2차 세계대전 후
　　중국이 수립된 뒤 무창(武昌)·한양(漢陽)과 함께 무한시를 이루고 있다.
4　중국 복건성(福建省)의 중요한 해상무역 도시로 민(閩)강 하류에 위치하고 있으며, 바다 건너
　　대만 섬 북부와 마주하고 있다. 신석기 유적과 유물이 다량 발견되는 등 유서 깊은 지역이다.

므로 신문광고, 견본 기증품, 영화, 광고·선전 인쇄물을 배포해 노력하는 중이다. 미쓰이 회사에서는 환율이 불리함에도 불구하고 직접 판매하는 판로를 널리 개척해 매년 판매량이 수천 근 아래로는 내려가지 않는다고 한다.

※ 미쓰이 회사에서 각 지역에 특약 판매를 하는 중국 상호
- 상해: 보대(葆大), 부창(阜昌), 원창(元昌), 덕창(德昌), 유풍덕(裕豊德)
- 홍콩: 순태(順泰), 의태(義泰), 이원장(利源長), 영태풍(榮泰豊), 익화융(益和隆), 만송태(萬松泰), 만흥창(萬興昌)
- 광동: 겸순혜(謙順惠), 동흥(同興), 영태풍(榮泰豊), 만흥창(萬興昌)
- 하문: 조덕태(朝德泰), 풍미(豊美)
- 산두: 신태찬기(信泰贊記)
- 대만: 첩유삼장(捷裕蔘莊)

---

5 산동성 사수현 동부의 배미산(陪尾山)에서 시작하여 남서로 흘러 공자의 탄생지인 곡부현을 거쳐 제령(濟寧) 부근에 이르는 지역을 가리킨다.
6 청나라 때 산동성에 있던 항구 도시.
7 사이공(Saigon). 베트남 남부에 있는 도시.
8 랭군(Rangoon). 동남아시아 미얀마의 이라와디 강의 삼각주에 있는 항구 도시.
9 하이퐁(Hai pong). 베트남 제1의 항구 도시이자 베트남의 네 직할시 가운데 하나로, 북베트남 무역의 중심지 역할을 하는 곳이다.
10 세마랑(Semarang)은 인도네시아 자와텡가 주의 주도로, 인도네시아의 중요 무역항이다. 《중유일기》 원문은 한글로 '스마란'이라 적고 있다.
11 《중유일기》 원문에는 한글로 '마니라'라고 표기되어 있다.
12 인도 제2의 도시인 뭄바이(Mumbai)를 한자로 음차한 것이다.

이 밖에도 남양제도(南洋諸島)[13]와 시암(暹羅)[14] 지방은 이른바 화교 근거지이다. 싱가포르와 홍콩의 미쓰이 지점 판매 성적이 점차 두각을 나타낸다고 한다.

※ 각국 백삼(白蔘)의 1년간 판매 근수 및 단가 조사표

1. 만주산
- 상해: 약 2만 근. 1근당 2~18냥.
- 한구: 약 1,000근. 1근당 3~20냥.
- 북경: 약 1,000근. 1근당 9~16불(弗)(보통)
- 천진: 약 1,400근. 1근당 5~32불.

2. 미국산
- 상해: 약 1만 근. 1냥쭝(兩重)에 4불 7각(角). (산삼).
- 상해: 약 2만 근. 1냥쭝에 4불 3~4각. 양삼(養蔘), 상품(上品)
- 한구: 약 6,000근. 1근당 25~46불. 중품(中品)
- 북경: 약 1,000근. 1근당 9~16불. 하품(下品)
- 천진: 약 500근. 1근당 40~70불. (상품)

---

13 제1차 세계대전 이후 1919년 베르사유 조약에 의거해 공식적으로 일본 제국의 위임통치령이 내려진 서태평양의 적도 부근에 펼쳐진 미크로네시아의 섬들을 가리킨다. 현재의 북마리아나 제도, 팔라우, 마셜 제도, 미크로네시아 연방에 해당하는 지역이다.
14 타이(Thailand)의 예전 이름인 시암(Siam)의 한자음 표기이다.

3. 일본산
- 상해: 약 10만 근. 1근당 12~18불.
- 북경: 약 100근. 1근당 14~21불.

4. 조선산
- 북경: 약 100근. 1냥쭝당 1불 5각.

이상의 판로를 참고하면 조선산 백삼이 가장 취약해 만약 앞으로도 계속 힘써 선전하지 않는다면 믿을 만한 판로를 보장받기 어렵다. 스스로 마땅히 주의해야 할 것이다.

관건은 중국 화폐가 관청에서 주조한 것과 개인이 주조한 것이 어지럽게 섞여 있어 각 성(省)에서 쓰는 화폐가 여전히 여러 나라가 분립해 있기라도 한 듯 공존한다는 것이다. 대외무역에서 이것이 장애로 작용하고 있으니 그 사례를 일일이 열거할 수 없을 정도이고, 실제로 경제 분야에도 독이 되어 홍삼 매매에 큰 영향을 주고 있는데 하나로 정리할 방법이 없으니 개탄스러울 뿐이다. 조사를 마친 뒤 홍삼을 저장한 궤짝을 살펴보니 그 맨 위층은 바닥까지 대나무로 엮은 것에 삼을 저장하였으며, 그 아래 두 번째 층은 약간 두께를 얇게 하여 전체를 석회로 채우고 삼의 위치를 바꾸어 저장한다. 나머지 삼도 이 방식대로 하는데, 이렇게 하면 여름을 지내도 푸른 싹이 생길 염려가 없다고 하였다.

대개 홍삼 판로의 중심지는 중국의 상해이다. 그런데 매년 나오는 조사표에 따르면 한 해에 3만 5,000근 내지 4만 근까지는 내다 팔 걱정을 안 해도 될 만큼 호경기였다.

지난해 금융 공황 때 재고품이 산더미처럼 쌓였는데도 가격을 유지할 수 있었으니 미쓰이 회사의 대규모 자본이 아니었더라면 불가능했을 것이다. 그러나 이제 삼호 오가(蔘號五家)가 말하는 것을 들어보건대, 가격을 낮추면 판매량이 현재 보유한 수량보다 증가한다고 하니, 이 주장은 미쓰이에게서 이익을 챙기려고 하는 감언이설인지도 모른다. 대체로 모든 물건은 값이 비싸지면 잘 안 사게 되고 값이 싸지면 다투어 사게 되니 그것은 인지상정이다. 다만 미쓰이 회사에서 이 점만을 감안하여 삼호 오가와 더불어 박리다매 위주로 장사를 하게 되면 생산하는 우리들 입장에서는 과잉생산으로 생산물을 그냥 버리게 되는[15] 셈이 아닌가. 숙소로 돌아왔다가 그날 오후 7시에는 곤도의 초대를 받아 복흥원(復興園)으로 갔는데 중국 요리점이었다. 삼호 오가 사람들도 함께 참석하였다. 다방 사람을 부르는 내용을 종이에 써서 주는데, 곧 기녀를 부르는 메모였다.

주인과 손님이 각자 의자를 하나씩 차지하고 큰 원탁에 둘러앉았다. 다방에서 숙탕(熟湯) 한 그릇을 내왔는데 그릇이 비자 또 한 그릇을 내왔다. 술은 소흥주(紹興酒)를 썼다. 주인 측에서 술잔을 들 때마다 "칭칭(請請)"[16]이라고 하면 손님도 술잔을 들고 "칭칭"이라고 했다. 음식을 권할 때는 "하오하오(好好)"라고 했다. 자리 잡은 지 얼마

---

15 원문의 '포진천물(暴殄天物)'은 "하늘이 낸 만물을 함부로 다 써버린다."라는 뜻으로, 물건을 아까운 줄 모르고 마구 써버리거나 함부로 버리는 것을 비유하는 고사성어로, 《서경(書經)》의 〈무성(武成)〉편에 나오는 말이다. 상(商)나라 주왕(紂王)이 주지육림에 빠져 학정(虐政)을 일삼음으로써 백성의 원성이 극에 달하자 주(周)나라 무왕이 제후들을 규합하여 군사를 일으키며 "지금 상나라 왕이 무도함을 받아 하늘이 낸 만물을 함부로 다 써버리고 뭇 백성들을 해치고 학대한다.(今商王受無道, 暴殄天物, 害虐烝民.)"라고 주왕의 학정을 규탄하였다.

16 "드세요."라는 의미다.

안 되자 어린 기녀 여덟아홉 명이 비가 오는데도 찾아와 차례대로 다리 짧은 탁자에 앉아 술을 따르거나 담배를 권했다. 이에 노래를 부르라 하니 호금(胡琴)[17]의 활을 손에 든 남자가 호금을 가지고 와서 기녀 옆에 앉아 연주하자 기녀도 소리를 높였다. 나는 사성(四聲)과 오음(五音)의 운조(韻調)를 이해하지 못하여 다만 그 소리를 듣기만 하였다. 노랫소리는 긴장되고 무척 빨랐으며 혀가 뻣뻣하고 목이 잠겨 마치 아이가 어리광 부리는 것 같았다.

곡 연주를 마치자 다들 가겠다고 하여 나는 그저 고개를 끄덕였다. 한 사람이 가고 두 사람이 가고 해서 자리가 이미 텅 비었다. 기녀가 자리에 앉아 있던 시간은 길게 잡아도 10~20분에 불과하였는데 나오는 요리가 최소한 30~40가지를 넘어 그 풍속이 놀라웠다. 술을 다 마시고 나니 처마의 방울소리가 딸랑거렸다. 다시 차를 타고 들어간 곳도 극장이었는데, 건물이 높고 웅장하여 점포와는 견줄 만한 것이 아니었다. 이렇게 깊고 넓지 않으면 많은 사람들을 수용하기가 어려울 것이다. 걸상, 탁자, 의자, 받침대 등 앉을 수 있는 물건이 대략 1,000개 정도 된다.[18]

막이 열리자 한편에서 음악을 연주하였다. 십여 명 되는 어린아이들이 깃발을 쭉 펼치고 앞으로 가는데 일고여덟 명 되는 건장한 아

---

17 원통형의 작은 몸통과 구부러진 좁은 목을 가진 스파이크 피들(spike fiddle)로 활로 두 현 사이를 지나다니면서 마찰하여 연주한다.

18 이 부분은 박지원의 《열하일기》〈일신수필(馹汛隨筆)〉에 나오는 "높고 웅장한 것이 점사에 비할 바가 아니었다. 이렇게 깊고 넓지 않으면 많은 관중을 수용하기가 어려울 것이다. 탁자와 의자 등의 좌석이 천 개를 헤아렸다.(高深雄傑, 非店舍所比, 不若是深廣, 難容萬衆. 凳卓椅几, 凡係坐具, 動以千計.)"와 매우 흡사하다.

이들이 더러는 면류관을 쓰고 도포를 입거나 더러는 갑옷과 투구를 쓰고 나왔다. 비록 그 재담에 관해 설명하는 것을 알아듣지는 못했지만 무엇을 나타내는 동작인지 굳이 묻지 않아도 한눈에 알아볼 수 있었다. 《삼국지》의 장판교(長坂橋) 전투에서 장비(張飛)와 조조(曹操)를 재현한 연극이었으니, 이른바 꿀 먹은 벙어리 같았으나 모두 기이한 볼거리였다. 또 소녀들이 하는 연극이 있었는데 재미는 없었다. 밤 12시에 숙소로 돌아와서 잤다.

4월 8일

기생이 아편을 권하다

어젯밤부터 비가 내리더니 저녁에 개었다. 아침을 먹고 흥창양행(興昌洋行)에 가서 여름 양복을 주문하고 곤도의 안내를 받아 일본인 구락부 월내가(月逎家) 별장에 갔는데, 중국 사람 입산(笠山) 심문조(沈文藻)와 신손(莘孫) 왕정각이 동행하였다. 심문조는 몸가짐이 청아하고 나이는 예순이 넘었으며 학문과 지식을 갖추고 있었고, 왕정각은 예의 바른 청년으로 글씨와 그림을 대강은 알았으며 또 일본어도 잘하였기 때문에 어제 삼호에서 통역을 해주느라 실로 수고가 많았다. 오늘은 곤도가 특별히 우리 일행을 위해 서화회(書畵會)를 연것이었다. 여기에 불욕의식[浴佛]¹을 하는 사월 초파일을 맞아 더욱 흥취가 돋았다. 점심을 먹은 뒤 곤도와 심문조에게는 시를 써서 줬고 왕정각에게는 "새벽 구름 낀 일출 무렵 시엽지에 글을 쓰고, 봄비 내리는 덩굴 사이에서 매화 시를 읽네.(紅荳曉雲書柿葉·碧蘿春雨讀梅花.)"² 고시를 써서 주었다. 연달아 수십 폭에 시정(詩情)과 화경(畵景)을 써내려가다 보니 "부질없는 인생에서 반나절의 여유를 얻었

---

1 애기 부처상에 향수 등을 뿌리는 일을 말하는데, 초파일에 애기 부처님을 모셔놓고 물을 붓는 의식을 우리나라에선 욕불식, 관불식(灌佛式)이라 한다.
2 청대의 유명한 시 구절로 전할 뿐 시 제목과 시인의 이름은 확실하지 않다.

다.(偸得浮生半日閑.)"³라고도 할 수 있겠지만, 홍삼 농사꾼 본연의 모
습은 아니었다.

곤도에게 주다	贈近藤
깨끗한 숲 동산이 그림 속에 열렸으니	林園瀟灑畵中開
점심때 차를 타고 기분 좋게 찾아왔네.	趁午驅車得得來
힘찬 글씨 취해서 쓴 저물녘 봄날에,	醉墨淋漓春日暮
연꽃과 등불의 그림자가 맑은 술잔을 비춘다.	蓮花燈影映淸盃

입산에게 주다	贈笠山
상해의 멋진 경치 눈앞에 펼쳐지니	滬中勝景眼中開
이역만리를 봄바람 불 때 배 타고 왔네.	萬里春風一棹來
시 짓는 노인들이 사월 초파일에 만나	詩老相逢浴佛日
꾀꼬리 우는 유명한 정원에서 술에 흠뻑 취했네.	名園鶯語醉深盃

입산이 지은 시를 덧붙인다	附笠山原韻
귀한 손님이 지금 바다 건너 찾아와	嚴客方從海外來
유명한 정원에서 잔치 열어 술을 대접하네.	名園待酒綺筵開
퇴고하여 이루어낸 멋진 구절 붓으로 쓰니	揮毫琢句成珠玉
큰 기량은 원래부터 가늠할 재주 아니었네.	大器原非斗石才

---

3 당나라 시인 이섭(李涉)의 고시(古詩) 〈학림사 승사에 쓰다[題鶴林寺僧舍]〉에 "죽원을 지나다
스님 말씀 듣게 되니, 덧없는 인생에서 한가한 반나절을 얻었네.(因過竹院逢僧話, 偸得浮生半
日閑.)"라는 구절이 나온다.

아편을 피우는 기녀들

청나라 말기, 손님들과 어울려 마작을 하는
어린 기녀

바다 건너에서 현사와 호걸이 단체로 찾아오니	海外賢豪結侶來
손님과 주인이 훌륭하여[4] 웃음이 가득하네.	東南美盡笑顔開
오늘 아침 즉석에서 밝은 가르침 받드니,	今朝卽席承明敎
예전에《옥배》[5]를 읽은 것보다도 낫네.	恰勝當年讀玉杯

오후 6시에 삼호 오가의 초대로 능취연(凌翠娟) 창가(娼家)에 갔는
데 이곳 풍속을 보고자 함이었다. 입구에는 대체로 침대 앞에 방문

---

4   당나라 문인 왕발(王勃)의 〈등왕각서(滕王閣序)〉에 나오는 "큰 고을이 빽빽하게 이어졌고, 뛰어
    난 인물들이 별처럼 치달리며, 누대와 해자는 오랑캐와 중국 사이에 걸쳐 있고, 손님과 주인은
    모두 동남 지방의 훌륭한 이들이다.(雄州霧列, 俊彩星馳, 臺隍枕夷夏之交, 賓主盡東南之美.)"
    라는 구절을 변용한 것이다. 이 시에서는 〈등왕각서〉의 맥락에 따라 손님과 주인이 모두 훌륭한
    사람들이라는 의미로 사용되었다.

5   《한서》〈동중서전(董仲舒傳)〉의 "《춘추》에 수록된 사적의 득실을 말하였으니《문거(聞擧)》,《옥
    배(玉杯)》,《번로(蕃露)》,《청명(淸明)》,《죽림(竹林)》 등 수십 편이 있다."라는 구절에 대해 안사
    고(顔師古)는 "모두 그(동중서)가 쓴 책 이름이다."라고 주석을 달았다. 이 구절에 따라 이후에
    중요한 저작을 '옥배'라고 부르게 되었다.

객들이 앉을 수 있도록 의자와 탁자를 두었다. 침대 뒤에는 장막을 사이에 두고 또 하나의 침대가 있었는데 세련되고 아늑하였다. 주기(主妓) 취연이 손님에게 아편을 권하고 있었는데 내가 보자 깜짝 놀라며 물러났다. 가만 보니 사람들이 아편을 많이 피워 취연은 누워서 아편 대접을 하느라 연탁(宴桌)에는 얼굴을 보일 겨를이 없었다. 어린 기녀가 또다시 왔는데 행동거지가 어제 본 것과 완전히 똑같았다. 또 마작을 하면서 도박으로 시간을 때우고 있었는데, 요새는 유럽과 미국 사람들도 이 마작법을 많이 익혀 즐긴다고 한다. 밤 10시에 헤어질 때 "셰셰(謝謝)."라고 하고 숙소로 돌아와서 잤다.

항주에 도착하다

비가 내렸다. 아침을 먹고 나카무라(中村)의 안내로 오전 8시에 상해역을 출발해 항주(杭州)로 향하였다. 상해와 항주는 거리가 300여 리였지만 강남에서는 이것이 첫 번째 일정이라 마음이 유쾌하였다. 길가로 마을들이 겹겹이 이어졌는데 뽕잎이 무성하고 대숲도 우거져 있었다. 또 곧 보릿가을[麥秋]이고[1] 모내기를 할 때였는데, 끝없는 논밭 도랑에는 관수기(灌水機)를 여기저기 설치하여 곳곳마다 편리하게 물을 날랐다. 밭갈이 소로는 물소를 많이 썼다. 밭의 한가운데에다 무덤을 많이 조성해놓아 더러는 관의 아랫부분이 드러난 경우도 있었다. "살아서는 소주(蘇州)와 항주(杭州), 죽어서는 장주(樟州, 이곳에서 관의 자재가 많이 생산된다.)"라고 하는데, 이를 두고 한 말이 아니겠는가.

장맛비 내려 들의 빛깔 싱그러운데	梅雨霏霏野色新
천 리 길 들판 사이로 기차가 달려가네.	平原千里走飛輪
집을 둘러싼 뽕나무와 삼이 구름과 합쳐지고	桑麻繞屋連雲合
채소밭과 밭두둑에 고르게 물 끌어댔네.	田圃分塍引水均

---

1 보리가 익는 계절, 곧 음력 4~5월을 가리키는 말이다.

보석산(왼쪽)과 그 산속에 있는 보숙탑

벼슬길은 신분과는 상관없다 판명되었으니	已判封候非骨相
잘 살게 하려면 어떻게 다스려야 하나.	欲爲殖貨奈經綸
한 뙈기 땅을 얻어 강남에 살면서	願將片土江南住
쌀밥에 고깃국 먹는 은자 되길 원하네.	飯稻羹魚作逸民

기차 안에서 점심을 먹었다. 낮 12시 반에 비가 멎었다. 항주에 도
착했다. 취영여사(聚英旅社)에 갔다가 다시 가마를 타고 전당문(錢塘
門) 북쪽을 경유하여 보석산(寶石山)으로 올라갔다. 돌계단이 구불구
불하고 녹음이 우거져 있었다. 정상에 올라가 보숙탑(寶叔塔)을 바
라보니['보숙'은 오월(吳越) 왕의 이름[2]이다], 이는 벽돌로 쌓은 탑으로서

---

2 보숙탑(保俶塔)이 더 일반적인 명칭이다. 북송 태조 조광윤이 건국 후 오월의 왕 전홍숙(錢弘
   俶)을 수도 개봉(開封)으로 불러들이자 전홍숙의 외숙부 오연상(吳延爽)이 조카의 무사귀환을
   기원하며 세운 탑이라 한다.

세운 지 오래되어 덩굴과 잡목이 탑의 꼭대기와 탑 중간에 수북하였다. 탑에서 몇 걸음 더 걸어가면 영국선교사병원(英國宣敎師病院)이 있는데, 경치 좋은 곳에 어째서 불결한 건물을 지었는지 유감이었다. 앞쪽에 펼쳐진 서호(西湖) 전경(全景)을 바라보니 배가 물살을 가르며 지나가 그 물결무늬가 아름다웠다. 다시 꺾어 서쪽으로 가면 돌벽이 높이 솟아 있는데, 가로로 '진불범기처임씨천고가성(陳不凡曁妻林氏千古佳城)'[3] 열한 글자가 새겨져 있고, 아래에는 쇠로 만든 문짝이 잠긴 채 있었다. 장례 지내는 방식이 진실로 이름에 부합했고[4] 평범하지도 않았다.

돌계단을 따라 올라가니 갈령(葛嶺)이었다. 세상에서 전해오기를 진(晉)나라 갈홍(葛洪)[5]이 이곳에서 연단(煉丹)했다는데 연단하던 옛 터가 있다. 고개에는 갈선암(葛仙菴)이 있었는데 아래로 소제(蘇堤)를 바라보니 그 모습이 옥대(玉帶) 같았으며, 포박려(抱樸廬)와 찬하실(粲霞室) 등 여러 잘 지어진 건축물을 두루 보았다. 초양대(初陽臺)[6]에 갔는데 이때 빗방울이 점점이 떨어져 멀리 바라보니 풍광이 매우 훌륭했다. 다시 서하령(棲霞嶺)을 지나 자운동(紫雲洞)에 들어가니 산은 높고 골짜기는 깊어 빈동(牝洞)이라고도 한다. 빈동에서 돌

---

3 '진불범과 그의 아내 임씨의 영원한 안식처'라는 뜻이다.

4 중국의 장례 방식 중 깎아지른 절벽에 받침대를 놓고 관을 매다는 '현장(懸葬)'을 가리켜 말한 듯하다.

5 중국 동진(東晉)의 의약학자이자 도사(?283~?343). 자는 치천(稚川)이고 호는 포박자(抱朴子)이다. 영리를 탐하지 않았으며, 유교 윤리와 도교의 비술을 결합하고자 애썼다. 평생 신선도(神仙道)를 수행하였다. 저서에 《포박자》, 《신선전(神仙傳)》 등이 있다.

6 서호에서 일출을 보기에 아주 좋은 곳으로 알려져 있다. 전당십팔경(錢塘十八景) 중 하나인 '갈령조돈(葛嶺朝暾)'이라는 말로 유명하다.

계단 20여 개를 내려가니 당(堂)처럼 우뚝 솟아 구름이 자욱하여 모골이 송연하고 겁이 났다. 옆에 깊은 동굴이 있어 안을 들여다보니 암흑이었다. 돌벽을 따라 들어가면 또 동굴이 나오는데 약간 넓었다. 하늘로 구멍이 나 있는데 손바닥 크기만 하여 햇빛이 아래로 비쳤고, 파리한 등나무 가지가 몇 줄기 틈에서 위로 나 있었다. 오른편에는 깎아지른 절벽이 있는데, 반은 엎드리고 반은 기댄 채로 절벽 아래로 갔다. 작은 불상이 있었고 '운근정계회종출동(雲根淨界回踵出洞)'[7]이라는 여덟 글자가 새겨져 있었다.

물색과 산색이 온통 자욱한데	水光山色靄氤氳
휘파람 불며 올라오니 절로 흔쾌하네.	舒嘯登臨意自欣
성을 두른 채 동서를 나누어 굽이쳐 흐르고[8]	浙隔東西一城繞
호수의 안팎은 두 개의 둑으로 나뉘었네.[9]	湖成裏外二堤分
초양대에는 신선은 가고 단약 굽던 곳만 남아 있고,	陽臺仙去餘丹竈
빈동에 있는 불상에는 자줏빛 구름이 생겨나네.	牝洞佛靈生紫雲
가마를 타고 절반은 누워 갔으니	賴有肩輿行半臥
절 문 돌길을 석양이 비추네.	寺門石路映斜曛

---

7 "구름이 생겨나는 깨끗한 곳이니 발길을 돌려 골짜기를 나가라."라는 뜻이다. 원문의 '운근(雲根)'은 산속 차가운 공기가 돌에 닿으면 구름이 생긴다는 설에 따라 바위를 뜻하기도 한다.
8 '절강성(浙江省)'이라는 지명은 항주를 지나는 전당강(錢塘江)의 이칭 '절강(浙江)'에서 유래했다. 항주를 지나는 구간에서 급하게 꺾여 흐르기 때문에 이런 명칭이 붙었다.
9 서호에 있는 두 개의 둑, 소제(蘇堤)와 백제(白堤)를 가리킨다. 소제는 소동파가 만든 제방이고, 백제는 백거이가 만든 제방이라고 한다. 소제와 백제가 전체 서호를 이호(里湖), 외호(外湖), 악호(岳湖), 서리호(西里湖), 소남호(小南湖) 다섯 개 구역으로 나누고 있다.

청연사(清漣寺)에 도착했다. 절 안의 옥천(玉泉)은 바닥이 보일 정도로 맑았다. 벽돌을 쌓아 못을 만들었는데 너비가 세 길 정도였고 오색어(五色魚)를 길렀다. 옥천 위에 정자를 지었는데 '세심정(洗心亭)'이라 한다. 양쪽에 회랑이 있는데 굽은 난간을 둘러 중들이 연못가에 상을 차려두고 물고기 먹이를 주라며 관광객들에게 밀가루 반죽을 팔고 있었다. 내가 먹이를 던져보니 물고기들이 지느러미를 흔들고 와서 서로 입을 벌려 다투어 삼키느라 작은 물고기는 큰 물고기에 밀렸다. 큰 물고기가 위로 몰려 물에서 뛰어오르고, 작은 물고기들도 꼬리를 들어 올리면서 모두 물 위로 뛰어올랐다. 큰 물고기가 갑자기 한 번 뛰어 물속으로 들어가면 작은 물고기들이 놀라서 흩어졌다. 연못이 여전히 맑아 물고기가 헤엄치는 것을 볼 수 있었다. 정자에는 "네가 못 안에서 살 동물이 아니라서 방생하나니, 바라보는 즐거움을 물가에서 알겠구나.(放生非爾池中物, 觀樂有吾濠上知.)"[10]라는 연구(聯句)가 있었다. 나는 그 뜻을 본받아 절구 한 수를 지었다.

옥천의 절반에 푸른 하늘 잠겨 있는데,　　　半沼玉泉涵碧虛
처음 방생했을 때는 기운이 없었지.　　　　試觀囝囝放生初
낚시질 생각 없이 먹이 주는 손님이니　　　好作忘竿投餌客

---

10 《장자》〈추수(秋水)〉편에 장자와 혜시가 서호의 물가를 거닐며 물고기의 즐거움에 대해 문답을 나누었는데, 이 글에서는 장자의 말, 즉 "처음으로 돌아가보세. 자네는 '물고기가 즐겁다는 것을 당신이 어찌 안다는 말인가?'라고 내게 물었는데, 그것은 이미 내가 안다는 것을 알고 그렇게 물은 것이네. 나도 호숫가에서 물고기가 즐겁다는 것을 알고 있다네.(請循其本. 子曰汝安知魚樂云者, 旣已知吾知之而問我, 我知之濠上也.)"를 변용하였다.

물고기는 나를 알아주고 나도 물고기 알아주 　　魚應知我我知魚
리라.

다시 동남쪽으로 가서 영은산(靈隱山) 문에 이르렀다. 가마에서 내
려 걸어가면서 비래봉(飛來峰) 아래 여러 동굴의 좋은 경치를 마음
껏 보았다. 옥유동(玉乳洞)으로 들어갔는데 빛나는 햇살 한 줄기가
가장 높은 곳에서 뚫고 들어온다 하여 '일선천(一線天)'이라 부른다
고 한다. 중이 장대를 들어 시주를 청하였다. 냇물을 끼고 북쪽으로
가면 바위가 기이하게 솟아 있고 샘에서는 졸졸 물소리가 났다. 바
위 위에서 사진을 찍고 잠시 냉천정(冷泉亭)에서 쉰 다음 운림사(雲
林寺)로 들어가 오백나한(五百羅漢)을 두루 보았는데, 각 불상마다 탁
자 하나를 두었고 불상의 몸체와 높이가 사람과 나란하였으므로 사
찰의 웅장함을 미루어 알 수 있었다. 산문(山門)을 나와 다시 가마를
타고 구불구불 지나가는 길에는 작고 긴 집이 있었는데 이곳은 빈소
로, 시신을 쌓아두는 창고였다. 거기에다 몇 년 안치하다가 장사를 지
내거나 간혹 장사를 지내지 않는 경우에는 그대로 방치한다고 한다.
　악왕묘(岳王廟)[11]에 도착하자 편액에 '건곤정기(乾坤正氣)'라는 네
글자가 있었는데 붉은 글씨가 휘황찬란했다. 이 사당은 절강성 독군

11　악비묘(岳飛廟) 또는 악묘(岳廟)라고도 한다. 금나라와 맞서 싸운 남송(南宋)의 명장 악비의
　　제사를 지내는 사당이다. 원래는 지과관음원(智果觀音院)이라는 사찰이었으며, 1221년 남송
　　영종(寧宗) 때 포충연복선사(褒忠衍福禪寺)로 명칭을 바꾸고 악비의 소상(塑像)을 안치한 뒤
　　로 악왕묘라 불리게 되었다.

절강성 독군 노영상

악왕묘 앞 진회 부부 동상

(督軍)[12] 노영상(盧永祥)[13]이 최근에 중수하였는데 공사비로 은 20만 냥이 들었다고 한다. 악왕묘 오른쪽에는 무덤이 있었고, 무덤 앞에는 손발이 묶인 진회(秦檜)[14] 부부의 동상이 있었으니 악한 것을 징계하는 것이 이와 같았다.

호숫가 주변에는 절과 별장만 많아 벽돌담이 길게 호숫가로 이어져 있었고, 서양 사람들이 한두 곳에 정자를 지었을 뿐이다. 내가 신

---

12 신해혁명 이후 중국의 각 성에 둔 지방관을 말한다. 본래는 군사 장관이었으나, 대개 성장(省長)을 겸하여 문무의 권한을 장악함으로써 독립 군벌을 형성하였다. 후에 독판(督辦)이라 부르다가 1928년 국민혁명 때 없앴다.

13 노영상(1867~1933)은 제양(濟陽) 사람으로 자는 자가(子嘉), 원래 이름은 노진하(盧振河)이다. 단기서(段祺瑞)가 이끌던 환(皖) 계열의 군벌로 빈한한 가문에서 어린 시절을 보냈다. 1890년 군에 투신했다. 1895년 북양무비학당(北洋武備學堂)에 들어가 졸업 후 원세개(袁世凱)의 신군(新軍) 군관이 되었다. 단기서, 왕사진(王士珍) 등과 교유하였으며, 뒤에 환 계열 군벌의 핵심 인사가 되었다.

재(박봉진)에게 "일본이 만약 이런 땅을 가지고 있었다면 어찌 호숫가에 담만 둘렀겠습니까. 내가 보기에 중국인들은 깊고 아늑한 곳에 살기를 좋아하여 특별히 물가에 높고 넓은 건물을 짓지 않은 것 같은데, 이러한 명승지를 푸른 눈과 높은 코를 가진 서양인들이 소유하게 한다면 호숫가에 빈 곳이 없을 것입니다. 하루 빨리 강남의 부호들이 이런 뜻을 깨달아 각자 건축물을 세우고 빼앗기지 않게 해야 할 것입니다. 10년 뒤 만약 다시 와서 보게 된다면 이 호숫가에 지금으로선 논할 수 없을 만큼 많은 건물이 들어서 있을 것입니다."라고 하였다. 저녁이 되어 호숫가를 따라 숙소로 돌아왔다.

---

14 진회(1090~1155)는 강녕부(江寧府) 사람으로 자는 회지(會之)이다. 남송(南宋) 시기, 주화파(主和派)의 대표적 인물로 송나라 고종(高宗) 조구(趙構)에게 금(金)나라 투항을 권유하고 명장 악비를 누명을 씌워 죽였다. 유능한 관리였으나 정권 유지를 위해 '문자옥(文字獄)'을 일으켜 반대파를 억압하여, 민족주의와 이상주의를 내세운 후세의 주자학파(朱子學派)로부터 비난받았다. 그의 손에 옥사한 악비가 민족의 영웅으로 존경받는 데 반해 그에게는 간신이라는 낙인이 찍혔다.

서호를 두루 보며 시를 짓다

흐렸다. 아침을 먹은 뒤 배를 빌려 기녀를 태우고 용금문(湧金門)을 출발해 백제(白堤)의 홍교(虹橋)를 따라 서쪽으로 갔다. 서호에는 십경(十景)이 있다. 첫 번째는 소제의 봄 새벽[蘇堤春曉], 두 번째는 쌍봉에 꽂혀 있는 구름[雙峰揷雲], 세 번째는 버들 물결 사이로 들리는 꾀꼬리 소리[柳浪聞鶯], 네 번째는 꽃핀 항구에서 구경하는 물고기[花港觀魚], 다섯 번째는 곡원의 바람에 나부끼는 연꽃[曲院風荷], 여섯 번째는 평호의 가을달[平湖秋月], 일곱 번째는 남병산의 저녁 종소리[南屛晚鍾], 여덟 번째는 삼담에 비친 달[三潭印月], 아홉 번째는 뇌봉탑의 석양[雷峰夕照], 열 번째는 단교의 잔설[斷橋殘雪]이다. 눈에 보이는 실경(實景)에 따라 대강 시로 읊으니 네 수이다.

바람 불어 물결이 호수를 가로지르고	錦浪牽風一帶橫
긴 둑의 버들 가늘어 꾀꼬리도 앉지 못하네.	長堤弱柳不勝鶯
그림배에 탄 기녀들은 혀를 꼬면서	畫舫歌娥欺舌得
때때로 두세 가락 노래를 주고받았네.	有時相和兩三聲

잠시 고산(孤山)의 방학정(放鶴亭)¹ 앞에 정박하였다. 고산은 호수 한가운데 있는 산봉우리였다. 방학정에 올라보니 정자 뒤에는 임화

서호

정(林和靖)의 무덤이 있었고 그 무덤 앞에는 학의 무덤이 있어[2] 천년이 지난 뒤에도 그의 맑은 기품이 손에 잡힐 것 같았다.

호수 한가운데 푸른 봉우리 솟은 곳에서	一抹湖心聳翠微
그때 매화와 학으로 세상사를 잊었지.	當年梅鶴共忘機
처사는 이미 죽었고 매화도 없어졌지만	處士已歸梅亦盡
정자 앞 백학만이 뒤에서 날아가네.	亭前白鶴背人飛

육지를 따라 걷다가 서령교(西冷橋)에 이르렀다. 다리 옆에 소소소

---

1 항주 고산의 북쪽 산자락에 있다. 송나라의 시인 임화정(林和靖) 곧 임포(林逋)가 이곳에서 은 거했다고 한다.

2 임화정이 방학정에서 지낼 때 매화를 심고 학을 기르며 유유자적하였다고 한다. 그래서 사람들 이 그를 가리켜 "매화나무를 아내로 두고 학을 자식으로 두었다.[梅妻鶴子.]"라고 하였다.

(蘇小小)[3]의 무덤이 있는데 각(閣)을 지어 보호하고 있었다.

단교의 봄물에 줄풀과 부들 잠겼는데,	斷橋春水沒菰蒲
손으로 가리킨 곳은 소소소의 무덤 자라.	指點香阡小小蘇
아름다운 여인을 비추었을 반달이	曾照蛾眉半規月
기나긴 그리움 담아 서호를 비추네.	相思千古映西湖

다리 북쪽에는 무송(武松)[4]의 무덤이 있었다. 다시 배를 타고 강물을 거슬러 악왕묘 앞으로 갔다. 호산춘사(湖山春社)에서 술을 사 오라 한 뒤 배 안에서 점심을 먹고 다시 소제를 거슬러 올라갔다가 내려왔다.

십 리 길의 두 개 제방이 호수에 있는데	二堤十里跨平湖
서호의 안팎을 나누니 백제와 소제라 하네.	裏外分稱白與蘇
이들이 어찌 문장으로만 천고에 전해졌으랴.	奚但文章足千古
홍수를 막은 공덕이 이와 함께 전하네.	濟川功德與之俱

또 소봉영(小蓬瀛)[5]에 배를 대고, 문 앞에서 세 번 꺾어 평평한 다

---

3 남북조 시대 제(齊)나라 여성으로, 항주의 유복한 집안에서 자라다가 일찍이 부모를 여의고 기생이 되었다. 소소소는 명문가의 자제 완욱(阮郁)을 만나 "저는 유벽거를 타고, 그대는 청총마를 타고 있네. 어디서 마음을 맺어야 하나, 서릉의 송백나무 아래이네.(妾乘油壁車, 郎騎靑驄馬. 何處結同心, 西陵松柏下.)"라 하며 시를 지었다. 그러나 완욱 집안의 반대로 사랑을 이루지 못하고 세상을 떴다.

4 《수호전(水滸傳)》에 나오는 영웅호걸로, 호랑이를 맨손으로 때려잡았다.

중국 지폐 1위안에 도안된 삼담인월

리를 건너 들어갔다. 이곳은 진흙을 파낸 뒤 연못 주변에 둑을 만든
것으로, 정각(亭閣)을 세우고 세 개의 탑을 세웠는데 그 모습이 꼭 병
이 물결에 떠 있는 것 같았다. 연못 가운데 달빛이 비치고 연못에는
탑을 기준으로 세 구역으로 나뉘므로 '삼담인월(三潭印月)'이라 하는
데, 속세에 찌든 마음을 한바탕 씻어주었다. 일행이 함께 사진 촬영
을 하고 배를 타고 남병산(南屏山) 아래로 향하면서 뇌봉탑(雷峰塔)
을 바라보았다. 배 뒤편으로 내리는 빗줄기가 낙조를 비추고 있었
다. 원래 자리에 정박하고 숙소로 돌아갔다.

---

5 서호에는 세 개의 섬이 있는데 그중 가장 큰 섬인 소영주(小瀛洲)를 가리키는 것으로 보인다.
   '삼담인월도'라고도 한다. 다른 두 개 섬은 호심정(湖心亭), 완공돈(阮公墩)이다. 소영주는 명나
   라 때인 1607년 전당(錢塘) 현령이었던 섭심탕(攝心湯)이 호수 바닥에서 판 진흙을 준설하고
   흙과 풀뿌리로 둑을 쌓아 호수 안에 못을 만들고 세 개의 탑 주위로 방생지를 만들었다. 1611년
   현령 양만리(楊萬里)가 방생지 밖의 여울에 둑을 쌓아서 호수 속에 섬이 있고 섬 속에 호수가 있
   는 소영주를 만들었다. 소영주에는 아홉 번 꺾이게 만든 구곡교(九曲橋)가 있다.

작은 배를 용금문에 띄울 무렵	小舟初泛湧金門
갈령에서 세 길 위로 솟은 아침 해를 만들었네.	葛嶺碾來三丈暾
훌륭한 유적 소제는 오랫동안 경탄스럽고	偉蹟蘇堤驚歲月
신령한 기풍의 악왕묘는 세상을 감동시켰네.	靈風岳廟感乾坤
임포 무덤 앞에 학을 묻고 매화 숲은 깨끗한데	墓前鶴瘞梅林淨
다리 위 꾀꼬리 소리에 버들가지 일렁이네.	橋上鶯啼柳浪翻
노 저어 물살 거슬러 올라 좋은 경치 만끽하니	柔櫓溯洄貪勝景
남병산에 가랑비 내리고 황혼이 가까워 오네.	南屏細雨近黃昏

오후 6시에 항주성내 시가지를 통과했는데 길이 좁아 인력거를 나란히 하여 지나갈 수 없었다. 길의 좌우에 있는 점포에는 탁자와 의자, 주렴과 휘장, 그릇, 화초가 모두 처음 보는 것일 뿐 아니라 간판과 안내판이 한 점포에 수십 개이고 금색과 푸른색으로 화려하고 사치스러웠으니, 미관을 위해 낭비한 것이 천금 이상인 것이다. 이렇게 하지 않으면 매매가 잘되지 않고 재물신도 도와주지 않아서 그런 것 같다.[6] 세 곳에 '고려야삼(高麗野蔘)'이라는 간판이 있었다. 홍삼 가게를 들어가고 싶었으나 이곳은 상해의 분점에 불과하고 배일(排日) 감정에 대한 경계 때문에 들어가지 않았다. 비가 오는데도 [역으로] 들어가고 역에서 나오는 중국인들을 가만히 보니 남녀의 외모

---

6 이 서술은 《열하일기》의 한 대목을 그대로 가져온 것으로 보인다. "그곳의 의자·탁자·주렴·휘장·담요 등의 모든 도구라든가 화초도 모두 우리로서는 처음 본 것이었고, 간판과 안내판이 사치스럽고 화려했으니 미관을 위한 낭비가 천금으로 그치지 않는다. 이렇게 하지 않으면 장사가 잘 안 되고 재물신이 도와주지 않는다고 한다.(更無進步之地, 而不特椅卓簾帷毡毯器什花草俱是刱觀, 其招牌認榜, 競侈爭華, 卽其觀美, 浪費不啻千金. 蓋不若是, 則賣買不旺, 財神不祐.)"

상해 파라마운트 댄스홀(백락문)

가 좋고 옷차림이 사치스러워 강북과 비교할 바가 아니었다.

오후 6시에 항주를 출발해 10시 20분에 상해에 도착했다. 곧바로 여러 나라 풍의 댄스홀[7]로 들어갔는데 건물 규모의 웅장함과 화려

---

7   댄스홀은 근대 상해를 상징하는 장소였다. 외국인과 돈 많은 중국인들은 최상급 댄스홀과 노래와 춤이 공연되는 카바레에 자주 출입하였다. 캐세이 호텔의 꼭대기층, 파크 호텔의 스카이라운지, 파라마운트 영화관과 댄스홀, 델몬트, 시로스(Ciro's), 록시스(Roxy's), 비너스 카페, 비엔나 가든 댄스홀 등이 그런 곳이었다. 이러한 이국적인 이름은 중국어로 바뀌었는데 시로스는 '선락사(仙樂斯, 환락의 선경)'가 되었고 파라마운트는 '백락문(百樂門, 백 가지의 즐거움으로 가는 문)이 되었다. 당시의 신문 보도에 따르면 1920년대 초에 첫 번째 댄스홀이 개장했는데, 이를 구경하려는 상해 사람들로 인산인해를 이루었다고 한다. 댄스홀을 비롯한 근대 상해의 풍경에 대해서는 리어우판(李歐梵)의 《상하이 모던》(장동천 외 역, 고려대학교출판부, 2007) 참조.

함이 세계 극장 가운데 제일인 곳이다. 계단을 올라갔는데 깔아놓은 양탄자의 값이 우리 돈으로 5만 원(圓)에 해당한다고 한다.[8] 꼭대기 층에 올라가 아래를 보니 전등이 휘황찬란하게 비추는데 각국의 남녀가 어깨를 맞대며 춤을 추고 빙글빙글 도는 모습이 우습기도 하고 놀랍기도 했다. 맥주를 시키니 유리잔에 빨대 하나를 꽂아 빨대로 마셨는데, 벽통주를 연줄기로 마신다는 게[9] 바로 이것이 아니겠는가. 이렇게 마시니 상쾌하였다. 숙소로 돌아와서 쉬고 잤다.

---

8 본문에 언급된 '5만 원'은 상당한 금액이었다. 고승제의 〈개성인삼과 전기주식회사〉(《매일경제신문》, 1988. 4. 16.)에 따르면 개성 최대 부호였던 손봉상의 재산이 부동산 25만 원, 기타 재산 40만 원이었다고 한다. 1923년 10월 31일 《동아일보》에 실린 유광렬의 〈개성행〉에서는 2층짜리 석제(石製) 건물인 개성상업학교를 짓는 데 공사비가 5만 원이었다고 기록하고 있다.

9 위(魏)나라 정공 각(鄭公慤)이 여름날에 손님을 초청하여 연잎[蓮葉]에다 술 석 되를 담아 연잎의 줄기 속으로 동곳을 찔러 마시도록 했는데 그렇게 마시는 술을 벽통주(碧筒酒)라고 한다.

4월 11일
지점장의 초대를 받다

어젯밤부터 내리던 비가 그쳐 저녁에는 개었다. 미쓰이 지점으로 가서 홍삼 창고를 보았다. 12시 반에 지점장이 자택으로 초대하여 차를 타고 갔는데, 집이 크고 화려하여 사람들이 모두 놀랐다. 음식이 차려져 나오는데 깔끔하고 맛있는 음식 냄새가 식당에서 파는 음식과는 같이 놓고 말할 수 없을 정도였다. 오후에는 대륜주단상포(大綸綢緞商舖)에 가서 구경도 하고 물건도 샀다. 숙소로 돌아와 저녁을 먹었다.

비가 왔다. 아침을 먹고 오전 7시에 오미 신스케(近江新助)의 안내로 상해를 출발해 9시에 소주에 도착하였는데, 상해와의 거리가 150리였다. 마차를 타고 정양헌반점(精養軒飯店)에 도착하니 주인이 와서 "소주는 구시가지라 인력거를 탈 수 없으니, 가마와 노새를 타십시오."라고 알려주었다.

나는 산을 구경하는 데에는 노새가 가마보다 낫다고 생각해서 노새를 탔다. 노새는 작아서 안장이 엉덩이에 가려질 정도였으나 그래도 잘 달렸다. 나는 원래 말을 무서워하여 재갈 물린 고삐를 꽉 붙들었는데, 노새가 빨리 달릴까 봐 두려워서였다. 머리에 쓴 중절모가 가랑비에 젖어 반쯤 늘어지니, 이 광경을 보고 사람들이 웃고 나도 웃었다. 중국의 시가지는 굽이굽이 수로가 나 있는데 호구(虎邱)의 후문에 배가 많아 우회해서 갔다. 호구산(虎邱山)에 올라갔는데, 이곳은 오나라 왕 합려(闔閭)가 묻힌 곳이다. 그런데 세상에 전하기를 장사 지낸 지 사흘 만에 관 속에서 금빛 정기가 나와 백호(白虎)로 변해 언덕에 웅크리고 있었다고 해서 '호구'라는 이름이 붙었다고 한다.

산 아래에 순양(純陽) 조사(祖師) 여동빈(呂洞賓)[1]의 자서비(自敍碑)와 "예전에 악양에서 유명한 자취 남겼고, 오늘 아침엔 호구에서 다

진랑의 묘

시 흔적을 남긴다.(昔日岳陽曾顯跡, 今朝虎阜再留踪.)"² "꿈속에서 꿈을 말해도 그것은 본래 꿈이 아니지만, 현(玄)에서 현을 구하니 바로 현이다.(夢中說夢元非夢, 玄裏求玄便是玄.)"³라는 두 개의 대련(對聯)이 있었다. 산 위에서 오래된 탑을 바라보니 탑이 조금 기울어졌고 관목이 무더기로 나 있었다. 옛날과 지금을 떠올리니 쓸쓸한 감회를 이길 수 없었다. 돌아오는 길에 가기(歌妓)⁴의 묘 아래를 지나며 담수

---

1 당나라 하중(河中) 사람. 종남산(終南山)에서 수도한 팔선(八仙)의 한 사람으로 전해진다. 나중에 종남산에서 수도하면서 도교 전진북오조(全眞北五祖)의 한 사람이 되었다고 한다.

2 이 대련은 이선정(二仙亭)에 있다. 여동빈의 시에 "악양루에서 세 번 취하여도 사람들이 알지 못하니, 맑게 읊조리며 동정호를 날아 지나네.(三醉岳陽人不識, 朗吟飛過洞庭湖.)"라는 구절이 있다.

3 노자의 《도덕경》에 나오는 "현하고 또 현하니 모든 묘함의 문이다.(玄之又玄 衆妙之門.)"라는 구절을 가져온 것이다. '현'은 가물가물하다는 의미로 구분과 경계가 있는 듯 없는 듯한 상태를 말한다.

중유일기

(譚銖)⁵의 "호구산 아래에 무덤이 모여 있는데, 소나무와 잣나무가 쓸쓸하니 슬퍼할 만하네. 어찌하여 사람들은 여색만 좋아하여, 진랑(眞娘)⁶의 무덤에만 시를 짓는가.(虎邱山下塚纍纍, 松栢蕭蕭盡可悲. 何事世人偏重色, 眞娘墓上獨題詩.)"⁷를 음송하였다.

곧이어 풍교(楓橋)로 향하여 한산사(寒山寺)에 들어갔다. 한산사는 양(梁)나라 천감(天監) 연간[502~518]에 건립한 것으로, 승려 한산이 이 절에 있었기에 후세 사람들이 '한산사'라고 하였다. 당나라 장계(張繼)의 시에서 말하지 않았던가. "달 지고 까마귀 우는데 서리가 하늘에 가득, 강가 단풍과 어선의 불빛이 시름 속 잠을 깨운다. 고소성 밖 한산사에, 한밤 종소리가 나그네 배에 들리네.(月落烏啼霜滿天, 江楓漁火對愁眠. 姑蘇城外寒山寺, 夜半鍾聲到客船.)"⁸라고. 이 시를 음송하지 않은 사람이 없었는데, 지금 실제 장소에 도착해보니, 절은 시가지의 더럽고 습한 땅에 있고 구운 기와와 철문의 짜임새가 대충 만든 것인지라 "보는 것보다 듣는 것이 낫다."라고 할 정도였다. 아아,

---

4 원문은 '진양(秦孃)'이다. 이어지는 시에 '진랑의 무덤'이 나오는 것을 보아 '진랑'의 오기가 아닌가 하지만 불분명하다. 비슷한 단어인 '진랑(秦娘)'이 가기(歌妓)를 뜻하기 때문에 이 번역문에서는 보통명사로 이해하여 '가기'로 번역하였다.

5 당나라 문인으로 소주 사람이다. 《전당시》에 그의 시 두 수와 산문 한 편이 전한다.

6 당나라 때 소주의 유명한 기녀다. 본명은 호서진(胡瑞珍)이었고, 명문가 출신으로 총명하고 재기가 있었으나 '안사의 난' 때 피난을 가다 가족과 헤어져 소주에 들어온 뒤 '낙운루(樂雲樓)' 기원의 기녀가 되었다. 소주의 명문 자제 왕음상(王蔭祥)의 청혼을 받았을 때 어릴 적에 정혼한 사람이 있다는 이유로 거절하였으나 그가 포기하지 않자 자결하였다.

7 원시는 다음과 같으니, 당나라 담수(譚銖)의 〈진랑묘(眞娘墓)〉에 "武丘山下塚累累, 松柏蕭條盡可悲. 何事世人偏重色, 眞娘墓上獨題詩."라 나온다.

8 장계의 〈풍교야박(楓橋夜泊)〉이라는 시다. 장안으로 과거시험을 보러 갔다가 낙방하고 돌아온 장계가 배를 타고 풍교 근처에 멈췄을 때 한산사의 종소리를 듣고 자신의 낙담한 마음을 시로 표현한 것이라 한다.

양나라 천감 연간에 건립된 한산사

〈풍교야박(楓橋夜泊)〉이 오랜 기간을 들여 만 리 길을 찾아온 시인 묵객들을 얼마나 잘못되게 한 것인가. 손으로 종을 세 번 울리고 문을 나와 서쪽으로 가서 다시 북사탑(北寺塔) 9층에 올랐다. 탑의 높이가 스물다섯 길인데, 손권(孫權)이 있던 시대에 유모를 위해 시주한 것이라 한다. 소주의 전경을 내려다보며 멀리 고소대(姑蘇臺)와 태호(太湖)를 가리켜서 보았으나 시간이 촉박해 가볼 수는 없었다. 다시 유원(留園)으로 들어갔는데, 유원은 장발적(長髮賊)의 병화(兵禍)[9]에서 홀로 살아남아 이렇게 이름을 붙인 것이다.[10] 유원의 주인인 성선회(盛宣懷)[11]는 중국의 부호로 작년에 죽었다. 회랑의 굽은 난간을 따라 들어가니 춘당(春堂) 구역에는 아름다운 화초가 시든 데다 꺾여 있었다. 하정(夏亭) 구역에는 청량한 네모 연못에 물이 가득했으며, 또 추각(秋閣)으로 꺾어 들어가니 달을 구경할 수 있을 정도로 전각이 우뚝하였고, 또 동실(冬室) 구역으로 들어가니 설경을 감상할 수 있을 정도로 아늑하였다. 유원의 경치는 사계절을 차례차례 담고 있어 따라가다 보면 경관이 달라졌다.

예전에 원매(袁枚)[12]의 수원(隨園) 그림을 본 적이 있는데 이 정원을 직접 보고 비교하면서 수원을 상상해보니 문인의 정원 경영은 구

---

9 1851년부터 1864년까지 청조 타도와 새 왕조 건설을 기치로 일어난 태평천국운동을 가리킨다.

10 유원은 청대 양식을 대표하는 숲으로, 소주에 있는 원림(園林)이다. 졸정원, 이화원, 승덕피서산장과 함께 중국 4대 명원(名園)으로 꼽힌다. 1593년 태복사 소경 서태시(徐泰時)의 개인 원림이었으며 당시 사람들은 '동원(東園)'이라고 불렀다. 서태시 사후 점차 쇠락하여 1794년에 유서(劉恕)가 원림을 사서 재건한 뒤 '한벽산장(寒碧山莊)'으로 이름을 바꾸었다. 1860년 태평천국운동으로 소주 시내가 폐허가 되었을 때 한벽산장만 무사히 보존되었고 1873년 성강(盛康)이 원림을 구입하여 다시 조경하였다. 《중유일기》에서 언급한 것처럼 난리 통에도 무사히 보존된 덕분에 '유원'이 되었다는 설도 있지만, 수원(隨園)의 예를 따라 전주인이었던 유서의 성을 따서 그 발음을 유지하되 글자만 바꿔 '유원'이라 부른다는 설도 있다.

북사탑

체적이고 정교하다. 돌아올 때는 시가지를 따라 노새를 타고 가서 시내 주점에 노새를 매어놓고 주점에 들어가 소흥주를 사서 마시고 는 다시 취기가 오른 채 노새를 탔는데, 날씨가 저녁에 개어 석양이 얼굴을 비추었다. 왼손으로는 부채로 얼굴을 가리고 오른손으로는 고삐를 잡았으니, 진실로 거리 아이들이 박수 치며 [웃는] 상황을 면할 수 없었다.

소주의 성안에서 노새를 타고 가니　　　　　蘇州城裏跨驢鞍

11　성선회(1844~1916)는 1873년에 유원을 소유했던 성강의 아들이다. 청나라 말기의 대표적 관료 자본가로, 양무운동(洋務運動)을 추진한 인물 중 하나다. 우전(郵電)·해운·철도 관련 요 직을 역임했다.

12　전당(錢塘) 사람으로 자는 자재(子才)이고, 청(淸)나라 때의 관리이자 시인, 산문가이다. 저서로 《소창산방시문집(小倉山房詩文集)》, 《수원시화(隨園詩話)》, 《수원수필(隨園隨筆)》 등이 있다.

태평천국운동의 와중에도 살아남은, 청대 양식을 대표하는 숲 유원(왼쪽)과 그 주인이었던 성선회

오나라 땅 아이들이 박수 치며 깔깔 웃네.	笑煞吳童拍手看
어깨 움츠려 고삐를 바짝 잡고	一揮短轡局先聳
좁은 소맷자락으로 긴 수염 가렸네.	半掩長鬚袖不寬
호구탑 형상은 구름을 헤치고 솟아 있고,	虎邱塔影排雲逈
산사의 종소리는 빗속에 쓸쓸하네.	山寺鍾聲落雨寒
청루의 늘어진 버들 아래 노새를 매어놓고,	繫爾靑樓垂柳下
봄날 소흥주를 마시며 또 기쁨을 나누었네.	紹興春酒且交歡

숙소로 돌아와 여비를 계산했다. 마차를 갈아타고 역으로 나왔다. 오후 4시 반에 소주를 출발해 6시 반에 상해로 돌아왔다. 옷을 벗고 쉴 틈도 없이 밥을 재촉해 먹고 부두로 나갔는데, 창강(滄江) 김 선생을 방문하러 가는 길이었다. 8시에 소산 손봉상, 해석 김원배, 신재 박봉진과 함께 상해를 출발하여 강천환(江天丸)을 타고 통주(通州)로

향했다. 이날 밤은 배 안에서 잤다.

예전에 선생의 결연했던 뜻을 생각하며　　　　　憶昔先生志決然
강회[13]에서 홀로 갈매기 옆에서 잤네.　　　　　江淮獨傍白鷗眠
황곡처럼 삼 천 리를 날아가셨으니[14]　　　　　舉如黃鵠三千里
꿈에서 조선에 간 지 20년이 되었네.[15]　　　　夢落靑邱二十年
양웅의 《태현경》은 늙을수록 더욱 알려졌고　　　楊子玄經老逾著
관녕의 나무평상은 나날이 바닥이 뚫렸네.[16]　　管寧木榻日應穿
이제 남통으로 가는 길을 물어서 가노라니　　　今來試問南通路
배에 긴 바람 불어오는 4월이었네.　　　　　　一棹長風四月天

13　장강(長江)과 회수(淮水) 일대. 지금의 강소성과 안휘성 지역을 가리킨다.

14　'황곡'은 전설상의 새로 《상군서(商君書)》〈획책(畫策)〉에 "황곡이 날면 천 리를 간다.(黃鵠之飛, 一去千里.)"라는 구절이 있다. 《중유일기》에서는 김택영이 관찰사를 만나러 평양으로 가는 이근수(李根洙)에게 써준 시의 "장부는 황곡처럼 날아가야 하는 법이나, 강물 중류에서 백로에게 묻네.(丈夫一舉如黃鵠, 江水中流問白鷗.)"라는 구절을 염두에 두고 표현한 것이다.

15　김택영은 을사조약이 체결되어 국권을 잃자 모든 관직에서 물러난 뒤 1908년 중국으로 망명했다. 임오군란(1882) 때 서울에 들어온 중국의 장건(張騫)을 알게 되어 망명 이후 그의 도움으로 통주에 정착하여 출판사 일을 보면서 생계를 유지했다. 《안중근전》, 《황현본전》, 《매천집》 등을 펴냈는데 장지연을 비롯하여 중국에 망명한 지사들이 그의 거처를 자주 방문했다고 한다. 이 시에서는 '20년'으로 표현했지만 1923년은 김택영이 중국에 망명한 지 15년이 되는 해였다.

16　관녕은 삼국시대 위나라 사람이다. 어려서 고아가 되어 어렵게 공부했고, 여러 차례 조정에서 관직을 하사하려 했으나 끝내 출사하지 않았다. 후한 말 전란을 피해 요동으로 가서 30년간 살았는데 평상에 꿇앉아 글을 읽어 무릎에 닿는 상의 바닥이 뚫어질 정도였다고 한다.

창강 김택영 선생을 만나다

맑았다. 오전 12시에 통주에 도착하였다. 노경항(芦涇港)에 배를 정박하고 자동차로 환승하여 대략 이십 리를 갔다. 남통구락부(南通俱樂部)에 들어가 잠시 쉬면서 먼저 한묵임서국(翰墨林書局)에 전화하니 "창강 선생은 댁에 계십니다." 하는 답변이었다. 다시 길을 아는 소사(小使)에게 가서 찾아뵙겠다는 내용의 서신을 전달하도록 하였다. 그리고 점심을 먹을 즈음 검은 모자와 흰 수염의 노인이 갑자기 식당으로 들어와 깜짝 놀라 일어나 입에서 먹던 것을 뱉은 뒤 재배하고 맞이하였다. 창강 선생께서 소산 손봉상의 손을 잡았는데 예전에 안면이 있었기 때문이다. 나는 15년간 얼굴을 못 뵈었고 게다가 지금은 새치가 나 있어 어렴풋한지 알아보지 못하셨다. 해석 김원배와 신재 박봉진은 초면인데, 선생님을 모시고 오래 이야기를 나누었다. 일행이 같이 사진 촬영을 한 뒤 곧이어 선생을 따라 자택에 방문하였다. 집은 협소한 곳을 빌린 것으로, 매우 쓸쓸하였다.

다만 선생은 74세 고령으로 눈썹이 길고 수염이 풍성하여 나이가 들수록 더욱 맑고 편안하여 유가(儒家)에서는 축하할 만하였다. 통주는 작은 현(縣)인데, 자신이 직접 방직, 학교, 도로 개수, 공원 설립 등을 발전시켜 중국 전체에서 모범이 되는 장건(張謇)[1] 씨의 도움을 받고 있었다. 창 옹(김택영)이 19년간 이곳에 산 것도 좋은 주인을 만

을사조약이 체결되자 관직에서 물러나
중국으로 망명한 창강 김택영

김택영 선생을 도운 중국의 실업가 장건

난 덕분이다. 선비를 대하는 그의 태도가 무척 존경스러웠는데, 문
필에도 능하여 중국에서 두 번째로 필명(筆名)이 높다 한다. 밤 10시
에 선생께 절을 하고 작별하였다. 선생이 술 네 병을 선물로 주셨는
데, 그 존경스럽고 아쉬운 마음이 오히려 뵙지 않았을 때보다 더하
였다. 다시 노경항으로 나왔는데 윤선(輪船)의 출발 시각이 새벽 2시
였다. 부두에 나와 기다리는데 풍랑이 갑자기 일어나 작은 여객선은

---

1   장건(1853~1926)은 중국의 실업가로, 대생(大生)방적회사, 간목회사(墾牧會社), 남통대학(南
通大學) 등을 설립하였다. 원세개 정부의 농상무총장(農商務總長)을 역임하였다.

중유일기

다닐 수 없는 상황이었다. 윤선은 이 부두를 그냥 지나쳐 갔다. 그래서 부두 여관에서 잤다.

선생님 뵙고 가는 길에 노경항으로 나오니,	訪師歸路出蘆逕
배가 출렁일 때는 어두운 새벽이었네.	舟子招招曉色冥
모자를 떨어뜨리는 센 바람에 물결이 높게 치고	落帽風吹高浪白
달무리 속 지나가는 배는 멀리 등불이 푸르네.	行船月暈遠燈青
타향의 경치는 마음 붙일 데가 없고,	殊方物色心無賴
새벽 무렵 찬 침상에선 잠이 쉽게 깨네.	冷榻殘更夢易醒
하늘이 통주에서 헤어짐을 아쉬워하는 듯	天意通州如惜別
일부러 하룻밤을 부두 숙소에서 자게 하였네.	故敎一夜宿津亭

4월 13일

풍랑 때문에 우회해서 가다

흐리고 바람이 불었다. 아침밥을 먹고 의논한 결과, 오늘 밤에도 풍
랑이 어젯밤처럼 심하면 일정이 낭패가 되니 길을 돌아서 가더라도
점심때에는 배를 타는 것이 좋겠다고 의견을 모았다. 그래서 낮 12
시에 강안환(江安丸)을 타고 진강[鎭江, 옛날에는 경구(京口)라고 불렀다]
을 향해 출발하였다. 잠시 비가 뿌렸고 바람이 점차 잦아들었다. 가
는 도중 금산(金山)과 초산(焦山)의 절경을 가리켜서 눈으로 보았지
만 올라가서 볼 수가 없으니 안타까웠다.

봄바람이 먼 길 여행객에게 불어	春風吹遠客
달을 벗 삼아 회수(淮水)에서 잤네.	伴月宿長淮
장마 와서 배 안에서 쉬었는데	梅雨篷頭歇
양자강을 바라보니 아름답구나.	楊江眼底佳
금산과 초산의 절경에 대해 이야기하고	金焦說奇景
오와 초 땅에서 외로운 회포를 풀어냈지.	吳楚放孤懷
좋은 인연 없었더라면	不有好緣在
이번 여행 어찌 함께할 수 있었으랴.	此遊安得偕

밤 10시에 진강에 도착했다. 시내의 찻집에 가서 차를 한 잔 마시

고 나서 걸어서 갔는데 밤비가 또 내려 다시 인력거를 타고 역으로 나갔다. 12시에 진강역을 출발했다. 이날 밤 기차 안에서 잤다. 창강 선생이 주신 술에 감사하며 그림엽서에 시를 써서 우편으로 부쳤다.

네 병의 술이 봄철 포돗빛을 띠고 있어	四壺春色映葡萄
선생님 덕분에 여행객의 노고가 위로받습니다.	偏荷先生慰客勞
마음으로 주신 선물은 격식보다 넘쳐	意氣贈來寬禮數
배에서 취해 누워 몸을 풍랑에 맡깁니다.	江船醉臥任風濤
중국에서 마신 수많은 잔에 모두 술이 있었지만	千鍾中國非無酒
남회의 좋은 술맛에 더욱 호기를 느낍니다.	一味南淮更覺豪
집으로 돌아가면 이 좋은 일을 널리 알리리니	應得歸家傳勝事
푸른 눈물 자국이 낭자하게 도포를 적십니다.	碧痕狼藉濺吟袍

동아동문서원을 방문하다

비가 왔다. 오전 7시에 상해에 도착했다. 조명호 군이[1] 역에 마중 나와, "역에 나와서 기다린 것이 이미 세 차례입니다." 하였다. 전차를 타고 숙소로 가서 정체된 사유를 썼다. 아침을 먹고 미쓰이 지점에 갔다. 돌아오는 길에 동아동문서원을 관람하였는데, 일본의 관립 서원이자 일본과 중국 간의 친선을 위해 특별히 세운 것이었다. 중국 학생들은 기숙사 생활을 한다는 조건으로 입학하는데 매년 각 성에서 보낸다. 일본 학생은 70명이다. 여러 생산물과 인정·풍속을 조사해 보고하면 여기에 따라 중국경제총서(中國經濟叢書)를 발간한다고 한다.

또 곤도의 초대를 받아 행화루(杏花樓)에서 오찬을 하고 곧이어 고니시 도모조(小西知造)를 따라 작은 증기선을 타고 황포강(黃浦江)을 따라 포동(浦東)에 이르러 석탄부(石炭部)의 석탄적취장(石炭積置場) 3만 평을 참관하였는데 중노동을 하는 노동자 3,000명 모두를 기숙사에서 후하게 대우한다고 한다. 비를 맞으며 육지에 올라온 뒤 또

---

1 공성학은 손봉상, 박봉진, 김원배, 조명호, 아마노 유노스케와 함께 중국에 왔는데 김택영을 만나기 위해 통주로 갈 때는 손봉상, 박봉진, 김원배, 아마노 유노스케만 동행하였다. 조명호는 상해에 잔류하여 이들을 기다렸다.

일본이 중국과의 친선을 도모하고자 세운 관립 서원, 동아동문서원

다시 곤도가 주최하는 월내가(月迺家)의 만찬회에 초대받아 갔다.
총독부 파견 직원 오다 미쓰루(尾田滿)도 그 자리에 나왔는데 조선
어를 잘해 일본과 중국의 관계와 상해의 현황에 대한 이야기를 들을
수 있었다. 밤 10시에 만찬회가 끝나 숙소에 돌아와 잤다.

4월 16일

상해를 떠나다

흐렸다. 아침을 먹었다. 여러 사람이 부탁해서, 여관에 머물며 붓글씨를 써주었다. 옥관빈(玉觀彬)이 숙소에 방문했는데, 이미 소산 옹손봉상에게서 홍삼 사업으로 전갈을 받아 여러 차례 여관에 전화도 걸고 서신을 보내왔으나 우리 일행이 숙소에 없어 이제야 처음 만난 것이다. 나에게 옥관빈 씨는 얼굴 따로 이름 따로 아는 사람이었는데, 풍채를 한번 보니 진실로 옥 같은 사람이었고 뜻은 빼어났으며 이야기에 운치가 있어 상해에 들어온 날 일찌감치 만나지 못한 것이 아쉬웠다. '충금아량(冲襟雅量)', '빙호추월(氷壺秋月)', '일기청표(逸氣淸標)', '옥수춘풍(玉樹春風)' 글씨를 써주었다. 그와 오찬을 함께 먹고는, 차를 타고 미쓰이 회사와 삼호 오가를 일일이 방문하여 상해에 있을 때 여러 편의를 봐준 것에 감사를 표하고 작별을 고한 후 숙소로 돌아왔다. 옥관빈 씨가 또다시 먼저 와서 기다리고 있어서 흥미진진한 이야기를 나누고 또 저녁도 함께하였다.

밤 11시 반에 상해를 출발했는데, 곤도와 나카무라와 옥 씨 등 여러 사람이 역에 나와 전송해주었다. 기적 소리가 울리자 전송하는 사람들도[1] 멀어졌으니[河梁人遠] "병주를 바라보니 고향이다.(却望幷州

---

1 원문의 '하량(河梁)'은 이별의 장소를 나타낸다.

是故鄕.)"2가 바로 이를 말한 것이리라. 해석 김원배가 피곤한 나머지 탈이 날 징조가 있어 고된 여행을 감당하기가 어려웠다. 그리하여 도중에 돌아간다고 해 여기서 헤어졌는데, 진실로 한 사람은 동쪽으로 한 사람은 서쪽으로 가는 상황에서 정을 가누기가 어려웠다. 이 날 밤은 기차에서 잤다.

2 당나라 시인 가도(賈島)가 〈도상건(渡桑乾)〉 시에 "병주의 나그네살이 10년이 지났는데, 돌아가고 싶은 마음 밤낮 함양을 그리워했네. 무단히 다시 상건수를 건너니, 병주를 바라보매 도리어 고향처럼 느껴지네.(客舍幷州已十霜, 歸心日夜憶咸陽. 無端更渡桑乾水, 却望幷州是故鄕.)"라고 한 것에서 나온 말이다.

4월 17일

남경에 도착하다

맑았다. 오전 7시 20분, 남경의 하관역(下關驛)에 도착했다. 마차를 타고 의봉문(儀鳳門)¹에 들어선 뒤 대략 십 리를 가 보래여관(寶來旅館)에서 쉬었다. 아침을 먹고, 안내해줄 중국인을 고용하여 차를 타고 동태사(同泰寺)²에 올랐다. 이 절터는 본래 오(吳)나라의 후원(後苑)이었으나 송(宋)나라 때 거기에 절을 지은 것으로, 지어진 건물들이 예스럽고 위엄이 있었다. 영사관(領事館)을 방문한 뒤 다시 청량산(淸凉山)에 올랐다.

지팡이 짚고 청량산에 올라 먼 하늘 바라보니	振策淸凉望遠天
강가 성을 백리 길로 전돌을 쌓아 이었네.	江城百里石頭連
한때 패권을 다투던 곳이 봄꿈으로 끝났고,	一時王覇終春夢
여섯 대에 걸친 산하에는 저녁연기뿐이네.	六代山河只暮煙

---

1 중국 강소성(江蘇省) 남경시(南京市)에 있는 명나라 때의 성문. 명나라를 세운 홍무제(洪武帝) 초년에 건설되었으며, 명나라 13성(城) 가운데 하나이다.

2 중국 양(梁)나라 때 이름을 떨치던 절이다. 527년 양의 도읍인 건강(建康)에 세워졌다. 절의 내부에는 9층의 부도와 여섯 채의 대전, 3층 반야대와 7층 대불각이 있었으나 현존하지는 않는다. 양무제(梁武帝)가 여기에 자주 행차하여 사신(捨身)을 행하고 우란분회(盂蘭盆會)·무차대회(無遮大會) 같은 불교 행사를 열었다.

남경 의봉문(왼쪽)과 동태사

궁궐의 자취 주춧돌 빼고는 거의 사라졌고,	宮跡無多遺礎外
절 이름은 대부분 종 옆에 누워 있네.	寺名半是臥鍾邊
내가 왔으나 재주가 난성(蘭成)³의 문재가 없으니	我來才乏蘭成筆
누가 마음 쓸쓸했던 때를 알아줄까.	誰識感懷蕭瑟年

청량산은 '손권(孫權)의 석두성(石頭城) 옛터'라고 불린다. 종산(鍾山)과 복주산(覆舟山), 진회(秦淮), 막수호(莫愁湖)는 모두 손으로 가리키면 볼 수 있는 곳에 있다. 차 한 잔을 마시고, 발길을 돌려 산에서 내려와 문묘(文廟)⁴에 이르렀다.

---

3 북주(北周)의 문장가 유신(庾信, 513~581)의 어릴 적 이름이다. 육조 시대 후반기의 시인으로 당대 율시의 선구자였다. 대표작으로는 〈애강남부(哀江南賦)〉가 있다. 유신은 북주에서 후대를 받았으나 고국 양나라에 대한 그리움으로 그 비통한 심정을 시문에 담아냈다. 이곳에서 공성학은 멸망한 이전 왕조를 떠올리며 쓸쓸한 감회를 토로하고 있다.

석두성(왼쪽)과 막수호

　이 문묘는 예전에 장발적 홍수전(洪秀全)[5]의 난에 불타 문정(文正) 증국번(曾國藩)[6]이 새로 중건한 것이다. 문에는 '영성(欞星)', '지경(持敬)', '금성옥진(金聲玉振)'이라는 이름이 붙어 있다. 종종걸음으로 들어가 절을 하고 바라보니 정면에 지성선사(至聖先師)의 신위가 있고, 좌우에는 안연(顏淵), 증자(曾子), 자사(子思), 맹자(孟子) 등 사성(四聖)을 같이 모셨으며, 동쪽으로는 민자(閔子), 염자(冉子), 단목자(端木子), 중자(仲子), 복자(卜子), 유자(有子)를 모셨고, 서쪽으로는 염자(冉子), 재자(宰子), 염자(冉子), 언자(言子), 전손자(顓孫子), 주자(朱

4　공자를 모신 사당으로, 원래 선사묘(先師廟)라고 하였다가 중국 명나라 성조 때 문묘(文廟) 또는 성묘(聖廟)라고 불렀으며, 청나라 이후에는 공자묘(孔子廟)라 하였다.

5　1851년 기독교 구세주 사상을 바탕으로 평화롭고 평등한 지상천국을 건설하겠다는 목표로 군사를 일으켜 이른바 '태평천국'을 세우고 자신을 천왕이라 칭했다. 이들은 1850년부터 1864년까지 '태평천국(太平天國)의 난' 또는 '태평천국운동'이라 불리는 대규모 내전을 일으키며 청나라 군대에 대항했다. 1853년에는 남경을 점령하고 남경을 천국의 수도인 '천경'이라 명명하며 신국가 건설에 착수했으나, 정부군이 남경을 함락하기 전 병사하였다.

6　청나라 말기의 정치가이자 학자로, 태평천국의 난을 진압한 지도자이며, 근대화 운동인 양무운동을 추진한 인물이다. 주자학자이며, 문장가로도 유명하다.

子)를 모셨다.[7] 동무(東廡)와 서무(西廡)에는 78명의 현인을 제사 지냈으며, '생민미유(生民未有)', '여천지삼(與天地參)', '만세사표(万世師表)'[8]라는 현판이 걸려 있었다. 그 거대한 규모와 웅장한 건물이 우리나라 문묘와는 같이 논할 바가 못 되었다. 물러나와 명륜당(明倫堂)으로 갔는데, 위에는 《대학(大學)》의 〈명명덕(明明德)〉 한 편이 쓰여 있었고, 편액에는 진사(進士)[9] 명단이 쓰여 있었다. 현판에 쓴 내용의 예를 하나 들어보자면 "장원(壯元) 주지번(朱之蕃) 만력(萬曆) 23년 기미과(己未科) 강녕(江寧) 사람" 이런 식이었다.

차를 타고 공원(貢院)에 갔는데, 진사의 과거시험장이었다. 3층으로 된 문이 있는데 '명원루(明遠樓)' 세 글자가 걸려 있었고, 문 안 좌우에는 긴 건물에 겹겹이 비석을 세워두었다. 2,812칸으로 만들었는데, 벽돌벽 안은 무릎을 굽히고 등불 하나 겨우 들일 정도로 좁았다. 이것을 '장옥(場屋)'이라 하니 명나라 300년간 팔고문(八股文)[10]으로 인재들을 망쳤던 곳이었다. 중앙에는 지공당(至公堂), 형감당(衡鑑堂)

---

7 증자는 증삼(曾參)을, 자사는 공자의 손자 공급(孔伋)을, 민자는 민손(閔損)을, 염자 세 사람은 각각 염옹(冉雍)과 염경(冉耕)과 염구(冉求)를, 단목자는 단목사(端木賜)를, 중자는 중유(仲由)를, 복자는 복상(卜商)을, 유자는 유약(有若)을, 재자는 재예(宰豫)를, 언자는 언언(言偃)을, 전손자는 전손사(顓孫師)를, 주자는 주희(朱熹)를 가리킨다.
8 '생민미유'는 《맹자》〈공손추 상(公孫丑上)〉의 "인류가 생긴 이래로 공자보다 훌륭한 이가 있지 않다.(自生民以來未有盛於孔子.)" 구절을 줄인 것으로 옹정제의 글씨로 쓰여 있다. '여천지삼'은 《예기》〈경해(經解)〉의 "천자는 천지와 함께 셋이 된다. 그래서 덕은 천지와 더불어 만물을 구별 없이 이롭게 한다. 일월과 함께 생명의 빛을 내니 온 세상을 골고루 비추며 아무리 작은 것이라도 버리지 않는다.(天子者, 與天地參. 故德配天地, 兼利萬物. 與日月光明, 明照四海, 而不遺微小.)" 구절을 가져온 것이다. 청나라 6대 황제 건륭제의 글씨다. '만세사표'는 "만세의 모범이 될 분"이라는 뜻으로, 청나라 4대 황제인 강희제의 글씨다.
9 중국 명나라와 청나라 시대에 과거시험 최종 합격자를 뜻한다. 보통 3년에 한 번씩 시험을 치르는데 단 400명 정도만 뽑았다고 하니 시험의 난이도가 매우 높았음을 짐작할 수 있다.

명원루(왼쪽)와 지공당

이 있었고 동서로는 총문(總門)이 있었다. 관람을 마치고 이섭교(利
涉橋)에 가서 배를 진회(秦淮)[11]에 띄웠다. 진시황이 동쪽으로 순행할
때 "종산(鍾山) 아래에 왕기(王氣)가 있으니, 종산의 허리를 잘라 회
수를 끌어다 그 산 아래로 들어가게 하라."라고 했기 때문에 '진회'
라고 부른 것이다.

배의 구조가 아름답고도 넓어 수십 명 앉을 의자를 놓을 수 있었
다. 술도 있고 기녀도 있어 마음껏 즐길 만하였다. 여관 주인은 대머
리 호남자인데 따라와서 여러 일을 처리해주었다. 기녀를 가리키며
"강남 제일"이라 하였는데 나중에는 말할 때마다 언제나 "강남 제일"
이라면서 심심풀이 우스갯소리를 하였다. 천천히 상류로 올라가 성

---

10 중국 명·청대의 과거시험에서 요구된 특별한 형식의 문장. 《사서오경(四書五經)》의 한두 구
    (句) 또는 여러 구를 제(題)로 하여, 고인(古人) 대신 그 의미를 부연하는 것이 이런 제도를 제
    정한 취지였다. 1370년 8월 9일 향시(鄕試)에서 처음 실시된 후부터 1901년 폐지될 때까지
    이 팔고문은 지식인들을 적잖이 괴롭혔다.
11 중국 남경을 지나 양자강으로 이어지는 운하로, 진(秦)나라 때 만들었다.

문으로 들어가자 회수 좌우로 술집과 기루(妓樓)가 마주 보고 있었다. 들건대 회수에 띄운 놀잇배가 600여 척에 이른다고 하니, '소금와(銷金渦)'[12]라고 할 만하다. 당나라 두목(杜牧)의 시에, "연기는 찬 강을 싸고 달빛은 모래톱을 쌌는데, 밤에 진회 가까운 술집에 배를 대네. 장사꾼 아낙은 망국의 한 알지 못하고, 강 건너에서 후정화를 부르고 있네.(煙籠寒水月籠沙, 夜泊秦淮近酒家. 商女不知亡國恨, 隔江猶唱後庭花.)"라고 했으니 바로 이곳이다. 나도 배를 정박하고 보니 감회가 있어 율시 한 편을 읊었다.

회수 일대가 성의 허리를 관통하니	長淮一帶貫城腰
황제의 궁과 청루를 채색 다리가 감싸네.	紫閣青樓擁彩橋
십 리 뻗은 따뜻한 물결에 놀잇배 이어지고	十里暖波連畫舫
안개 깔린 수많은 집에 풍악 소리 울리네.	千家香靄動歌簫
눈 아래 강산들 몇 번이나 난리를 겪었던가.	眼底江山幾經劫
술통 앞의 꽃과 달 절로 서로를 맞네.	樽前花月自相邀
또다시 막수호에 가서 취하리니,	且向莫愁湖上醉
영웅의 혼이 사라지니 끝내 누구를 부를 것인가.	英雄魂去竟誰招

곧이어 배에서 내려 차를 타고 명고궁(明故宮) 유적 앞에 도착하니 오성문(五星門)과 오룡교(五龍橋)가 있다. 황량한 풍경 속에 고적 전시관이 있었다. 궁궐 주춧돌의 깨진 조각과 우물의 두레박줄 자취가

---

12 '돈을 다 쓰게 하는 강'이라는 의미다.

명고궁

우리나라 만월대(滿月臺)[13] 옛터와 같았다. 그런데 그 가운데에는 명
태조와 방정학(方正學)[14]의 영정과 방정학의 피가 묻은 돌이 완연하
여 후세인들의 무한한 감회를 불러일으켰다. 피 묻은 돌을 읊은 시
가 걸려 있는데, 다음과 같다. "선생의 바른 기개가 세상에 가득 차
니, 선명한 몇 조각은 아직까지 남아 있네. 장홍(萇弘)[15]이 새로 피를
뿌렸다는데, 두견새가 옛날에 울던 흔적이 오랫동안 남아 있네. 외

---

13 개성시 송악산(松嶽山) 남쪽 기슭에 있는 고려의 왕궁 터. 궁전은 고려 말기에 불타 없어졌다.

14 중국 명나라 초기 절강성 영해(寧海)의 학자이자 정치가인 방효유(方孝孺, 1357~1402)를 말
한다. 저서에 《손지재집(遜志齋集)》 등이 있다.

15 주(周)나라 충신이었지만 경왕(敬王)에게 내쳐져 죽었다. 일설에 그가 죽을 때 흘러나온 피가
3년 만에 벽옥(碧玉)이 되고 시신은 보이지 않았다고 한다.

중유일기

명효릉(왼쪽)과 명효릉 내의 패루 비석에 새겨진 글씨, '치룡당송(治隆唐宋)'

로운 신하의 울분 부질없이 마음속에 담았고, 10족[16]이 옛 임금의 은
혜에 함께 따랐네. 오랜 세월 지나도록 마멸되지 않고 정기가 남아
있어, 충혼에 의탁한 신령한 이적(異蹟)이 나타나도 괜찮으리라.(先
生正氣塞乾坤, 幾片斑斑石尙存. 道是萇弘新濺血, 長留杜宇舊啼痕. 一腔空抱
孤臣憤, 十族同酬故主恩. 歷劫不磨精氣在, 未妨靈異托忠魂.)"

또 차를 타고 명효릉(明孝陵)에 도착했다. 동구(洞口)와 먼 거리 사
이에 돌사자, 돌코끼리, 석인(石人) 등이 있고, 패루(牌樓)[17]로 들어가
니 비석에 '도룡당송(道隆唐宋)'[18] 네 글자가 새겨져 있었다. 눈앞에

---

16 1402년 연왕(燕王) 주체(朱棣)가 황위를 찬탈한 뒤 성왕(成王)을 도왔던 주공(周公)의 일을
이야기하면서 방효유에게 즉위 조서를 만들도록 명하였다. 방효유는 죽음을 각오하면서까지
이를 거부하였고 이에 왕은 극도로 분노하여, 9족이 아닌 10족을 멸하여 방효유의 일족과 친
지, 제자 등 847명이 연좌되어 죽임을 당했다.

보이는 산은 소나무와 잣나무가 울창하여 올라갈 수 있는 길이 없었다. 내가 안내인에게 "능이 어디에 있습니까?"라고 묻자, 안내인이 "산이 바로 능이라, 특별히 어디라고 꼭 집어 말할 수는 없습니다." 라고 답하였다. 나는 "진시황은 사람들을 의심하여 무덤을 72개나 만들었고 명 태조는 사람들을 의심하여 산처럼 큰 규모로 무덤을 만들었으니 일은 비록 달라도 의심한 것은 같습니다. 그러나 진 시황과 명 태조의 업적은 어디에 있습니까? 그저 백성들의 노동력만 다하게 했을 뿐이니 이 또한 어리석습니다."라고 하였다.

대개 남경은 옛 명칭이 말릉(秣陵), 금릉(金陵), 석두(石頭), 강좌(江左)인데, 오(吳)나라, 육조(六朝), 명나라 여러 왕조의 건물들 명칭도 여러 차례 바뀌었다. 성벽 둘레가 백이십 리라고 하니 당시의 번성함이 어떠했겠는가. 지금 시가지를 보니 사람은 많지만 적막한 느낌을 피할 수 없는 것은 장발적[19]의 난리 이후 이리된 것 아닐까. 아니면 최근 혁명이 연이은 때문일까. 개탄스러울 뿐이다. 얼굴에 숲 바람이 스쳐가고 한 줄기 석양빛이 비친다. 말을 바삐 몰고 빨리 달려 여관으로 돌아왔다.

---

17 예전에 중국에서, 큰 거리에 길을 가로질러 세우던 시설물이나 무덤, 공원 등의 어귀에 세우던 문이다. 도시의 아름다운 풍경과 경축의 의미로 세웠다.
18 명효릉 내의 비각에 새겨진 글씨는 실제로는 '치룡당송(治隆唐宋)'이다. 청나라 강희제가 명 태조 주원장의 통치기를 한 단어로 평한 것인데, 아마 공성학은 '도룡당송(道隆唐宋)'으로 잘못 읽은 것 같다.
19 홍수전을 가리킨다.

4월 18일

대복환을 타고 장강을 조망하다

맑았다. 오전 6시에 자동차를 타고 하관(下關) 부두로 나와 오래 서서 기다렸다. 9시 반에 대복환(大福丸)을 타고 장강 위로 가면서 배안에서 아침을 먹었다. 날씨가 맑고 화창하여 갑판에서 조망하기에 좋았다. 양쪽 언덕에 갈대밭이 펼쳐져 십 리 길이 푸른색으로 묶어놓은 듯 이어져 있었다. 때때로 갈매기와 물새가 지나가는 것이 진실로 하나의 승경(勝景)이었다. 멀리 기슭 사이 어망에 나무 하나를 세운 것을 보았는데 마치 기중기의 끝 같았고 거대한 그물은 물에 잠겨 있었다. 강가에 게막(蟹幕)[1]이 있는데 겨우 비를 피할 수 있는 정도의 크기이며, 막사 안에 앉아 기계의 줄을 당기면 그물이 저절로 당겨진다. 뱃전에서 뛰어오르는 은빛 비늘 생선이 보이기도 하고 보이지 않기도 하니, 장강 물의 너비가 어느 정도인지 이것으로 대강 추측해볼 수 있다. 더러는 담소를 나누었고 더러는 낮잠을 잤으며 더러는 시집을 읽었으니 한가하게 시간을 보냈다고 할 수 있다. 이날 밤은 배에서 잤다.

만 리의 출렁이는 강물이 긴 들판으로 흘러드니　泯濤萬里瀉長郊

1　게를 잡으려고 대발을 칠 때 그 한쪽 끝에 원뿔 모양으로 세우는 막을 뜻한다.

북쪽의 배와 남쪽의 배가 밤낮으로 교차하네.　　　北楫南檣日夜交
오 땅과 초 땅에서 구름 걷히자 형승지 펼쳐지니　雲收吳楚開形勝
물결이 일어나 교룡이 흰 포말을 내뿜네.　　　　浪起蛟鼉噴沫泡
강가의 푸른 숲엔 갈대가 언덕에 이어졌고　　　雨邊林綠荻連岸
물결이 백 길이나 치솟아 배가 새둥지에 걸릴　　百丈水痕檣掛巢
지경.
이틀 동안 배에서 지내며 묵게 되어　　　　　泛泛孤舟成信宿
그저 시구를 지어 읊으며 자조하네.　　　　　聊將詩句自吟嘲

여산폭포를 보려고 일정을 변경하다

맑았다. 강을 따라 좌우에는 꽤 크다고 할 만한 항구가 있다고 한다.
도충(桃冲), 한양평(漢陽坪), 무호(蕪湖), 태통(太通), 안경(安慶), 행양
(幸陽)을 모두 경유하여 여기에 이르렀다. 강 한가운데에 작은 봉우
리가 있는데 마치 꽂아놓은 것처럼 솟아 있고 수목이 무성하며 그.
정상에는 경쇠가 매달린 것 같은 모양의 4층짜리 절이 있는데 소고
산(小孤山)이라 한다. 단신으로 오르내리기도 힘들 것 같은데 하물며
인력으로 사찰을 세우다니, 이는 부처가 도와준 덕인가? 또 팽택호
(彭澤湖)와 파양호(鄱陽湖)를 지났는데 호숫가에 중국 군대가 머무는
항구가 있었다. 포대가 축조된 호수 입구에는 약간 큰 봉우리가 하
나 또 있었다. 잠시 보는데 이 봉우리가 대고산(大孤山)이라 하는데,
소고산과 대고산이 진실로 장강의 절승지이건만 올라가서 구경하
지 못한 것이 한스러웠다.

사흘 동안 잔잔한 강물 위를 배 타고 가니	三朝行棹水平鋪
오·초의 봉우리들이 반 정도 보이네.	吳楚峰巒半有無
강 가운데 신선의 손바닥처럼 솟아 있는데	江心擎出仙人掌
작고 푸른 산은 대고산과 소고산이네.	一笏山靑大小孤

중국 강서성 북부에 있는 호수, 파양호

다시 조금 지나가자 신재 박봉진이 뱃머리 좌측에서 가리키며 나에게 "반공에 솟은 푸른 산을 그대는 알고 있습니까?"라고 하여 내가 "무슨 산입니까?"라고 물었더니 "여산(盧山)입니다."라고 하였다. 나는 기뻐하며 "맹호연의 시에 '돛을 올려 몇 천 리 갔지만 유명한 산을 전혀 만날 수 없었네. 배를 심양성 가장자리에 대니, 그제야 향로봉이 보이네.(掛席幾千里, 名山都未逢. 舟泊潯陽郭, 始見香爐峰.)"¹라고 한 것이 이것입니다. 그렇다면 심양은 멀지 않은 곳에 있을 것입니다."라고 하였다. 박봉진이 "구강(九江)은 앞에 있습니다."라고 하자,

---

1 맹호연의 시 〈저녁 무렵 심양에 배를 대고 여산을 바라보다(晚泊潯陽望廬山)〉의 전반부이다. 후반부는 "일찍이 혜원전을 읽고는, 세속을 벗어난 자취 사모했네. 동림정사가 근처에 있는지, 저물녘에 종소리 들린다.(嘗讀遠公傳, 永懷塵外蹤. 東林精舍近, 日暮但聞鐘.)"이다.

내가 "'오늘 밤 그대가 구강으로 폄적되어 갔네.(此夜聞君謫九江.)'[2]는 원진(元稹)이 백낙천(白樂天)에게 준 시구인데, 구강이 심양이지요? 이 여산폭포를 어찌 보지 않고 지나가겠습니까?"라고 하며 일행과 의논하였다. 조명호가 전대의 돈이 얼마 남지 않았다고 하였는데, 마침 배의 함장도 자신은 최근에 여산폭포의 광경을 보러 갔었다면서 동정하는 기색이 있었다. 아마노로 하여금 은을 빌리게 교섭하도록 하니 함장이 흔쾌히 승낙하였다. 이날 내가 이 폭포를 보는 것은 기이한 인연이리라. 그래서 짐을 거의 맡기고 최소한의 짐만 들고 오후 6시에 구강에서 하선하였는데, 강어귀에 백낙천의 비파정(琵琶亭)[3]이 있었다. 대원여관(大元旅館)으로 들어가 쉬고 잤다.

눈에 비친 여산은 우뚝 솟아 울창하니	廬山入望鬱嵯峨
먼저 이백의 폭포 시[4]를 음송하네.	先誦青蓮瀑布歌
반도의 나그네는 반가운 눈을 비벼 보며	半島客揩青眼炯
구강에 배 정박하니 석양빛이 환하네.	九江舟泊夕陽多

---

2 이 구절은 원진의 시 〈백낙천이 강주사마로 폄적되었다는 소식을 듣고(聞白樂天左降江州司馬)〉에 나오는 구절이다. 백낙천은 곧 백거이다. 원진과 백거이는 당나라의 시인으로 일상적 언어를 구사하고 풍자에 뛰어나며 평이하고 유려한 시풍을 보였는데 두 사람의 이러한 시풍을 원백체(元白體)로 통칭한다. 이 시는 원진이 백거이가 강주사마로 좌천되었다는 소식을 듣고 놀라서 지은 작품이다.

3 백거이가 비파를 잘 타는 여인을 만났다는 장소다. 백거이는 강주사마로 좌천되어 와서 그 1년 뒤 가을 강가에서 비파 타는 한 여인의 영락한 삶의 행적을 듣고는 88구 칠언 고시 〈비파행(琵琶行)〉을 지었다.

4 이백의 〈여산폭포를 바라보며(望廬山瀑布)〉를 가리킨다. 시는 다음과 같다. "햇살이 향로봉 비춰 자줏빛 안개 피어나는데, 멀리 폭포를 보니 냇물이 걸려 있네. 날아 흘러 곧바로 삼천 척 아래로 떨어지니, 구만리 하늘에서 은하수가 쏟아졌나.(日照香爐生紫煙, 遙看瀑布掛長川. 飛流直下三千尺, 疑是銀河落九千.)"

도연명의 소나무와 국화는 어디 있나.　　　陶公松菊知何處

백거이의 〈비파행〉은 흐르는 강물에 감회가　白傳琵琶感逝波
있었네.

어찌 혼사 다 마치고 산에 유람 갈 날을　　何待畢婚遊岳日
기다리랴.[5]

자평[6]의 평소 뜻은 쉽고 허망하게 지나가버리네.　子平素志易虛過

백거이가 손님을 배웅한 정자를 바라보니[7]　回首香山送客亭

오랫동안 이별의 정을 비파로 연주했네.　　琵琶千古管離情

아무리 찾아도 옛 노래 들을 길 없는데　　找到無因聽古曲

심양 강가에 몇 개의 산봉우리 푸르네.　　潯陽江上數峯靑

5　소식의 〈정거사를 유람하다(遊淨居寺)〉 시에 나오는 구절이다. 시는 다음과 같다. "십 년 동안
　명산을 유람하면서, 스스로 산에서 입을 옷을 만들었다. 집안 혼사를 다 끝내면, 같이 푸른 산에
　서 늙었으면(十載游名山, 自製山中衣. 願言畢婚家 携手老翠微)"

6　자평은 동한(東漢)의 고사(高士) 상장(向長)을 말한다. 은거하며 벼슬을 하지 않다가 자녀들을
　모두 결혼시킨 뒤에야 마음껏 명산대천을 떠돌며 노닐다가 생을 마쳤다.

7　백거이의 〈비파행〉 서문의 서두에 "가을 손님을 배웅하러 분포강(湓浦江) 포구에 나갔다가 배
　안에서 비파 타는 소리를 들었다."라는 구절이 나온다. 여기에서는 비파정을 가리킨다.

여산폭포를 보다

맑았다. 오전 5시 30분에 빵 몇 조각과 커피 한 잔을 먹고 작은 배를 타고 가서 자동차로 환승한 지 50분 만에 여산 아래에 도착했다. 네 사람이 어깨에 메고 가는 등여(藤輿)를 고용해 연화동(蓮花洞)을 따라 우회해 고우령(牯牛嶺)으로 올라갔다. 중국 가옥이 천여 호(戶)였고 가운데에 시가지가 있어 채소와 고기를 비롯하여 여러 물건을 팔고 있었다. 서양인들이 산의 전면과 후면을 따라 별장을 지었는데 거의 천 채에 달한다고 한다.

구불구불 높은 잔교에 바위가 험준하여	盤盤雲棧石崔嵬
등여를 타고 새벽에 올라왔네.	擔得藤輿曉色來
고우령이 기이하게 반공에 솟아 있어	牯嶺峰奇半空立
외진 천지(天池)에 절이 있네.	天池境僻上方開
사람을 만나니 신선을 본 듯 황홀하고	逢人怳若逢仙子
속세를 피하고 더위를 피하기에 적당하네.	避世兼宜避暑臺
천 호 가구가 새로 거처해도 충분하다 하니	聞道新居千戶足
그 속에 포함되도록 옥황상제가 승낙해주었으면.	倘教入籍玉皇裁

여산(廬山)은 심양강(潯陽江)과 팽려호(彭蠡湖)로 둘러싸여 삼면이

모두 물이다. 산은 기복이 있고 울창하였으며, 물은 물살이 세고 광대하여 즐겁게 볼 만한 부분이 많았다. 산 정상은 높이가 해발 2,500미터다. 풍경과 기후가 피서에 적합하지만, 그윽한 경치와 무성한 수목은 우리나라 경치, 나무가 빽빽하고 우거진 것이 내가 사는 고장의 채하동(彩霞洞)이나 부산동(扶山洞)[1]에 비견할 수 없는데도, 오히려 다투어 차지하려 드는 것은 어째서인가. 중국에는 산이 적기 때문이다.

대원(大元) 지점에 들어간 시각이 8시였다. 다시 여덟 명이 어깨로 메는 등여를 고용해 남강(南康) 길을 경유해 정상을 넘어 서쪽으로 갔다. 돌계단이 천 층인데 차례차례로 비늘처럼 빽빽하였다. 이때 큰 구름이 크게 뭉쳐 산허리를 가렸다가 다시 흘러가 하늘에 펼쳐져 있는 게 아무래도 비가 올 것 같았다. 가마꾼이 구름을 헤치고 아래 세계로 내려오니 태극이 나뉘기 전처럼[2] 혼돈스러워 나는 마음을 안정시키지 못하고 두려움에 다리를 떨었다.

가는 도중 식견정(息肩亭)이 있어 잠시 가마꾼들을 쉬게 하고 또 다시 절벽을 따라 내려왔는데 관음교(觀音橋)였다. 관음교에서 돌아보니 구름이 걷혀 하늘이 푸르러 그제야 내가 밟고 있는 곳이 오로봉(五老峰)이라는 것을 깨달았다. 이태백이 "여산 동남쪽에 있는 오로봉, 푸른 하늘에 금으로 만든 연꽃을 깎아 솟아난 듯. 구강의 빼어난 경치를 잡을 듯하니, 나는 이곳 구름과 소나무 사이에 살리

---

1 개성 송악산에 있는 골짜기 이름으로, 수려한 경치로 유명하다.
2 《주역》의 〈계사전〉에서 "역에는 태극이 있는데 태극이 음양인 양의(兩儀)를 낳고 양의가 사상(四象)을 낳고 사상이 팔괘(八卦)를 낳고 팔괘가 서로 결합하여 만물(64괘)을 낳는다."라는 구절이 있다. 우주 본체인 태극은 음양으로 분화되기 이전의 원시 상태를 말한다.

라.(廬山東南五老峰, 靑天削出金芙蓉. 九江秀色可攬結, 吾將此地巢雲松.)"[3] 라고 하였는데, 진실로 내 마음을 먼저 포착한 것이다. 나도 시를 지었다.

구름이 생겨나는 산을 도보와 수레로 유람하니	雲生步履歷雁騰
산의 풍광으로 마음을 씻어 내리네.	濆倂山光一盪胸
관음교 위에서 머리를 돌려 바라보니	觀音橋上回頭望
이제야 오로봉을 나는 듯 지나온 것을 알겠네.	始覺飛過五老峰

다시 전포사(田圃寺) 문을 따라 오후 2시에 수봉사(秀峰寺)에 도착하였다. 절 뒤에는 이백의 독서당(讀書堂)이 있는데 석벽에 새긴 글자가 희미해 그 내력을 상세히 알 수 없었다. 곧바로 보니 여산폭포가 향로봉(香爐峰)과 쌍검봉(雙劍峰) 두 봉우리 사이에 걸려 있고 석벽이 그 절반 되는 지점에 가로놓여 있어서 폭포가 끝까지 내려오려면 세 시간이 걸린다. 그래서 이곳에 서서 반으로 잘린 폭포를 바라보았는데, 우리 박연폭포에 비해 배나 높았으나 폭포의 세기는 마찬가지였으니, 진실로 "멀리 폭포를 바라보니 긴 내를 걸어놓은 듯.(遙看瀑布掛長川.)"[4]이라고 말할 만하다. 또다시 석벽 아래를 보니 위의 폭포가 여기에서 소용돌이치는데, "용이 하늘로 올랐다.(神龍躍空.)"라고 새겨져 있었다. 같이 기념촬영을 하고 반석에 앉아 손으로 김밥을 집어 먹었는데, 우리 속담에 '금강산도 식후경'이 바로 이와 같

---

3 이백(李白)의 시 〈여산 오로봉을 바라보며(望廬山五老峯)〉이다.
4 앞서 언급된 이백의 〈여산폭포를 바라보며〉의 한 구절이다.

"멀리 폭포를 바라보니 긴 내를 걸어놓은 듯."이라고 이백이 노래한 바 있는 여산폭포

을 것이다.

푸른 봉우리에 해가 자주색 연기를 비추니	碧峰日射紫烟輝
하늘하늘 이어져 만 길에 드리웠네.	裊裊綿綿萬丈垂
바람에 날리는 흰 비단 갑자기 중간에 끊어져	捲風白練忽中斷
옥과 진주 흩어져 하늘 밖에 날리네.	散玉迸珠天外飛

이백의 독서당은 거의 풀과 채소밭인데	白也書堂半草萊
빈산에 밤낮으로 마른 우레 울리네.	空山日夜動晴雷
만 리 길이나 풍진을 겪은 몽매한 눈을	憒然萬里風塵眼
참으로 은하수 얻어 한차례 씻게 되었네.	眞得銀河一洗來

3시 반에 다시 출발하여 갔던 길을 따라 돌아오면서 가기도 하고 쉬기도 하고 그랬는데 그러는 사이에 날이 저물었다. 저녁 8시 30분에 여산에 있는 대원 지점에 가서 잤다.

흥에 겨워 광려[5]에 왔더니 돌계단이 경사라	興到匡廬石磴斜
여덟 사람이 지는 가마를 고용하여 탔네.	輿擡能得八肩賒
티끌 묻은 갓끈은 향로봉 폭포에 씻어내고	塵纓濯去香爐瀑
대지팡이 짚고서 안개 낀 오로봉으로 왔네.	竹杖挑來五老霞
맑은 꿈은 불법 세계에 오는 것으로 실현되었고	清夢祇應通佛界
먼 길 여행하며 시인이 되어버렸네.	遠遊便是作詩家

---

5 '광려'는 여산의 별칭이다.

다만 주머니 속에 명산 기록 가져가서   只將囊裏名山記

돌아가면 고향 사람들과 같이 웃으며 이야기 歸對鄉人也笑譁

하리라.

구강을 출발하다

맑았다. 아침을 먹고 동림사(東林寺)와 서림사(西林寺)를 바라보고
천지사(天池寺)와 선인각(仙人閣)을 두루 관람하였으며, 또 선인굴(仙
人窟)로 들어가 샘물을 마시고 석탑에 앉아 기념촬영을 하였다. 상
투머리를 하고 행전(行纏)으로 정강이를 감싼 한 도인이 차 한 잔을
권하기에 시를 써주며 감사를 표하였다. 10시 반에 여산을 출발하였
다. 길에서 고생하는 노동자를 보았는데, 물건을 모두 어깨에 짊어
지고 산으로 올라왔다. 대나무를 깎아 어깨에 메고 양쪽에 새끼줄로
물건을 매달았는데 땅에서 한 자 남짓이었다. 대나무 조각이 걸음걸
이에 따라 오르락내리락하지만 부러지지는 않으니, 대나무의 성질
이 견고하고 잘 견디기 때문일까? 의아스러웠다. 또 서양인들이 부
인과 아이를 대동하고 산에 오르는 것을 보았는데, 거느린 짐꾼도
매우 많았다. 여름 해가 점차 더워져 피서를 온 사람들이었다.

신선을 본받아 청량한 곳에 누우니	占得淸凉臥學仙
화려한 건물과 서양집이 서로 연이어 있네.	華樓洋屋好相連
돌계단은 험준하게 삼십 리에 이어져	石磴崎嶇三十里
등여꾼들 날마다 어깨가 닳는구나.	藤輿千百日磨肩

구강의 대원여관(大元旅館)에 들어 점심을 먹고 나서 한가롭게 누워 배가 출발하는 시각을 기다렸다. 오후 7시에 대리환(大利丸)을 타고 구강을 출발했다. 이날 밤은 배 안에서 잤다.

심양강은 〈비파행〉 시로 유명한데[1]	琵琶詞賦擅潯陽
여전히 비파정 있어 이별의 뜻 유장하네.	尙有遺亭別意長
인생은 고해 같아 마음도 괴롭건만	苦海此生情亦苦
백거이는 죽었어도 시는 여전히 향기롭네.	香山已去字猶香
깊은 밤 강기슭엔 고기잡이불이 환하고	夜深岸影明漁火
배에선 파도 소리가 익숙해져 고향 꿈을 꾸네.	舟慣濤聲付夢鄉
문을 나서면 아무 일도 없을 줄 알았는데	意謂出門無一事
산수를 찾아가고 떠나면서 시 짓느라 바빴네.	山迎水送爲詩忙

---

1 〈비파행〉 시에서 화자가 비파 타는 여인을 만난 곳이 심양강가였다.

적벽을 보다

맑았다. 강물이 불어나 배가 속도를 늦추며 갔다. 뱃사람에게 이유를 물어보니 서장(西藏) 지역의 눈이 녹아 강으로 흘러들었기 때문이라 했다. 배가 무혈(武穴), 기주(蘄州), 황석항(黃石港)을 지났고 8시경에 아침을 먹었다. 사람들이 "적벽이 가까이에 있다."라고 하였다. 나는 적벽이라는 소리를 듣고는 밥을 먹다가 배도 부르기 전에 벌떡 일어나 갑판으로 나왔다. 오른쪽을 바라보니 쓸쓸한 토벽이 있었는데 절벽 아래 옛 물줄기는 상전벽해처럼 변하여 오히려 우리나라 임진 적벽[1]보다 못했다. 두목(杜牧)이 "부러진 채 땅에 묻혀 채 녹슬기 전의 창을, 닦고 씻어 살펴보니 지난 왕조의 것이네. 동풍이 주유(周瑜) 편을 들어주지 않았다면[2] 교씨 미녀 두 사람이 동작대에 갇혔겠지.[3](折戟沉沙鐵未銷, 自將磨洗認前朝. 東風不與周郞便, 銅雀春深鎖二喬.)"[4]

---

1 임진강변의 장단석벽(長湍石壁)은 경치가 아름답기로 유명하여 예로부터 시인 묵객이 많이 찾았다고 한다. 하류 쪽에는 동파적벽(東坡赤壁)이 있으며 화장사·심복사·경순왕릉 등의 유적이 있다.

2 제갈량이 조조의 수군을 불로 공격하고자 동남풍을 이용했다는 이야기를 인용한 것이다.

3 동오(東吳) 교공(喬公)의 두 딸을 가리킨다. 손책(孫策)과 결혼한 딸을 대교(大喬), 주유와 결혼한 딸을 소교(小喬)라고 하는데, 둘 다 천하절색이었다 한다. 동작대는 조조가 행락을 위해 세운 누대로, 누대에는 조조의 여인들이 기거했다고 한다.

4 두목의 시 〈적벽(赤壁)〉이다.

무원직(武元直), 〈적벽도(赤壁圖)〉

라고 했으니 감회를 불러일으킬 따름이다.

　대개 〈적벽부(赤壁賦)〉는 오랫동안 사람들의 입에 회자되고 있는데, 실제 모습은 그리 신기하지 않다. 어떤 사람들은 소동파의 〈적벽부〉에서 '적벽'은 다른 곳이라고 한다. 하지만 만약 그렇다면 〈적벽부〉에서 인용한 구가 조조의 전장인데, 적벽이 장강이 아니라면 어디에 있겠는가. 또 "동쪽으로 무창(武昌)을 바라보고 서쪽으로는 하구(夏口)를 바라본다.(東望武昌, 西望夏口.)"라고 하였으니 빠른 윤선으로 가면 적벽에서 하구까지 여덟 시간이 걸린다. 아무리 이루(離婁)처럼 눈이 좋다 한들 어찌 바라본다고 보이겠는가.[5] 그 자세한 정황은 알기 어렵다. 잠시 뒤 왼쪽으로 황주(黃州)를 가리키면서 이곳에 있었을 죽루(竹樓)[6]를 상상해보았다.

5　중국 황제(黃帝) 때에 살았으며, 시력이 아주 좋다고 전해지는 전설상의 인물이다. 《신자(愼子)》내편(內篇)에, "이루는 눈이 밝아 백 보 밖에서도 능히 털끝을 살핀다."라고 전한다.

밤새도록 배로 가느라 편히 자지 못했고	徹夜舟行夢亦浮
깨고 나니 붉은 해가 뱃전에 비치네.	醒來紅日射篷頭
서장의 눈이 녹아 장강의 물이 붇고	西藏融雪黃增漲
초 땅의 갠 산빛은 흐를 듯이 푸르네.	南楚晴山翠欲流
까마귀와 까치는 여전히 적벽을 지나고[7]	烏鵲尚飛過赤壁
죽루는 어디에 있느냐고 황주에 물었네.	竹樓何在問黃州
강가 구름과 나무가 저 멀리 아득한데	江雲江樹蒼茫外
바람결에 휘파람 불면서 멀리 바라보네.	一嘯天風送遠眸

오후 4시에 한구(漢口)에 도착했다. 미쓰이 회사 한구 지점장 이와세 지사부로(岩瀨治三郞)와 지점 점원 미야케 신지(三宅參二)가 부두로 마중 나왔다. 자동차를 타고 원여관(原旅館)으로 들어갔다. 저녁때 내린 비가 밤이 되어서도 그치지 않았다. 지점장의 초대를 받아 복궁가(福宮家) 만찬회에 가서 술을 마시고 회포를 풀다가 여관으로 돌아왔다.

---

6 송나라 왕우칭(王禹偁)이 998년에 황주 태수로 폄적(貶謫)되었을 때 황주의 명물인 큰 대나무를 베어 기와 대신 지붕을 얹고 누각을 지어 그 운치를 〈황주신건소죽루기(黃州新建小竹樓記)〉로 표현하였다.

7 〈적벽부〉에 "객이, '달 밝아 별이 드물고 까막까치는 남쪽으로 날아간다' 하니, 이것은 조맹덕의 시가 아닌가?(客曰, '月明星稀, 烏鵲南飛', 此非曹孟德之詩乎?)"라는 구절이 있다.

4월 23일

한구에서 머무르다

비가 잠시 그쳤고 바람은 매우 세찼다. 아침을 먹고, 미쓰이 지점에
가서 보원삼호(葆元蔘號)의 계혜천(桂惠泉)에게 와달라고 요청하였
다. 나는 배일 감정 때문에 싫어할까 봐 일부러 찾아가지 않았던 것
이다. 그가 홍삼을 판매하는 대략적 상황을 알아본 연후 다시 황학
루(黃鶴樓)에 가서 관람하려 하였으니, 첫째는 일본을 배척하여 벌이
는 소동 때문이고,[1] 두 번째는 풍랑으로 배를 띄울 수 없었기 때문이
다. 서로 보면서 무료하고 의욕이 꺾여 지점의 꼭대기 층에 올랐는
데 강 너머 멀리 황학루가 보이니 안타까움을 어찌하겠는가.

물 흐르는 강하(江夏)[2]에 저물녘에 정박하니　　　江夏瀲瀲晩泊舟
무창 일대가 한눈에 들어오네.　　　　　　　　　武昌一帶望中收

---

1 《중유일기》는 간간이 중국 내 배일 감정을 언급하고 있는데, 중국에서 배일 감정은 직접적으로
　는 1915년 1월에 일본이 자신들의 권익 확대를 내용으로 하는 21개조를 요구하면서 격화되었
　다. 조차지 연장, 일본의 원조에 의한 내정 개선, 일본인의 거주 및 영업의 자유 등 일본이 독점
　적이고 배타적으로 중국에 영향력을 미치려 하자 협상 과정을 지켜보던 중국인들이 일본과의
　조약 체결을 강력하게 반대하였고 일본 상품 불매운동을 대규모로 벌였다. 1915년 5월에 중국
　의 원세개 정부는 일본의 요구를 받아들였고 이는 5·4운동의 도화선이 되었다. 미쓰이 물산에
　서 주도한 홍삼 판매도 이 같은 맥락에서 일본 상품 불매운동의 대상이 되었다.
2 중국 호북성(湖北省) 무한에 있는 구(區)의 명칭이다.

상앗대 반이 잠기는 봄물 저녁 언덕에　　　　半篙春水夕陽岸
천 년 동안이나 흰 구름 낀 황학루 있네.　　千載白雲黃鶴樓
이날 관산에도 전란이 있으니[3]　　　　　　此日關山亦戎馬
천지간 우리 인생은 하루살이구나.　　　　吾生天地是蜉蝣
가볍게 노를 저어 동정호로 가고 싶으나　　輕橈將欲洞庭去
밤새 하늘에 가득한 비바람이 걱정스럽네.　一夜滿空風雨愁

　　한구는 한양(漢陽)과 하구(夏口)를 합친 호칭이다. 한양, 하구, 무창
세 곳은 인구가 대략 150만이고, 아홉 개 성이 합쳐지고 사통팔달하
는 요충지로, 이른바 '삼초(三楚)[4]의 형승지'이다. 각국 조계지가 있
어 도로를 닦고 건물을 세워 상해와 우위를 다툴 수 있을 정도이다.
또 초대를 받아 연월대주루(讌月大酒樓)에 가서 점심을 먹었는데, 음
식이 정교하고 아름다운 것은 오히려 상해보다 나았다. 여관으로 돌
아왔다가 다시 이강호(李康浩)의 집에 살고 있는 동향 친구 백태영
(白台榮)과 안원규(安元圭)를 찾아갔는데, 이강호는 예전에 개성에서
살다가 최근 이곳으로 이사하였다. 잠시 이야기를 나누었고 두 친구
가 또다시 같이 여관으로 왔다. 한구의 날씨는 몹시 덥다는데 어제
비가 내렸고 오늘은 바람이 불어 잠시 더위를 잊었다. 밤 10시에 한
구를 출발하였다. 미쓰이 회사 지점 직원인 이노구치 요시타네(猪口

3　두보의 시 〈악양루에 올라가서(登岳陽樓)〉에서 "관산 북쪽은 아직 전란 중이라, 난간에 기대어
　눈물만 흘리네.(戎馬關山北 憑軒涕泗流.)" 구절을 염두에 둔 표현이다.
4　삼초(三楚)는 선진시대 초나라의 영역으로 시대마다 구분을 달리한다. 진한시대에는 서초(西
　楚), 동초(東楚), 남초(南楚)로 나뉘었고, 오대십국시대에는 마초(馬楚), 북초(北楚), 무평군(武
　平軍)으로 나뉘었다. 후대 시문에서는 장강 중류 이남, 지금의 호북성·호남성 일대를 가리킨다.

義胤)와 백태영, 안원규 두 친구가 역에 나와 전송해주었다. 이날 밤, 기차에서 잤다.

기차에서 오랜 시간을 보내다

맑았다. 한구에서 북경까지는 대략 서른대여섯 시간이 걸리며 기차로 가면 2,700리 내지 2,800리의 긴 거리였다. 이날 날씨는 찌는 듯이 더워 매우 괴로웠다. 창문을 열고 멀리 바라봐도 푸른 봉우리 하나 볼 수 없었고 개간하는 논도 볼 수 없었다. 끝없이 펼쳐진 벌판에는 먼지가 자욱하고, 여자들은 대부분 밭을 매고, 노새도 더러 밭을 갈고 있었다. 오직 수수와 좁쌀이 넓은 들판에 가득 차 있고 가끔 대추나무와 큰 과수원도 보였다. 황하의 남쪽 언덕에 도착하니 언덕위의 동굴 사이에 사람이 거주하는 흙집이 많았는데, 옛날에는 나무위에 집을 짓거나 동굴에 살았으니 이들은 아마도 천황씨(天皇氏)[1]의 백성이리라.

　황하철교를 건넜는데 15분이 걸렸다. 철교가 길게 뻗은 것을 여기서 처음 목도하였다. 북쪽 언덕 어귀에는 철교 길이가 3,010법척(法尺)이라고 게시되어 있었는데, 법척은 대략 6리 남짓이다. 또 "남북을 달리는 급행열차가 바퀴를 굴리며 밤에 지나네. 전등이 휘황찬란하여 멀리 강물에 비치네. 창문 열고 바라보니, 강물인지 달빛인지

1　중국의 전설상의 인물이다. 이 글에서 '천황씨의 백성'은 태고시대의 원시적이고 순박한 백성이라는 뜻이다.

대략 육 리(약 2.4킬로미터) 길이로 이어진 황하철교

알 수가 없네.(南北快車, 鼓輪夜渡, 電燈燦爛, 遠射波心, 推窓一望, 幾不知
是水是月.)"라는 한 줄의 게시문이 있었다. 정자의 현판과 시장 점포
의 간판이 대부분 이와 같았다. 어디서나 시문 쓰기 좋아하는 중국
을 누가 당해내겠는가! 이날 밤 또 기차 안에서 잤다.

북경 가던 도중 북쪽 언덕에 올라	一路燕京北岸登
황하를 바라보니 저녁놀에 덥구나.	黃河極目晚霞蒸
기적이 멀리 울려 먹구름 흩어지고	汽笛逈吹黑雲散
철교는 길게 흰 무지개 관통하네.	鐵橋長貫白虹騰
위(衛)² 땅 벌판은 초목으로 끝없이 아득한데	衛野無邊迷草樹
숭산(嵩山)³ 어디에서 궁궐을 볼 수 있나.	嵩山何處見瓴稜
먼지가 눈에 가득한 삼천 리 길에서	風塵溢目三千里

말꼬리에 붙은 파리 같은 신세[4]를 자조하네.　　自笑身同附驥蠅

---

2 고대 주나라의 제후국인 위나라 일대를 가리킨다. 위나라의 도읍은 지금의 하남성 기현(淇縣)
인 조가(朝歌)이다. 전국시대 초기 위나라의 강역은 하남성과 산동성 두 성의 경계에 걸쳐 있었
다.

3 하남성 중부에 위치하는데, 북쪽으로는 황하와 낙수를 끼고 남쪽으로는 영수(潁水)와 기산(箕
山)에 닿으며, 동쪽으로는 중국 다섯 왕조가 도읍지로 삼았던 변량(汴梁), 서쪽으로는 아홉 왕
조의 도읍지였던 낙양(洛陽)이 있어 '변량과 낙양 두 번의 도읍지였으니, 도읍지 안에 있는 명산
이다(汴洛兩京, 畿內名山)'라고 불린다. 이 시에서는 숭산 주변에 왕조의 수도가 있었기 때문에
이렇게 표현한 것이다.

4 원문의 '부기승(附驥蠅)'은 천리마 꼬리에 붙은 파리라는 뜻으로 다른 사람에게 의지하여 성공
을 거둔 사람을 가리킨다. 이 시에서는 급행열차를 타고 북경으로 가는 공성학 자신의 상황을
표현한 것이다.

4월 25일
이화원을 관람하다

맑았다. 오전 10시에 북경(北京) 정양문(正陽門) 밖에 도착했다. 미쓰이 회사 북경 지점 직원 다나베 다다카즈(田鍋唯一)가 마중 나왔다. 자동차를 타고 부상관(扶桑舘)으로 들어가니 지점장 이와이 고타로(岩井光太郎)가 찾아왔다. 이야기를 나누고 점심을 먹고 지점 직원의 안내로 자동차를 타고 서직문(西直門)을 나와 삼십 리를 가서 만수산(萬壽山)¹에 도착했다. 만수산의 이화원²은 서산(西山) 기슭에 있는데 북경과의 거리가 30화리(華里)³이다. 원(元)나라 때는 '옹산(甕山)'으로 불렸다가 건륭(乾隆) 16년[1751]에 축하하는 장소가 되자 '만수산'으로 이름을 바꾸었다. 산 앞의 호수를 파서 옥천(玉泉)의 여러 물줄기를 터서 물을 모으고 '곤명(昆明)'이라는 이름을 붙였으니, 한나

---

1 중국 북경 북서쪽 교외에 있는 명승지이다. 만수산이란 명칭은 건륭제가 어머니 수(壽)를 축원하여 붙인 것이다. 중앙에 남향(南向)으로 세운 불향각(佛香閣)이 있는데 웅장할 뿐 아니라 그곳에서 바라보는 풍광이 매우 아름답다. 오늘날에도 북경의 대표 관광지로서 유람객이 많이 찾고 있으며, 만수산 북동쪽에는 원명원(圓明園) 유적도 있다.
2 중국 북경에서 서북쪽으로 10킬로미터 떨어진 교외에 위치한 중국 황실의 여름 별궁이자 최대 규모의 황실 정원이다. 총면적이 2.9제곱킬로미터에 이르며 자연 풍경을 그대로 이용한 정원에 인공 건축물이 환상적 조화를 이룬 중국 조경 예술의 걸작으로 1998년 유네스코 세계문화유산으로 지정되었다.
3 1화리는 0.5킬로미터이다.

만수산(위)과 이화원

광서 14년 만수산을 개축하여 이화원이라 이름 지은 서태후

라 무제 때 곤명지(昆明池)의 뜻을 취한 것⁴이었다. 광서(光緒) 14년
[1888]에 서태후(西太后)가 해군(海軍)의 규모를 확대하려던 비용을
유용하여 만수산을 개축(改築)하고 이화원(頤和園)이라 했다.

처음에 큰 패루에 들어서자 '함허(涵虛)'라는 두 글자가 쓰여 있었
다. 작은 문을 따라 인수전(仁壽殿)을 지나 곤명호의 호숫가에 나가
서 높은 불광각(佛光閣)⁵을 올려다보니 반공에 솟아 찬란하게 빛났
고 호수는 맑아 쪽빛과 같았으니 진실로 아름다운 산수였다. 긴 옥

---

4 운남성 곤명현에 있는 연못이다. 한 무제는 운남과 교통하기 위해 곤명지를 파놓고 수군을 훈련
   시켰다.
5 불향각(佛香閣)의 오기인 듯하다.

대교(玉帶橋)가 호수 가운데 걸쳐 있었고, 서쪽으로 옥천산(玉泉山)
의 백탑(白塔)을 바라보니 또한 한 폭의 그림 같은 경치였다. 호수를
따라 흰 담을 돌아 우회하면 낙선당(樂善堂)에 이르며 푸른 잣나무
가 있었는데 그 색깔이 특이했다. 서쪽의 요월문(邀月門)으로 들어가
긴 행랑에 가니 꽃, 새, 산수를 그린 그림의 품격이 또한 기이했다.
운금전(雲錦殿)과 옥화전(玉華殿)을 둘러보았는데 각 전각은 금빛과
푸른빛이 빛나고, 붉은 기둥과 단청한 들보에 채색된 그림과 금색
글자가 모두 당대 유명인사들의 필체였다.

또 배운문(排雲門)으로 들어가 아흔 개 돌계단을 밟고 올라간 뒤
다시 왼쪽으로 꺾어 문으로 들어가면 건륭제가 건축한 대리석 패루
가 있다. 다시 북쪽으로 작은 계단을 올라가면 보운각(寶雲閣)이라는
건물이 하나 있는데 오직 구리만 써서 지은 것으로, 교묘한 건축술
이 더더욱 놀랄 만하였다. 오른쪽으로 꺾으면 하나의 선으로 그 구
멍을 종횡하며 통과하면서 돌을 촘촘하게 꿰맨 것 같은 가산(假山)
이 있다. 개미처럼 기어올라 산중턱으로 올라가면 건물 하나가 있는
데, 노란 용마루가 우뚝하였으니 이것은 불광각이었다. 난간에 기대
어 여기저기 바라보니 마치 육진(六塵)[6]을 벗어난 듯 이미 인간 세상
이 아니었다. 다시 배운문으로 돌아와 회랑을 끼고 추수정(秋水亭)과
청요정(淸遙亭)을 거쳐 서쪽 끝 기란당(寄瀾堂) 옆에 도착한 뒤 청연
석방(淸宴石舫, 대리석으로 만들어졌다.) 2층에 올랐다.

---

6 색, 성, 향, 미, 촉, 법(色聲香味觸法)의 육경(六境) 곧 중생의 참된 마음을 더럽히는 것들이라는
   뜻이다.

이화원의 보운각과 가산(위), 그리고 청연석방

호수 빛과 산색이 영롱하게 푸르니	湖光山色碧玲瓏
수신(水神)이 사는 용궁으로 들어간 듯.	身入珠宮貝闕中
배는 저절로 만들어진 듯 자연스럽고 반석은 단단한데,	畫舫天然盤石固
상아돛대와 비단닻줄[7]이 봄바람에 매여 있네.	牙檣錦纜繫春風

호수의 경치를 바라보며 돌난간에 기대어 탄식하며 "옛날부터 기술이 정교하고 규모가 웅장한 것을 보면 사람들은 언제나 '아방궁(阿房宮)'이라고 했는데, 내가 여기 와서 진실로 아방궁 하나를 목도했습니다. 그러나 아방궁은 항우가 불을 질러 모두 잿더미가 되었으니, 후세에 건물을 지을 때는 바로 이 이화원이 본보기가 되기에 충분합니다. 그러니 오늘 이 이화원은 아직 다 타버리기 전의 아방궁 아니겠습니까?"라고 하였다.

작은 배를 사서 노를 저어 동쪽으로 가니 석양이 물 위를 비추고 연잎에 바람이 불었다. 배를 타고 가다가 조명호 군을 돌아보며, "오늘 우리가 다시 서호의 뱃놀이를 하게 되었습니다."라고 하자 조명호가 "여기는 서호가 아니라 곤명호입니다."라고 하였다. 신재 박봉진이 옆에서 웃으며 "어째서 '다시 했다'는 표현을 썼습니까?"라고 하기에, 내가 "중류(中流)에서 배를 타고 가니 물에 비친 모자 그림자가 호수와 흡사했습니다. 지금의 나와 어제의 내가 알고 보면 똑같으니 이것이 서호에서 다시 한 게 아니겠습니까?"라고 하였다. 신

---

7 원문의 '아장금람(牙檣錦纜)'은 비단닻줄과 상아돛대라는 뜻으로 화려하게 장식된 놀잇배를 가리킨다.

재 박봉진이 또 크게 웃으면서 "예전에 한 늙은이가 밤중에 거울 속 자기 모습을 보는 장면을 본 적이 있습니다." 하고는 은근히 나에게 "오늘 모여 이런 이야기를 나눈 건 비밀입니다. 그런데 저기 앉아 있는 백발 늙은이는 누구신가요?"라고 물었다. 나는 웃음을 참고 "저 늙은이가 옆에서 듣고 있는 건 조금도 상관하지 마십시오. 늙은이께서는 마음을 편히 하시지요."라고 하자 늙은이는 오랜 뒤에야 우리가 자신을 두고 말한 것임을 깨달았다. 좌중의 사람들이 모두 요절복통하였다. "지금 춘포[공성학]가 말한 것은 바로 거울 속 늙은이입니다."라고 하자 서로 함께 뱃살을 움켜쥐고 크게 웃느라 배에서 떨어질 뻔하였다.[8]

곧 육지에 올라 차를 타고 옥천산(玉泉山)에 도착했다. 옥천산은 금(金)나라 때에 행궁이 있던 곳이다. 강희(康熙) 19년[1680]에 이궁(離宮)을 만든 뒤 '징심원(澄心園)'이라 이름을 붙였고 뒤에 '정명원(靜明園)'으로 이름을 바꾸었다. 차를 세우고 정명원에 들어가서 오른쪽으로 옥봉탑(玉峰塔)을 보았다. 왼쪽으로 꺾어 용왕묘(龍王廟) 앞에 이르니 옥천의 맑은 물이 웅덩이가 되어 있었다. 또 작은 언덕을 올라가니 궁비(穹碑)[9]가 있었는데 '옥천구돌(玉泉趵突, 물이 솟는다는 뜻이다.)'이라고 쓰여 있었다. 또 '천하제일천(天下第一泉)'이라고 쓰여 있는데 모두 건륭제의 어필이었다. 언덕을 걸어 조금 내려오니

---

8 이 장면은 '거울 속 늙은이'가 가리키는 대상으로 골계미를 전하고자 한 것이다. 박봉진이 '거울 속 자기 모습을 보는 늙은이'로 화제를 이끈 것을 보면 배에 거울이 있었거나 거울처럼 창문에 사람들의 모습이 비쳤던 것 같다. 공성학 일행이 자신들의 모습이 비친 형상을 보며 자기 자신이 아니라 다른 사람인 것처럼 설명하면서 서로 포복절도한 이야기다.
9 위쪽이 둥근 커다란 비석을 가리킨다.

1900년대의 정명원   건륭제

졸졸 흐르는 옥천이 암석 틈에서 솟아났다. 마셔보니 깨끗하고 차가워서 과연 '천하제일천'이라는 이름을 저버리지 않았다. 저녁에 숙소로 돌아왔다.

마음속 상쾌한 기운이 서산에 일렁이니	滿襟爽氣動西山
금나라 유적 터에 저녁 새 돌아오네.	金代遺墟夕鳥還
돌구멍에 솟는 샘물, 옥 같은 샘물이라	石竇湧泉泉似玉
한 움큼 가져다가 먼지 묻은 얼굴을 씻었네.	也將一掬洗塵顔

북경에서 천단과 자금성, 북해를 유람하다

맑았다. 아침에 새로 나온 신문을 보았는데 어젯밤 군대와 경찰 두 곳에서 다섯 달 치의 은이 지급되지 않았다는 이유로 동맹파업을 해서 시내 경호가 한때 크게 어려웠다고 한다. 미쓰이 지점 직원의 안내로 자동차를 타고 조선총독부에서 파견한 직원 기토(木藤) 씨를 방문한 뒤 정양문으로 나와 천단에 올라갔다. 천단은 정양문 남쪽 영정문(永定門) 안에 있는데 명(明) 영락(永樂) 18년[1420]에 지은 것이다. 문 안으로 들어가자마자 오른쪽으로 돌아 다리를 건너니 한 채의 전각에 옥좌가 단출하게 있는데 이곳이 바로 천자가 직접 제사를 지낼 때 재계하고 제복(祭服)으로 갈아입던 곳이다. 전각에서 남쪽으로 가서 또 문 하나를 들어서니 박달나무(壇樹)가 가지가 서로 뒤엉긴 채 울창하게 뜰을 가득 채웠다. 동쪽에 환구단(圜邱壇)이 있는데, 이것이 바로 천단이다.

천단은 총 세 단으로 이루어졌는데 돌난간을 둘렀고 대리석만을 썼다. 하단은 직경이 21장(丈), 중간은 직경이 15장, 상단은 직경이 9장이고,[1] 높이가 1장 5척(尺) 남짓 된다. 가운데 있는 천심석(天心

---

[1] 각 단의 직경을 합하면 마흔다섯 길이다. 천자의 지위[九五之尊]라는 의미를 갖는다.

세 단으로 이루어졌으며 돌난간을 둘렀고 대리석만 쓴 북경 천단

石)²[대리석]은 9라는 수를 기준으로 삼아 사방을 9등분하였는데³ 그 형태는 원형이고 하늘을 본뜬 것이다. 일행 모두가 사진을 찍었다.

구구단을 계산해 높은 단을 지으니	籌成九九築高壇
삼중의 환구단에 백옥의 난간.	三匝圜邱白玉欄

---

2 제사를 지내는 환구단 정중앙에는 하늘을 상징하는 '천심석(원심석)'이 놓인다. 중국 황제들은 매년 동지가 되면 노천에 세워둔 천심석에 올라가 제사를 지냈는데 황제의 축문(祝文) 소리가 원구대를 둘러싼 담장으로 굴절되어 공명 현상을 일으키도록 설계되었다.

3 제단을 지을 때 9 또는 9의 배수가 되도록 설계한 이유로 두 가지 설이 있다. 하나는 전설에 따르면 상제는 구중천(九重天)에 살고 있으므로 9 또는 9의 배수로 하늘의 지고지대(至高至大)함을 나타내려고 하는 것이고, 다른 하나는 홀수는 양수이고 짝수는 음수로 볼 때 하늘은 양이고 땅은 음인데 천단은 하늘에 제사를 지내는 곳이므로 양수만을 사용해야 하는데, 9는 가장 큰 홀수(양수)이므로 상서로운 숫자로 인식되었다는 것이다.

하늘과의 감응이 정결하도록 　　　　　欲爲天心感精潔
이국적인 나무들을 천단에만 심었다. 　　　異香萬樹只栽檀

매년 동짓날에는 일출 전에 이 단 위에서 제사를 올린다. 만약 천재지변이나 백성들이 고통받는 일이 생기면 반드시 황제가 직접 행차하여 천단의 동쪽에서 기도를 올린다. 푸른 기와가 찬연한 곳에 재생각(宰牲閣), 정정(井亭), 신고(神庫), 악기고(樂器庫)가 있다. 북쪽으로 붉은 기와가 또 찬연한 데에 황궁우(皇穹宇)가 있으니 바로 천·지·풍·우 등 여러 신과 역대 황제의 신위를 봉안한 곳이다. 동짓날에는 천단 위의 여러 신위에 제사를 지낸다. 또 북쪽에는 푸른 유리기와가 있어 눈부시게 빛나며 건물 하나는 하늘에 닿을 정도로 높은데, 바로 기년전(祈年殿)이다. 세 단으로 된 단 위에 다시 큰 건물을 지은 것으로, 정월 초하룻날 여기서 황궁우의 신위를 받들어 황제가 사 억만 창생(蒼生)을 위해 오곡이 풍성하기를 기원하는 장소이다. 천단에서 사방으로 점차 길이 커지는데 또다시 선농단(先農壇)이 있으니 이곳은 천자가 친히 적전제(籍田祭)⁴를 지내는 곳이다. 이 밖에 동쪽에는 조일단(朝日壇)이 있고 서쪽에는 석월단(夕月壇)이 있으며 북쪽에는 지단(地壇)이 있다. 이와 함께 남쪽 천단 중앙의 선농단까지 묶어 '오단(五壇)'이라고 한다. 《대청회전(大淸會典)》에 따르면 춘분(春分)에는 조일단에서 제사를 지내고 하지(夏至)에는 지단에서

---

4 '적전(籍田)'은 황제가 농경 시범을 보이려고 의례용으로 정하는 토지이며, 적전제(籍田祭)는 농사짓는 법을 처음 가르쳤다고 하는 고대 중국의 제왕 신농씨(神農氏)와 후직씨(后稷氏)에게 임금이 풍년을 기원하며 지내는 제사이다.

18세기의 자금성

제사를 지내고 추분(秋分)에는 석월단에서 제사를 지내고 동지(冬至)에는 천단에서 제사를 지내며 곡우(穀雨)에는 선농단에서 제사를 지낸다. 몇 년 전 장훈(張勳)이 복벽(復辟) 사건[5]을 일으켰을 때 천단 구역 안이 그들의 본거지가 되었다고 한다.

여관에 돌아와 점심을 먹었는데 마침 결혼식 행렬이 문 앞을 지나가는 것을 보았다. 채색한 비단 등[紗燈] 4~5대(對), 청가마 1대, 홍

---

5 '장훈복벽(張勳復辟)' 또는 '정사복벽(丁巳復辟)'이라고 불리는 사건. 장훈(張勳, 1854~1923)은 청나라 말기 북양군벌(北洋軍閥)로 운남, 감숙, 강남의 제독을 역임했던 인물이다. 신해혁명 이후 청의 황제 부의(傅儀, 1906~1967)가 1912년 2월에 퇴위했는데 1917년 장훈을 위시한 왕정복고파가 장훈의 섭정하에 부의를 복위시켰다. 이 기간은 고작 12일이었고 이후 단기서가 이끄는 '토역군(討逆軍)'에게 패배하였다.

가마 1대, 소(簫) 1쌍, 가(笳) 1쌍, 필률(篳篥) 1쌍, 첩정(疊鉦) 1쌍,[6] 중앙에 네 명이 어깨에 채색한 비단가마를 메었다. 가마 뒤에는 두세 대의 인력거[腕車]가 있었는데, 머리에는 꽃가지를 꽂았고 두 귀에는 귀걸이를 한 것이 마치 화장한 노파나 유모 같아서 우리나라의 우아한 예식보다 못하였다. 또다시 자동차를 타고 자금성으로 들어가 각 궁전을 둘러보았다. 황색 용마루와 붉은 기둥이 번쩍거리며 마음과 눈을 현란하게 비추었다. 특히 서화가와 박물가에게는 천재일우의 좋은 연구 기회로, 그 좋은 표본이 바로 문화전과 무영전에 진열되어 있었다. 생각해보면 우리들이 지금 밟고 있는 이곳은 어디인가? 바로 4,000년간 제왕들이 머무르던 역사적인 곳이다. 국운(國運)의 오가는 것이 흐르는 물이나 뜬구름과도 같아[水流雲空], 구중궁궐 용루 위의 천금과도 바꿀 수 없는 보물이 하루아침에 개방되어 1,000만 명이 마음껏 볼 수 있는 곳이 되었다. 어찌 옛날과 지금이 다른 것에 감회가 없겠는가! 또 이렇게 오늘날 개방하는 일이 없었더라면 먼 곳에서 온 보잘 것 없는 우리들이 어떻게 보고 구경할 수 있었겠는가?

문화전(文華殿)

글씨로는 장욱(張旭), 소식(蘇軾), 황정견(黃庭堅), 동기창(董其昌) 등 기타 여러 유명한 사람들의 글씨가 있다. 그림으로는 황전(黃筌), 서희(徐熙), 낭세녕(朗世寧), 고기패(高其佩) 등이 그린 기타 산수, 인물, 닭, 말 여러 종류의 유명한 그림이 있다. 열에 여

6 '소'와 '가', '필률'은 관악기이며, '첩정'은 징 형태의 타악기이다.

문화전(왼쪽)과 무영전

덮아홉은 칙명을 받들어 정묘한 기술을 다해 건륭제가 어람할
수 있도록 한 것이니, 진실로 천하의 뛰어난 작품이다.

무영전(武英殿)

심양(瀋陽)의 고궁과 열하(熱河)의 행궁에서 옮겨 온 것으로 여
러 귀중한 기물과 청동기, 도자기, 칠기, 붉은색으로 상감하여
가공한 상아(象牙), 세공한 보석, 세공한 조각물, 도검류, 옥벼
루, 향목, 황금병, 은그릇, 주(周)와 한(漢)의 청동기, 기와 등과
기타 여러 골동품이 이것이다. 예부터 동양에서 으뜸인 미술품
이어서 처음 본 순간 깜짝 놀랄 정도였다.

궁성의 서화문(西華門)을 나왔다. 북해(北海)[7]라는 곳은 옥천산(玉
泉山)의 물을 끌어와서 거대한 연못을 만든 것이다. 태액지(太液池)
를 따라 옥동교(玉蝀橋)를 건너가 백탑산(白塔山)에 올랐다.[8] 이 산은
사람이 만든 인공 산으로 바위가 우뚝하고 기괴하며, 북경시에서 가

장 높은 곳이다. 왼쪽에는 경산(景山)이 있는데 '매산(煤山)'이라고도 한다. 원(元) 세조(世祖)가 뜻밖의 변란에 대비하려 한 것으로,[9] 또다시 명나라 말기에 참혹한 사건이 있었다. 당시 이자성(李自成)이 사방을 노략질하면서 거용관(居庸關)[10]을 넘어 북경의 창의문(彰義門)을 침입하였다. 숭정제(崇禎帝)가 궁전을 나와 경산에 올라가 하늘까지 봉화가 치솟은 것을 보고 "우리 백성들이 매우 괴롭겠구나."라며 탄식하고 오랫동안 배회한 뒤 궁궐로 돌아와 태자들에게는 도망치라 하고 칼을 꺼내 장평공주(長平公主)를 벤 다음 여러 명의 비빈(妃嬪)을 베어 죽였다. 이때 황후는 자결하였다. 다음 날 아침 내성(內城)이 함락되자 숭정제가 종을 울려 관료들을 불러들였으나 아무도 오는 사람이 없었다. 숭정제는 다시 경산에 올라 유조(遺詔)를 쓰고 옷을 벗어둔 뒤 산의 정자에 목을 매어 붕어하였다. 이 사건은 이 산을 오른 후대 사람들에게 남몰래 눈물짓지 않을 수 없게 한다. 여관으로 돌아와 잤다.

---

7 북해공원(北海公園)은 북경시 중심가에 있다. 경산(景山)의 서쪽에 있고 자금성의 서북면에 있으며 북해(北海)와 중해(中海), 남해(南海)를 합쳐 삼해(三海)라고 한다. 궁정 원림으로 북해가 중심인데 금오옥동교(金鰲玉蝀橋)를 사이에 두고 북해와 중남해로 나뉜다. 북해는 옥천산에서 솟는 샘물을 끌어다 만든 인공 호수인데 그 규모가 바다와 필적한다고 해서 '북해'라는 이름을 갖게 되었다.

8 태액지는 한 무제가 궁궐 안에 판 연못의 이름이었는데 후대로 오면서 궁궐에 있는 연못을 모두 태액지라고 부르게 되었다. 북경 자금성 서북쪽에 위치한 북해와 중해와 남해 등 삼해를 청나라 때 태액지라고 불렀는데, 태액지 중해의 경화도(瓊華島) 정상에 영안사(永安寺) 백탑(白塔)이 있다.

9 경산은 태액지를 파고 나서 그 흙으로 만든 산이다.

10 팔달령 남쪽에 있으며 험준한 자연지형을 이용하여 천하제일의 요새라고 불린다.

북해 경산(왼쪽)과 거용관

말굽과 전차가 날마다 마구 날뛰어	馬蹄轍跡日縱橫
엄청난 먼지가 북경을 뒤덮었네.	萬丈黃塵掩北京
정세는 사슴을 쫓듯[11] 어지럽고	大局紛如方逐鹿
열강 세력은 모두 고래를 삼킬 듯하네.	列邦勢欲各吞鯨
황제 계시던 웅장한 구중궁궐 돌아보니	九重縱覽皇居壯
예부터 가득 찼다던 사고(四庫)만 남았을 뿐	四庫徒存古稱盈
누구의 손으로 세상이 안정될 것인가.	整頓寰區誰手是
경산의 저녁놀에 고금의 정한이 담겼네.	景山落日古今情

---

11 원문의 '축록(逐鹿)'은 사슴을 쫓는다는 뜻으로, 정권을 차지하려 서로 다투는 것을 말한다.《사기(史記)》〈회음후열전(淮陰侯列傳)〉에 나오는 이야기다. 한(漢) 고조(古祖) 유방(劉邦)은 한신에게 반란을 일으키라고 부추긴 형통(荊通)을 체포하여 심문하였는데 형통은 진나라 말기의 혼란한 상황과 한나라가 세워진 상황을, 진나라가 사슴을 잃고 천하 사람들이 그 사슴을 쫓았는데 결국 키가 크고 발이 빠른 사람(유방)이 그 사슴을 잡았다고 비유하였다.

4월 27일
문묘와 라마묘를 들러보다

맑았다. 아침에 새로 나온 신문을 보았다. 총통부에서 새벽에 군인과 경찰에게 수송하여 겨우 한 달 치 은만 지급했는데도 예전처럼 업무를 보고 있다. 또 어제 북경시민 수천 명이 총통부에 와서 총통의 퇴위를 주장하였는데 군부의 고위급 관료가 일장연설로 설득하자 곧바로 해산하였다. 신문 기자들이 길에서 청원하는 단체 사람들을 만나 당신들은 어디로 가느냐고 물어봤더니 그냥 따라간다고 답하였다. 또 무슨 일로 가느냐 하고 물어보니 무슨 일인지 모른다고 답하였다. 아마도 남이 주는 돈 두세 푼에 팔려 이렇게 하는 것이니 그 국민의 수준을 알 만하다. 아침 식사를 하고 지점 직원의 안내로 자동차를 타고 장안가(長安街)에서 안정문(安定門) 안으로 들어가 문묘(文廟)를 참배하였다.

문묘는 동쪽으로 옹화궁(雍和宮)과 이웃하고 있고 서쪽으로 국자감(國子監)에 접해 있다. 명(明) 영락(永樂) 원년[1403]에 추밀원(樞密院) 옛 부지에 새 사당을 세웠다. 정문을 '선사묘문(先師廟門)'이라고 하였는데 황제가 사신을 보내는 경우를 제외하고는 그 문으로 출입할 수 없다. 서문[지경문(持敬門)]을 통해 들어갔다. 원 왕조 이후 진사들의 명단을 쓴 비석(進士題名碑)은 수십 기(基)이며, 대략 300여 개의 비석이 대성문(大成門) 안에 줄지어 서 있다. 대성전 좌우로 목

문묘

책을 설치하였으며 목책에는 창 열두 개를 꽂아 배치하였다. 석고
(石鼓)는 각 다섯 개로, 따로 〈석고기(石鼓記)〉를 썼다. 대성문 맞은
편에 남향의 큰 건물이 있으니 바로 대성전(大成殿)이다. 대성전 앞
뜰의 오래된 잣나무 약 30그루는 원 왕조 국자감 좨주(祭酒) 노재(魯
齋) 허형(許衡)이 손수 심은 것으로 지금 600여 년이 되었으며 뜰 가
득히 울창하다. 전각의 구조와 규모는 남경에서 본 문묘의 대성전보
다 더 크며 또한 단청을 새로 하였다. 전각 안은 장엄하고 깊숙하여
대낮에도 침침하다. 정면에는 지성선사(至聖先師) 공자의 신위가 봉
안되어 있고 좌우에는 사성십이철(四聖十二哲)¹을 배향하였다. 편액
에는 '만세사표'(강희제의 친필)를 걸었으며 양쪽 회랑[兩廡]에는 역대
현신(賢臣)들을 제향하고 있다. 뜰의 잣나무들 사이사이에는 역대

어필각(御筆閣)이 좌우로 각각 여섯 개 있다.

석고기(石鼓記)

재질은 돌이고 모양은 북과 같아서 '석고(石鼓)'라고 부른다. 지금으로부터 3,000년 전에 주 선왕(周宣王)이 여러 신하를 거느리고 섬서성(陝西省) 기양(岐陽)으로 사냥을 가, 사냥에서 공을 세운 사람을 특별히 표창한 것이다. 높이 2척(尺) 남짓, 둘레 1척 2촌(寸), 수량이 열두 개인 석고는 처음에는 진창(陳倉)[섬서성 보계현(寶鷄縣)] 들판에 버려져 있었다. 당(唐)의 정여경(鄭餘慶)[2]이 봉상현학(鳳翔縣學)에 옮겨놓았는데 나중에 그중 두 개를 잃어버렸다. 나머지 열 개는 흩어졌다가 황우(皇祐) 4년[1052] 상전사(向傅師)가 민간에서 구했고 송(宋) 대관(大觀) 2년[1108]에 경조(京兆)[3]에서 개봉부(開封府) 대학(大學)으로 옮겼다가 다시 보화전(保和殿)에 놓아두었다. 글자를 금으로 새겨 넣었었는데, 정강(靖康) 2년[1127] 금나라 사람들이 연(燕)으로 가져가서 그 채워 넣은 금을 파낸 뒤 왕선무(王宣撫) 집에 두었고 나중에 대흥부학(大興府學)으로 옮겼다. 원(元) 대덕(大德) 11년[1307]에 우집

---

1 공자의 유명한 제자들과 후대 유학에 큰 공헌을 한 인물들이다. '사성'은 맹자(孟子), 안연(顏淵), 공급(孔伋), 증삼(曾參)이고 '십이철'은 민손(閔損), 염옹(冉雍), 단목사(端木賜), 중유(仲由), 복상(卜商), 유약(有若), 염경(冉耕), 재여(宰予), 염구(冉求), 언언(言偃), 전손사(顓孫師), 주희(朱熹)이다.

2 당나라 정주(鄭州) 형양(滎陽) 사람으로 자(字)는 거업(居業). 8대 황제 대종(代宗) 때 진사 시험에 합격하여 한림학사(翰林學士)·중서시랑(中書侍郎)·중서문하평장사(中書門下平章事) 등을 지냈다.

3 당나라 도성 장안 부근으로, 지금의 섬서성 서안시(西安市)에 해당한다.

(虞集) 대도교수(大都教授)가 풀밭 속에서 건져내 국학(國學)에 두었다가 나중에 문묘 대성문 안으로 옮겨놓았다. 3,000년 동안 몇 차례 초야의 진흙탕에 방치되어 비바람에 풍화되었으므로 지금 남아 있는 글자는 겨우 325자이다. 글자는 선왕의 신하 사주(史籍)가 쓴 것으로 3,000년이라는 세월을 거친 터라 필적은 사라지고 천지간에 오직 이 석고만 있을 뿐이다. 그중 특히 하나의 석고는 상단부가 그 반이 잘렸고 가운데는 비어 있어 마치 돌절구 같다. 이는 학계의 진귀한 물품이라 구체적으로 기록한다.

돌아오는 길에 라마묘(喇嘛廟)에 들어갔는데, 이 사당은 옹정제의 잠저(潛邸)[4]로 옹화궁(雍和宮)이라 불리던 것이다. 등극 후 라마교 절을 희사했는데 이는 몽골을 회유하려는 정책이었다. 사당 안에서는 라마승 1,000명에게 은과 쌀을 지급하여 부양하였으나 점점 폐지되었다. 천왕전(天王殿), 옹화궁, 영우전(永佑殿), 법륜전(法倫殿), 수성전(綏成殿) 등이 있는데 전각은 완연히 티베트풍이어서 마치 몽골식 불상과 불화 장식, 종교미술 같다. 현재 대·소 승려 몇 십 명이 중앙대당(中央大堂)에 모여 있는데 황색의 승복을 입고 있고 양털로 만든 승모(僧帽)를 쓰고 있어 흡사 일본 혼례식 때 입는 복장 같다. 염주를 들고 염불하는 소리는 우리나라에서 독경(讀經)하는 소리 같았는데, 그들은 염불을 마치고 돌아갔다. 승려들은 각각 불전 좌우의 의자에 앉았는데 묵념하는 사람도 있었다.

---

4 왕이 되기 전에 머물던 집이다.

라마묘

뒤에는 4층으로 된 높은 전각이 있는데, 편액은 '정계혜인(淨界慧因)'이라고 쓰여 있는데 서 있는 모습의 거대한 불상이다.[5] 불상의 높이는 6장(丈)이다. 티베트 대전단(大旃檀)에서 가져온 것인데 한 그루 나무를 통째로 조각해 만든 불상이라 한다. 대련(對聯)으로 "선정에 들면 경쇠 소리가 하늘가에 퍼지고, 깨닫게 되면 뭉쳤던 구름이 밤중에 절반쯤 열린 것 같네.(定中金磬天邊落, 悟後雲關夜半開.)"가 있으므로 먼저 불상을 세운 뒤 나중에 전각 공사를 했을 것으로 추

---

5 이 거대한 목조 미륵불상이 있는 건물의 이름은 만복각(萬福閣)이다. 편액의 글씨는 '정역혜인(淨域慧因)'으로 '정계혜인'은 오기이다. '정역'은 부처가 있는 청정한 세계를, '혜인'은 사리를 판단하는 지혜와 선행에 대한 과보(果報)를 뜻한다.

측되는데, 불성(佛性)을 깨달은 이후로 처음 본 것이다. 동쪽의 당에
는 천지불(天地佛)과 화합불(和合佛)[말을 탄 여자거나 뱀이 아이를 안고
있는 모습]이 있는데 기괴하고 더러웠다. 관리가 단속하여 장막을 쳐
서 가려두는데도 불구하고 우리에게 이렇듯 장막을 걷어 보여주는
것은 몰래 요금을 받기 때문이다.

　여관으로 돌아와 점심을 먹었다. 공사관에 방문한 뒤 다시 정양문
밖 대책란(大柵欄)[6]을 나와서 동창삼호(同昌蔘號)를 방문해 주인 유
문영(劉文英)을 만났는데, 키가 일곱 자 남짓이고 이마가 넓고 입이
컸으며 말주변이 좋았다. 그가 말하기를, 북경삼호(北京蔘號)의 소매
상은 대략 40호(戶)이며 북경의 판로는 대부분 고관들이 선물용으
로 쓰도록 파는 것이었는데 혁명 이후 아무도 선물을 하지 않아, 동
창호(東昌號)의 1년 판매 수량이 삼사십 근에 불과했다고 한다. 다시
영성합삼호(永盛合蔘號) 원주인(元主人)을 방문했는데 이미 안동현
(安東縣)[7]으로 갔다고 하여 아쉬워하며 물러나왔다.

　좌우의 시장을 보니 붉은 난간과 채색한 기둥, 푸른색의 가게 이
름과 금빛 편액이 즐비하게 서로 바라보고 있으며 처마 밖에 달아둔
새장에서는 기이한 새들이 장난치고 있었다. 그들은 재부(財富)의
신을 숭상하여 많은 관우상을 탁자에 올려놓고 향을 사르고 아침저
녁으로 고개 숙이며 거기 절하였는데 가묘(家廟)보다 더 귀히 대하
는 듯하였다. 어제 백탑(白塔)에 올랐다가 돌아오는 길에 성안을 보

6　천안문 남쪽에 자리한 상점가로, 명·청대에 형성되어 현재까지 명맥을 이어오고 있다. 수백 년
　역사를 가진 상점이 많다.
7　오늘날의 단동(丹東)을 가리킨다.

왔더니 성대한 시장이 없었다. 신재 박봉진에게 "북경은 상업 지역이 아니라서 그런가 보오."라고 말했는데 성 밖이 이렇게 번화할 줄 누가 알겠는가. 그러나 내가 평소 들었던 것과 비교해보면 자금성 장안가는 지금 영락했으니 이것은 혁명의 영향일까. 한충향(漢冲香)으로 만든 자질구레한 물건들을 사가지고 여관으로 돌아왔다. 지점장의 자택 초대를 받았는데 중화요리는 매번 너무 느끼하고 너무 많은 문제가 있었으나 이번 요리는 절충하는 데 힘써 담백하고 간소하였으므로 입에 잘 맞았다.

밥을 다 먹고 점원 사가이 다다미치(酒井忠道)의 안내를 받아 전문(前門)[8] 밖 서쪽 골목으로 나가니 바로 중국 기생집이었다. 깊숙한 방으로 들어갔더니 흑선풍(黑旋風)[9]같이 험상궂은 사내가 배를 드러낸 채 고성을 지르며 일일이 기녀들의 이름을 불러 손님 앞에 대령하였다. 마음이 가는 대로 예쁜 아가씨를 고르니, 옆에 앉아 차와 담배를 권하면서 접대하였다. 잠시 후 찻값을 치르고 일어났다. 동쪽 골목으로 가서 마찬가지로 아가씨들을 불렀더니 무릎 주위를 맴돌며 친근하게 구는 것이 낯익은 사람에게 안부를 묻는 것과 다를 바가 없었다. 이는 곧 서쪽 골목은 소주와 항주에서 와서 나긋나긋한 어조가 있는 것이었고, 동쪽 골목은 북경 출신이라 안빈낙도의 취미가 있는 것이었다. 옆방에는 붉은 비단으로 만든 장막과 각진 베개와 침구가 있고, 거간꾼이 웃으며 유혹하니 어쩌겠는가. 내가 처음

---

8 1420년 명대에 적의 침입으로부터 자금성을 지키기 위해 만든 이중문이다. 두 문의 이름은 각각 '전루(箭樓)'와 '정양문'이다.

9 《수호전(水滸傳)》에 나오는 인물. 양산박(梁山泊) 호걸 중 하나로 이름은 이규(李逵)이며 '흑선풍'은 별명이다.

에는 들어가지 않자 제갈량이 어찌 그러냐며 일행의 비웃음을 크게 받았다. 여관으로 돌아가 묵었다. 이후에 종종 이 이야기는 청중들의 포복절도를 면하기 어려웠다.

4월 28일

천진에 도착하다

맑았다. 8시 20분에 북경을 출발하는데, 지점 직원이 배웅해주었다.
이날 11시 반, 천진에 도착하였다. 미쓰이 회사 천진 지점 직원 하네
다 규조(羽田久藏)가 마중 나왔다. 자동차를 타고 상반반점(常盤飯店)
에 들어갔는데 영사관 순사(巡査) 야마모토 소이치(山本宗一)가 찾아
와 같이 점심을 먹었다. 미쓰이 지점에 가니 지점장 오카자키 쇼조
(岡崎省藏)가 차를 내와 이야기를 나누었고 영사관에 재차 방문했다.
다시 차를 타고 천진시를 돌아보았는데 미국 조계지 내의 건물 하나
를 가리키며 조선 사람 박도일(朴道一)의 집이라고 하였다. 박도일은
어릴 때 천진으로 흘러들어 미국인에게 입양되었다. 그 미국인이 자
식 없이 죽자 박도일이 유산을 상속받아 거부가 되었으나 아직도 본
적을 고수하고 있다 한다. 하북(河北)공원 안으로 들어가 직예성(直
隷省)¹ 생산품 진열관을 둘러보았다. 그런 뒤 이공의 사당에 갔는데,
이홍장의 사당이다. 북양대신(北洋大臣)²의 공훈을 표창하기 위해 황
제 칙명으로 세운 것인데 건물이 넓고 아름다웠고 사당 뒤에는 정자

---

1 중국 황하 유역의 성(省). 청나라 때 직예성이라 불렸고, 1928년 하북성이 설치되었다. '황하 북
   부 지역'이라는 뜻이다.
2 청나라의 관리이자 정치가였던 이홍장을 가리킨다.

와 원림과 못이 있었으며 매우 산뜻하여 더위를 피해 유람하는 사람이 많았다. 격구대회를 보고 우회로로 돌아 여관에 도착하였다.

지점장의 초대를 받아 신호관(神戶舘)으로 갔는데 바닷가에 3층짜리 건물이 선명하고, 그 안에 여관이 있는데 규모가 크다. 건물 내에 좌석이 중층으로 167석 있는 극장도 있었는데 아름다운 여자들이 무리를 이루고 둘러앉아 술을 권하므로 나도 모르게 술에 취했다. 아카자키(岡崎) 씨가 명주를 가져와 나에게 붓을 들고 오언절구를 써달라고 하여 "봄바람 불 때 유람하는 사람이, 배 타고 천진 가는 길을 묻네. 수많은 미인들 끼고 앉아, 강의 누대에서 한껏 취했다.(春風浪遊客, 一棹問天津. 坐擁紅裙密, 江樓醉殺人.)"라고 썼다. 여러 여인이 다투어 써달라고 수십 폭에 달하는 명주비단을 주어 종이 열두 번 칠 때까지 쓸 판이었다. 나는 느리고 둔한 붓놀림 때문에 아가씨들에게 둘러싸여 곤욕을 치르다가 완력으로 탈출하여 술이 땀으로 변할 정도였다. 도망쳐 나와서는 차를 재촉하여 여관으로 왔다. 자리에 눕자마자 코를 골며 자느라 해가 중천에 떠오른 것도 알지 못하였다.

4월 28일

천진에서 감회에 젖다

흐렸다. 아침에 새로 나온 신문을 보았는데 어제 정오에 여 총통(黎
總統)¹이 자리를 버리고 천진으로 갔다고 한다. 느낌이 있어 절구 한
수를 짓는다.

백하(白河)²에 배 타고 나루를 물으며	一棹白河來問津
이공의 사당에서 지난 일 생각하네.	李公祠下憶前塵
중원의 황제[秦鹿]가 사라졌다고³ 하니	聞道中原秦鹿失
이제 발 빠른 자 다시 누구인가.	當頭疾足復誰人

만전당(萬全堂)에 갔다. 약방 주인 황개(黃鎧)가 판로의 대략적 상
황을 말해주었다. 가게 안에 홍삼 절편 상자가 진열되어 있는데 길
림에서 생산된 것을 고려에서 생산된 것이라고 속여 판다고 한다.

---

1 여원홍(黎元洪, 1864~1928)을 가리킨다. 신해혁명 때 호북성의 군도독(軍都督)으로 취임하였
고 남경 임시정부 부총통을 지냈다. 원세개 집권 후 대총통이 되었으나 복벽사건으로 쫓겨났다.
2 백하는 하북성과 북경시 북부를 흐르는 강으로, 이 지역 생활용수의 주요 수원이다.
3 원문의 '진록(秦鹿)'은 제위(帝位), 곧 황제의 자리를 가리키는 말이다. 아울러, 이 구절 역시《사
기》〈회음후열전〉을 염두에 둔 것으로, "진나라가 사슴을 잃자 천하 사람들이 다 사슴을 쫓았는
데 키가 크고 발이 빠른 사람이 사슴을 잡았다."라는 구절이 있다.

다시 천진 방적회사로 향했는데 주임 아마노 사부로(天野三郎)가 특별히 사람을 시켜 [방적회사] 안내를 해주어 두루 관람하였다. 돌아와 점심을 먹었다. 반점 직원인 중국인을 데리고 천천히 다니면서 중국 구시가지에서 각종 가게의 물건을 둘러보았는데, 옷가게를 보니 반품한 남녀 의류를 쌓아놓고 큰 소리로 파는데 왼쪽에서 오른쪽으로 옮겨놓고 오른쪽에서 다시 왼쪽으로 옮겨놓는 모습이 우리나라에서 경매품을 파는 것과 같았는데, 실은 그보다도 더 심하였다. 가게 건물의 웅장함과 가게를 꾸미는 현란함은 상술의 한 방법일 뿐, 하나를 보면 백을 알 수 있다.

저녁이 되어 여관으로 돌아갔다. 다시 지점 직원의 안내를 따라 서양요리점으로 들어가 상에 둘러앉아 먹고 마셨다. 음식을 치우려는 찰나 두 소년이 갑자기 들어와 지점 직원을 향해 붉으락푸르락 달아올라 따졌다. 지점 직원이 답하기를 "너희가 빨리 오지 않았으면서 왜 도리어 나에게 야단이냐?"라고 하였다. 나중에 들어보니 미쓰이 회사에서 우리 일행을 위해 특별히 러시아 요리를 차려놓고 있었다. 두 소년은 모두 사원인데 우리가 있는 식당의 옆 음식점에 먼저 가서 상을 차려놓고 기다리다가 나중에야 사태를 파악하고는 쫓아와 따진 것이라고 한다. 그러고 나서, 극장으로 가서 서양 영화를 봤는데 그 황홀함이 이루 말할 수 없었다. 12시에 차를 탔는데 갑자기 비가 내렸다. 여관으로 돌아와 쉬다가 갔다.

5월 1일

천진을 출발하다

맑았다. 아침을 먹고 지점에 가서 연일 초대해준 호의에 감사하고
여관으로 돌아왔다. 엽서에다 시를 쓰는 것으로 시간을 보냈다. 천
진은 각국의 조계지로 상권이 치열한 것이 거의 상해와 비슷하며 겹
겹으로 된 큰 건물은 북경 고관의 비밀장소라고 한다. 같은 날 오후
8시 30분 천진을 출발했다. 이날 밤, 기차에서 잤다. 다음 날 새벽 5
시경 제남(濟南)을 지났다. 어느 일본인이 기차에 올라 아마노를 찾
아왔다. 이것은 제남의 학가여관(鶴家旅舘)에 미리 전화하여 태산과
곡부의 안내인을 역에서 만날 수 있도록 보내달라고 했기 때문이다.
기차에서 벤토(도시락의 속칭이다.)를 먹고 태안으로 향했다.

태산을 오르다

흐렸다. 오전 8시 반, 태안역(泰安驛)에 도착했다. 태안반점(泰安飯店)
에 들어가, 앉아서 쉴 수 있는 방이 있느냐 물었더니 임성(臨城)에서
풀려난 인질들의 축하식[1]이 있어서 호텔마다 손님이 가득 찼다고 했
다. 이보다 앞서 비적들이 임성에서 진포선(津浦線) 기차를 습격해
서양인 일곱 명과 중국인 다섯 명을 잡아 산채(山寨)에 가두어놓았
는데 정부에서 빈번하게 교섭한 결과 마침내 은 5만 냥, 군복 2,000
건을 가지고 산채로 가서 포로들을 풀려나게 했고, 이들이 돌아오
는 길에 태안을 지난 것이었다. 겨우 방 하나를 빌려 잠시 쉬다가 구
입해둔 '안에 겹겹이 고기를 넣은 빵'[2]을 포장하고 행장을 꾸려 가마
를 타고 산에 올랐다. 이 가마는 여산에서 탄 등여(藤輿)와 비슷한데
아래에 두 줄의 긴 끈이 달려 있고 걷고 있는 두 다리로 작은 목판을

---

1 1923년 5월 6일 새벽 상해에서 북경으로 가던 진포선 제2차 특별쾌속열차가 임성역으로 향하
던 중 기차에 탄 40명의 외국인 승객과 200여 명의 중국인 승객이 비적들에게 납치된 사건이
다. 이른바 '임성열차강도사건'이라 불리는 이 사건의 주모자는 손미요(孫美瑤)로 먼저 네 명의
외국인 승객을 석방하면서 정부 측에 자신들을 정규군으로 재편해달라는 조건을 전달했다. 북
양 정부와 납치 토비 간에 몇 차례 협상이 오가다 손미요 일당이 모두 사면받고 6월 12일 마지
막 외국인 포로 여덟 명을 석방해 상해로 돌아가는 것으로 사건은 종결이 되었다. 《중유일기》에
서는 5월 2일에 이 사건을 언급하고 있는데 이는 《중유일기》의 날짜가 음력이기 때문인 것 같
다. 그해의 음력 5월 2일을 양력으로 따져보면 6월 15일이다.
2 샌드위치를 가리키는 것으로 보인다.

받치고 있어 목판과 다리가 출렁출렁 흔들린다. 두 가마꾼이 어깨에 가마를 메고 직선과 사선으로 막대를 친다. 때때로 가마꾼 옆에서 수행하던 사람들과 교대하는데, 두 가마꾼이 가마를 멈추면 순식간에 대신 메고 잠시도 쉬지 않고 절벽을 오르는데 마치 평지를 가는 것 같았으니 가마꾼들의 체력과 숙련도가 놀랄 만하다. 동구에서 절벽의 꼭대기까지 40화리[3]라고 한다.

일천문(一天門)에 도착하니 산의 남쪽에 사당이 있다. 잣나무 천 그루를 심어놓았는데 큰 것은 열다섯 아름이며 '한백제일(漢柏第一)' 네 글자를 걸어놓은 것으로 전해지고, 한 무제(漢武帝)가 심은 것이라 한다. 사당 안은 돌계단이 층층이 이어졌는데 계단의 폭이 좁아 두 간(間)[4]에서 넓은 것은 네 간이고 일천문에서 남천문(南天門)까지 계단이 6,700여 개에 이르며 길 양쪽에는 돌벽돌을 낮게 쌓아놓아 옆으로 떨어지지 않도록 방지하였다. 홍문가(紅門街)에서 만선루(萬仙樓)를 지나 두모궁(斗母宮)으로 갔다. 예전에는 용천관(龍泉舘)이라 불렸는데 "섬광은 우두(牛斗)[5]까지 닿고, 구름 기운은 용천검[6]을 감싸네.(神光逼牛斗, 雲氣護龍泉.)"라는 문장이 걸려 있었다. 오른쪽에는 복사꽃 계곡이 가까이 있는데 삼단 폭포가 눈같이 흰빛을 내뿜고

---

3 1화리가 0.5킬로미터이므로 20킬로미터 거리다.
4 간(間)은 길이의 단위로 한 간은 여섯 자, 약 1.8미터이다.
5 견우성과 북두성.
6 《진서(晉書)》〈장화전(張華傳)〉에 실린 이야기를 언급한 것이다. 북두성과 견우성 사이에 자줏빛 기운이 있었는데 예장(豫章) 출신 뇌환(雷煥)으로부터 그것이 보검의 기운임을 듣게 된 서진(西晉)의 문학가 장화(張華)가 그 보검이 예장의 풍성에 있다는 이야기를 들은 뒤 풍성 수령으로 부임하여 두 개의 검을 얻게 되었는데 하나에 '용천(龍泉)', 다른 하나에 '태아(太阿)'라고 새겨져 있었다. 후에 강을 건너던 중 이 검들을 물에 빠뜨리자 검이 용으로 변해 하늘로 날아갔고, 그때부터 북두성과 견우성 사이의 자줏빛 기운이 사라졌다고 한다.

중유일기

태산 일천문 앞, 한 무제가 심은 잣나무. '한백제일'이라는
글이 함께 있다.

태산 남천문. 태산 일천문에서 남천문까지 이르는 계단이
6,700여 개에 이른다 한다.

있었다. 일니사(一尼寺)는 아름다운 모습이 볼 만하였다. 오른쪽에는
정원이 있는데 꽃을 피운 화분이 여럿 있어 온 방이 아늑하였다. 산
에 오를 여행객을 위해 고지대마다 객잔(客棧)이 있고, 오래된 다리
에서 멀리 경석욕(經石峪)[7]을 바라보니 바위 면에 금강경을 새긴 것
이 있어 가끔 공인(工人)들이 종이를 붙여 탁본을 뜬다. 길 양쪽에는
오래된 잣나무가 울창하여 서늘한 그늘을 걸어가면 백동(柏洞)이 나
온다. 길 오른쪽에는 '백동' 두 글자가 바위에 새겨져 있다. 회마(回
馬)를 올라갔는데 이는 고개의 이름으로, 산을 오르다 힘들면 말을
되돌리는 곳이다. 중천문(中天門)으로 들어가니 찻집이 서너 곳 있어
말을 멈추고 둘러보니 조래산(徂徠山)이 바로 다리 아래에 있어 이
산을 다 올라왔구나 생각했다. 고개를 돌려 북쪽을 바라보니 구름이
아득하였다.

---

7 원문에는 '석경욕(石經峪)'이라 되어 있는데, '경석욕(經石峪)'의 오기이다.

또 높은 문 하나가 있는데 마치 바늘구멍처럼 작아 새어나오는 하늘빛이 한 점의 새벽별 같았는데 이곳이 남천문이었다. 빠르게 걸어 3화리를 가니 평지의 바위 면 곳곳에 글자가 새겨져 있었다. 가끔 구름이 지나갔다. 다리 위를 걸어가 산 중턱을 가리키는데 서양 사람의 별장이 있었다. 마침 한 서양인이 바위 사이에서 돌멩이를 주워 살펴보는데 광산을 채굴하는 사람인 것 같았다. 또 어떤 중국인이 방목한 소의 배설물을 줍는데 그 두께가 전병 두께와 비슷했다. 햇볕에 말려 연료로 파는 것으로 볼 때 땔감이 계수나무만큼이나 비싸다는 사실을 짐작할 수 있었다. 좌우 절벽에서 물소리가 콸콸 울렸다. 소천문(小天門)을 올라갔더니 붉은 정자가 우뚝한데 여기에 진시황이 비를 피했다고 알려진 소나무들이 있다. 이를 '오대부송(五大夫松)'으로 봉하여 벼슬을 주어 고적으로 기념한 것이다. 당시의 소나무들은 이미 말라버렸고 지금은 세 그루가 자라고 있는데 대략 수백 년 된 것이다. 주머니를 끌러 빵을 먹고 맑은 샘물을 떠서 마셨다. 중국에 들어온 이래 냉수를 마신 것이 세 번인데 여산, 서산, 태산에서 그러했다. 왜 그랬을까 미루어 생각해보면 중국 전역에서 두루 마시는 끓인 찻물은 틀림없이 평원(平原)의 생수일 텐데 차갑게 해서 마시기에는 적당하지 못해서 그런 것이다.

조양동(朝陽洞)을 지나 험준한 십팔반(十八盤)을 걸어 남천문에 올랐다. 문에는 대련 글씨가 걸려 있었는데, "문은 하늘로 열려 있어, 삼천승적(三天勝蹟)을 올라가네. 수많은 계단을 올라와 수많은 봉우리의 기이한 장관을 바라본다.(門闢九霄, 仰步三天勝蹟. 階崇萬級, 俯臨千嶂奇觀.)"라는 내용이었다. 천가(天街)를 지나는데 인가(人家)가 수십 호 있었다. 관제묘(關帝廟)에 이르러 중이 가져온 방명록에 조선

공아무개라고 썼다. 또 벽하원군(碧霞元君)[8]의 사당에 이르렀다. 사당에는 여신상이 있었는데, 신은 태산의 옥녀였다. 중국 신앙에서는 자식을 원하면 자식을 주고 재물을 원하면 재물을 준다고 하여 이 산에 올라 참배하는 사람이 해마다 수천수만을 헤아린다고 한다. 산 정상에 올라 우뚝 서서 봉우리에서 사방을 바라보니 아래 세상이 아득하였다.

동쪽은 제(齊)와 노(魯) 땅에 해당하는데 평평한 언덕이 우뚝 솟아 있고 남쪽으로 문수(汶水)를 바라보니 마치 흰 비단을 깔아놓은 듯하여 정말로 이른바 "한번 보노라니 여러 산이 낮게 보였다.(一覽衆山小.)"[9] 태산은 오악의 으뜸이며 역대 제왕들이 동쪽에서 봉선하러 다닐 때 모두 이 산에서 했을 뿐 아니라 오부자(吾夫子)께서 천하를 작게 여기게 된 곳[10]이니, 이로써 사방에서 태산을 숭상하는 마음이 매우 대단해졌다. 옛말에 "태산이 북두성같이 높다", "태산이 달걀을 누를 듯하다", "태산은 다른 곳에 흙을 양보하지 않는다", "태산을 끼고 북해를 넘는다", "태산이 숫돌 같다", "태산은 기러기의 털", "태산이 앞에 무너져도 안색이 변하지 않는다" 같은 말은 모두 산이 높음을 말한 것이다. 산의 높이는 5,000척이라 하는데 우리나라 금강산

---

8 중국 동북부 산악지방에서 널리 민간신앙의 대상이 되고 있는 신이다. 원군(元君)은 동악대제인 태산 신의 딸이라는 전설도 있고, 황제가 보낸 여자라는 이야기도 있다. 태산과 도교 신앙이 결합하여 생겨난 것으로 송나라 때 이미 '벽하원군'이라는 이름으로 신을 모신 사당이 태산에 있었다고 한다.

9 두보의 시 〈산을 바라보다[望岳]〉에 나오는 구절이다.

10 《맹자》〈진심편(盡心篇)〉에 나오는 구절이다. 원문은 "공자가 동산에 올라가서 노나라를 작게 여겼고, 태산에 올라가서 세상을 작게 여겼다.(孔子登東山而小魯, 登泰山而小天下.)"이다. 본문의 '오부자'는 공자를 가리킨다.

은 5,900척이다. 만약 공자가 금강산을 보았다면 필시 "금강산에 올라가보니 천하가 작게 보인다."라고 하였을 것이다. 그러나 금강산의 명성이 반드시 태산보다 높다고는 할 수 없으니, 그 또한 걸출한 사람 때문이다. 영험한 땅 역시 사람으로 인해 이름을 얻는 것이니 어떤 산은 사람을 만나고 어떤 산은 사람을 만나지 못한 차이에 따른 것이다.

고개를 돌려 옥황각(玉皇閣)과 무자비(無字碑)를 보았다. 무자비는 진시황이 세운 비석으로, 너비와 두께가 사방이 똑같으나 윗부분은 당개(幢盖)가 있었다. 그 돌이 매우 희고 단단한 것으로 볼 때 이 산에서 나온 것이 아닌데 어떻게 여기에 가져다놓았는지 알 수 없다. 명의 장전(張銓)이 그 옆에 작은 비석을 세우고 다음의 시를 새겼다. "거친 바람이 만 리를 불어오니, 봉선 때 쓰던 상자와 고천문[11]이 지금도 있을까 의심하네. 다시 서까래 같은 오색 붓을 가지고, 진시황의 무자비에 쓰려 하노라.(莽蕩天風萬里吹, 玉函金牒至今疑. 更將五色如椽筆, 來補秦王無字碑.)" 또 그 동쪽 몇 무(武)[12] 떨어진 곳에 가면 높은 곳에 '공자께서 천하를 작게 여기신 곳(夫子小天下處)'이라는 여섯 글자가 새겨진 비석이 있어, 당시를 떠올리며 보면 더욱더 우러러보게 된다. 일행은 사진을 찍은 뒤 곧바로 산을 내려왔다.

산의 남쪽에는 '자살절벽[捨身崖]'이 있는데 세 면이 가파르고 만

---

11 원문의 '옥함급첩(玉函金牒)'은 《한서》〈무제기(武帝紀)〉의 "태산에 올라 봉선을 한다."라는 구절의 주 "금책 석함과 금니 옥검을 들고 올라가 봉선을 행하는 것"과 연관되는 듯 보인다. 옥검(玉檢)은 옥첩서를 봉합한 궤이며 옥첩은 제왕이 봉선할 때 쓰는 고천문(告天文)이다. 이 시도 봉선할 때 쓴 고천문을 넣은 상자라는 의미로 쓴 것 같다.

12 길이를 나타내는 단위로, 한 무는 반 보(步)이며 석 자(尺)이다.

태산 남쪽에 있는 자살절벽

인(仞)[13] 아래로 아득해 예부터 부모의 병이 낫기를 바라며 대신 죽거나 내세의 복락을 구하고자 하는 것 등 여러 미신으로 인해 이 절벽에서 투신해 죽는 사람이 많았다. 명대부터 담을 둘러 투신을 금지하고 "거지가 특히 많으므로 주머니 안의 돈이 순식간에 없어짐"이라는 안내문을 길을 따라 위아래에 붙였다. 가마꾼이 산을 내려가는 걸음이 마치 나는 듯 빨라 내 마음은 놀라고 겁이 났는데 그것이 오히려 산을 오를 때보다 더 심하였다. 더욱이 다리와 나무판이 함께 요동치며 불안정하니 오죽했겠는가. 내 느낌으로는 두려워하며 산을 오른 것이 여섯 시간 걸린 것 같았고 내려올 때는 세 시간이 걸린 것 같았다. 돌아오는 길에 손선인 고상(孫仙人枯像)을 보았는데

---

13 인(仞) 또한 길이를 나타내는 단위이지만, 그 구체적인 길이에 대해서는 여러 설이 있다.

손 군은 직예(直隷) 사람으로, 산기슭에서 도를 닦다가 95세에 죽었다고 하는데 그때가 바로 강희 25년[1686]이다.[14] 머리와 손발이 말라 있는데 원형 그대로 놓여 있으니 이 또한 기이한 모습이었다. 돌아와 호텔에서 쉬었다.

바위의 형세는 하늘을 자를 듯한데	岩岩氣勢切穹蒼
절정에 오르니 온 세상 거머쥔 듯	絶頂登來攬八荒
노(魯) 땅의 푸른 들은 사막으로 열려 있고	魯野拖青開廣漠
흰빛을 두른 문수는 신광이 지키고 있네.	汶河繞白護神光
수많은 잣나무 골짜기엔 한 무제의 이야기가 전하고	萬柏洞陰傳漢武
다섯 소나무의 비 흔적을 보며 진시황을 이야기하네.	五松雨跡說秦皇
우러러보며 이제 오랜 소원을 이루었고	仰止而今酬夙願
긴 돌계단 오르며 삼천세계 다 보았네.	三天踏罷石梯長

---

14 본문의 '손선인(孫仙人)'이 누구인지 확언하기는 어렵지만 '손진인(孫眞人)' 또는 도명(道名)으로 '손진청(孫眞淸)'이라고 불렸던 인물이 아닌가 한다. 그는 청나라 강희 연간에 태산으로 출가한 자로 단약과 기공에 정통하였으며 죽은 뒤에도 살이 썩지 않았다 한다. 제자들이 태산 옥황각에 육신을 봉안했다. 다른 기록에는 강희 23년[1684]에 사망했다고 한다.

곡부에서 문묘와 공자묘를 관람하다

맑았다. 오전 2시에 차로 태안역(泰安驛)을 출발하여 곡부로 향할 생각이었다. 새벽잠에 몽롱하던 가운데 갑자기 기적 소리가 울리면서 안내자가 역에서 내리라고 재촉하였다. 한 손으로 눈을 비비고 다른 한 손으로 행장을 들고 내리며 역명을 보았더니 곡부가 아니라 남역(南驛)이었다. 남역은 곡부 바로 전(前) 역이었다. 손을 흔들어 불렀지만 기차는 이미 떠났으니 뒤늦게 후회하면 뭐 하겠는가. 때는 4시 반이었다. 새벽이라 아직 일러서 문을 두드릴 곳도 없었기에 그저 역내에 머무는 순경과 필담을 하였다. 곡부행 기차가 있기는 해도 그것은 급행열차라 남역에서는 정차하지 않는다고 하였다. 남역 구내에서 걱정스러워하며 앉아 역장이 잠을 깨기를 기다리면서 우리가 잘못 내리게 된 연유를 글로 알려주고 이와 함께 여권과 차표도 보여주었다. 한 소년이 대강의 내용을 적은 종이를 꺼내 "당신들의 차표는 기한이 이미 넘어서 저절로 무효가 되었다."라고 했다. 안내자가 한자에 익숙하지 않아 어제 표의 기한이 이미 지난 줄을 알지 못했고 우리들은 아무것도 모르고 따랐기 때문이다. 일이 몹시 당황스럽게 되어 다시 상황을 이야기하니 다행스럽게도 역장이 이리저리 힘쓰고 우리를 위해 전화를 해주어서 곡부역 바로 앞 역인 남역에서 특별히 정차해주어 우리는 다시 그 급행표를 샀다.

일행이 곡부행 기차를 타서 하차한 시각은 8시 반이었다. 일행이 여섯 명이라 마차 석 대가 필요했는데 역 앞에는 한 대밖에 없었으니, 우리는 정시에 도착하지 않은 승객이었기 때문이다. 세 사람이 억지로 마차 한 대에 타고 나머지 세 사람은 걸어서 5리를 갔더니 차츰 마을이 나와서 다시 마차 두 대를 빌렸다. 각자 나눠 타고 마차로 가면서 짐을 끌러 빵을 조금 먹었다. 역에서 마을까지는 약 15리였다. 바라보니 평원이 아득하고 붉은 해는 마치 바다에서 떠오른 듯하였다. 논밭과 도로엔 수레바퀴 자국이 깊이 패 있어서 땅이 마르면 길이지만 비가 오면 도랑이 되어 말이 달리고 차가 갈 때는 쿵쿵 소리가 났고 머리를 천장에 부딪고 엉덩이를 찧느라 허리뼈가 부러질 것 같았으니 만약 성인(聖人)의 덕을 흠모하고 고적을 보겠다는 열망이 아니었더라면 정말로 갈 수 없었을 길이다.

일행이 한 개천에 도착했는데 지난 45년간 늘 말로만 듣던 사수(泗水)였다. 물이 맑고 얕아 말도 정강이만 잠길 정도였다. 평원 왼쪽에는 담이 끝없이 이어져 있었는데 곡부의 성곽일 것이라 짐작하였다. 그런데 만약 성곽이라면 어찌 성가퀴가 없겠는가. 아마도 큰 공을 세운 장군의 별장일 것이다. 오른쪽에서 노란 기와가 햇빛에 반짝였는데 문묘일 것이다. 말을 달려 성에 들어간 뒤 마차에서 내려 종종걸음으로 문묘에 참배했는데 마침 악기 소리가 사당 너머 왼쪽 전각 복도에서 울렸다. 물어보니 언제나 제향할 때 음악을 연주하기 때문에 연습하는 것이라고 한다. 문묘에 대해 따로 기록을 남겼다.

사당 문을 나서니 곧바로 안자묘(顏子廟)가 있었다. 그 규모가 문묘만 못하지만 사당 뜰에 있는 호피송(백송)은 네 아름쯤 되고 회백색과 다갈색 반점이 있었다. 광택 나는 한 그루의 나무가 숲을 이룬

178

셈이다. 전각 안에는 안자의 소상(塑像)이 있었는데 안은 비어 있고 밖은 화려했다. 두 복도에는 안흠(顔歆), 안검(顔儉), 안견원(顔見遠), 안추자(顔推子), 안사고(顔師古), 안고경(顔杲卿), 안진경(顔眞卿), 안인소(顔印紹) 등 성인의 후예가 배향되어 있다. 다시 성문을 나와 왼쪽으로 돌아가서 성림(聖林)으로 들어갔다. 그제야 아까 보았던 담이 성림을 위해 만든 것임을 알게 되었다. 문선왕(文宣王), 사수후(泗水侯), 소국공(沂國公) 3세대의 묘를 참배하였다. 묘 앞에서 사진을 찍었다. 성림에 대해서도 따로 기록을 남겼다.

창평의 소나무 언덕으로 접어들어	路入昌平松栢原
까마득히 높이 두른 담을 올려다본다.	拜瞻萬仞繞墻垣
삼대의 마렵봉¹을 조성하였으니	玄宮馬鬣封三世
신도의 거북 머리²가 일문에 우뚝하네.	神道龜頭屹一門
노송나무는 비와 이슬을 두루 맞았고	檜植已經周雨露
사수의 물결은 노 땅에서 끊임없이 흘러나오네.	洙流不斷魯淵源
그저 변방 사람의 존경심³을 표하니	只伸遐土羹墻慕
천년의 구름을 논할 필요 무엇이 있으랴.	千載雲仍豈必論

---

1 원문의 '현궁(玄宮)'은 임금의 무덤을 의미한다. '마렵(馬鬣)'은 무덤의 모양으로 마렵봉이란 무덤의 모양이 말갈기처럼 얇고 긴 모양으로 높게 봉분한 무덤이다.

2 신도비(神道碑)를 세웠다는 의미이다. 고대 중국의 분묘(墳墓)는 당(堂)처럼 높거나 제방(堤防)처럼 긴 것, 도끼 모양의 마렵봉 등은 있었지만 지금과 같은 원형 형태는 없었다고 한다.

3 원문의 '갱장(羹墻)'은 끓인 국과 담장을 가리키는 말로, 경모(敬慕)하고 추념(追念)한다는 의미로 쓴다. 《후한서(後漢書)》〈이고전(李固傳)〉에 "옛날 요임금이 죽은 뒤 순임금이 3년 동안 요임금을 사모하여 앉았을 적에는 담장[墻]에서 보이고 밥 먹을 적에는 국[羹]에서 보였다."라고 하였다.

문묘별기(文廟別記)

곡부성(曲阜城): 곡부는 공자 시대에 노국(魯國)의 수도였다. 그때 성은 현의 서남쪽에서 대략 12정(丁)[4] 떨어진 땅에 있었다. 송(宋) 상부(祥符) 5년[1012]에 이곳으로 옮겼다.

성곽: 명 무종(武宗) 정덕(正德) 8년[1513] 보수하였다. 둘레가 약 30정(丁), 높이는 2장으로 다섯 개의 문을 만들었다. 주민은 대략 7,000여 명이다.

공자 고적: 곡부에 있는 공자의 고향이자 공자가 세상을 뜬 곳이기도 하다. 공자의 삼천 제자 교육이 모두 이곳에서 이루어졌다. 전국에서 숭상하는 성스러운 곳이라 사시사철 참배하러 오는 사람이 끊이지 않는다.

공자 후예: 성 안에 공씨 성을 가진 사람이 60여 호를 이룬다. 그 종가의 연성공(衍聖公)[5]이 공자묘 옆에 거주하며 제사를 지낸다.

공자묘: 성 남쪽 대부(大部)에 있다. 옛날의 '궐리(闕里)'가 바로 공자의 고택이다. 옛 기록에는 공묘의 동남쪽 500보에 석궐(石闕)[6] 한 쌍

---

4 정(町)과 통용해서 쓴다. 길이를 나타낼 때 1정은 60간(間), 대략 109.09미터이다.
5 송나라 인종(仁宗) 때 공자의 자손에게 내린 세습 작호(爵號)이다.
6 고대 중국에서 사당과 능묘 앞에 세운 석조의 궐(闕), 곧 문짝 없는 문기둥이다. '궐'은 비어 있다는 뜻으로, 석궐을 세워 이곳으로 출입할 수 있도록 했다.

곡부 문묘

이 있어 '궐리'라는 이름이 붙었다 한다.

사당 건립: 노(魯) 애공(哀公) 17년(지금으로부터 2,390여 년 전)[7]에 사당을 건립하였다. 처음에는 세 칸쯤에 불과했지만 당(唐) 개원(開元) 27년[739] 공자를 문선왕(文宣王)으로 추봉하면서 이때 사당의 규모를 확대하였다. 송·금·원·명 시기에 여러 차례 보수하였고 청 강희 28년[1689]에도 보수하였다. 옹정 2년[1724]에 화재가 나서 다시 크게 경내를 보수하였다. 대략 3만 평이고 주위의 담이 웅장하고 크다.

문: 동쪽에는 육수문(毓粹門), 서쪽에는 관덕문(觀德門), 남쪽에는 금

---

7 기원전 478년이다.

성옥진문(金聲玉振門)이 있다. 문 앞에는 여러 명의 병사가 칼과 총을 들고 엄중하게 경비를 선다. 남문은 건물이 몹시 장대하고 아름다운데 평일에는 늘 닫아놓기 때문에 동문과 서문으로만 출입할 수 있다. 남문의 편액은 '만인궁장(萬仞宮墻)'이다.[8]

홍도문(弘道門): 청 세종(世宗) 때 처음 세워졌다. 높이는 1장 7척, 너비는 5장 4척, 두께는 2장 8척이며 주위에 모두 돌기둥이 있고 좌우에는 모두 협문(挾門)이 있다.

대중문(大中門): 문 현판은 청 고종(高宗)이 썼다. 다섯 칸이고 높이는 2장, 너비는 6장, 두께는 2장 4척이며 좌우에 각각 협문이 있다.

동문문(同文門): 대중문과 같은 모양이며 좌우 벽 아래에 비석이 다수 서 있다.

패정(牌亭): 대중문과 동문문 통로 양측에 열세 개의 패정이 있는데 모두 노란 유리로 지었다. 역대 제왕이 거액을 들여 매우 웅장하고 아름답게 만들었다. 패정 내부에는 금·원·명·청 역대 제왕의 제

---

8 《논어》〈자장(子張)〉 편에 나오는 구절이다. 노나라 대부 숙손무숙(叔孫武叔)이 "자공(子貢)이 공자보다 현명하다."라고 하자 이 말을 전해들은 자공이 "궁궐의 담장에 비유하자면 나의 담은 어깨 높이이다. 담 너머로 궁궐 속의 방이나 집의 아름다움은 엿볼 수 있지만 선생님의 담은 높이가 여러 길이어서 그 문으로 들어가지 못하면 종묘의 아름다움과 수많은 신하들을 보지 못하는데 그 문으로 들어갈 수 있는 사람은 적었다."라고 한 말에서 나온 것이다. 공자의 학문이 매우 높음을 나타내는 말이다.

문이 조각되어 있다. 큰 돌의 거북등 위에 패정을 만들었다. 높이 네 간, 폭은 대략 한 간이다. 전하는 말로는 비석 하나를 제작하는 데 은 수십만 냥의 비용이 든다고 한다.

잣나무[栢]와 노송나무[檜]: 사당 안에 오래된 잣나무와 노송나무가 있다. 하늘을 가릴 정도로 그늘이 드리워 있어 신령스럽다.

규문각(奎文閣): 황제가 하사한 책을 보관하는 곳으로 3층으로 만들었다. 높이 7장 4척, 너비 9장 4척이며 그 뜰 앞에는 명 왕조의 어제(御製)가 쓰인 큰 돌비석이 서 있다.

황제가 말을 세우던 곳: 규문각 양쪽에 편문(便門)이 있다. 문 좌우에 회랑이 있다. 회랑은 15칸이며 역대 제왕이 공자 사당에 도착한 뒤 말을 세우던 곳이다.

한위비(漢魏碑): 동문문 안에 한·위·육조(六朝) 시대 비석이 다음과 같이 보존되어 있다.
　— 한 을영비(乙瑛碑)[9]: 한대에 공자를 참배했을 때 세웠다.
　— 한 예기비(禮器碑)[10]: 오봉(五鳳) 2년[255]에 새긴 돌.

9　동한 환제 영흥(桓帝, 永興) 원년[153]에 세운 것이다. 비문은 노나라 재상 을영이 공자 사당에 '백석졸사(白石卒史)'를 두어 제사를 담당할 것을 청하는 내용이다.

10　동한(東漢) 영수(永壽) 2년[156]에 세웠다. 비문은 노나라 재상 한칙(韓敕)이 공자 사당을 보수하고 각종 예기를 더 배치한 뒤 관리와 백성이 돈을 내서 비를 세우고 그 덕을 기렸다는 내용이다.

— 한 공겸비(孔謙碑)[11]: 한 공군(孔君)[12]의 묘비이다.

— 한 공주비(孔宙碑)[13]: 한 축기(祝其)[14] 왕의 분묘 단에 새긴 돌.

— 한 사신비(史晨碑)[15]: 한 희평(熹平) 연간[172~177]에 세웠다.

— 한 공포비(孔褒碑)[16]: 한 상곡부경(上谷府卿)의 분묘 단에 새긴 돌.

— 한 공표비(孔彪碑)[17]

기타 비석: 육조 장맹룡(張猛龍)[18]의 비. 당송 이래의 비는 뜰 앞 숲
에 서 있는데 모두 드러나 있다.

주대(周代) 제기: 주대 청동 제기 10여 개를 사당 깊숙이 있는 전각
에 들여놓았다.

대성문(大成門): 높이 3장 8척, 너비 7장 5척. 돌기둥(납석)으로 문의
처마를 받쳐놓고 있다. 그 돌기둥 중앙에 구름과 용이 새겨져 있다.

---

11 동한 환제 영흥 2년[154]에 세웠다. 공겸은 공군의 아들이다.

12 후한(後漢) 헌제(獻帝) 때 북해상(北海相)이 되었다가 조조에게 피살된 공융(孔融)을 가리킨
   다. 공자의 20대손이다.

13 공자의 18대손 공주(孔宙)의 비석이다.

14 중국 산동성 내무현(萊蕪縣)을 가리킨다.

15 비석의 양면에 비문이 조각되어 있다. 앞면은 동한 건녕(建寧) 2년[169]에, 뒷면은 168년에
   새긴 것이다. 비문의 내용은 당시 노나라 재상이던 사신(史晨)과 장사(長史) 이겸(李謙)이 공
   자에게 올린 제문이다.

16 1725년 주공 사당 동쪽에서 출토되어 산동 곡부의 공자 사당으로 옮겼다. 공포(孔褒)는 공자
   의 19대손이다.

17 공자의 19대손 공표(孔彪)의 비석이다.

18 522년에 세워진 비석이다. 비문의 내용은 장맹룡이 노군(魯郡)의 태수였을 때의 업적이다.

공자가 손수 심은 노송나무: 손수 심은 노송나무는 주, 진(秦), 진(晉) 시대 수천 년을 거쳐 회제(懷帝) 영가(永嘉) 3년 기사년(己巳年) [309]에 말라 죽었다. 309년 동안 말라 죽어 있었으나 자손이 지키고 있으므로 감히 훼손할 수 없었다. 수 공제(恭帝) 의녕(義寧) 원년 정축년(丁丑年)[617]에 되살아났고 51년간 살아 있었으나 고종(高宗) 건봉(乾封) 2년 정묘년(丁卯年)[667]에 다시 말라 죽었다. 374년간 말라 죽은 채였으나 송 인종(仁宗) 강정(康定) 원년 경진년(庚辰年) [1040] 다시 잎이 돋아났고 금 선종(宣宗) 정우(貞祐) 2년 갑술년(甲戌年)[1214]에 전란 피해를 당해 나무줄기가 아무것도 남지 못했다. 나중에 81년이 지난 갑오년(甲午年)[1294]이 원(元) 세조(世祖)인데 지원(至元) 31년[1294]에 오래된 뿌리에서 다시 돋아났고 또 200여 년이 지났다. 명 홍치(弘治) 15년[1502]에 다시 불이 났으나 그래도 살아남은 가지가 있었다. 청 옹정 10년[1732] 다시 새 가지가 돋아났다. 그 높이는 3장으로 기이하다. 둘레는 4척이고 대성전 안에 있다. 오른쪽은 돌난간을 설치해 보호했는데 지금은 살아 있는 가지가 없으니 언제 또 말라 죽을지 알 수 없다.

행단(杏壇): 사방에 기둥이 있는 2층 건물로 돌난간을 둘러 화려하다. 공자가 여러 제자를 데리고 가르치던 옛터이다. 한 명제(明帝)가 공자의 고택을 행차할 때 이곳에 와서 황태자와 여러 왕에게 당 위에서 경서를 강론하라 명했으므로 후대에 이곳에 전각을 세웠다. 송 천희(天禧) 연간[1017~1021] 공자 45대손 공도보(孔道輔)가 앞뜰을 확장하고 전각은 뒤로 옮겼으며 강당 옛터에 벽돌을 쌓아 단을 만들었다. 그 주위에 살구나무를 심고 '행단'이라 했다. 금대(金代) 당회

영(黨懷英)의 전자(篆字)로 쓴 비각이 있다.

대성전: 높이 7장 8척, 너비 14장, 두께 8장 4척. 노란 유리기와에
층층으로 처마에 금벽색으로 장식해 가장 웅장하고 화려하다. '대성
전'이라는 이름은 송 휘종(徽宗) 숭녕(崇寧) 연간[1102~1106]에 만든
것이다. 세로로 쓴 편액은 청 세종(世宗)이 쓴 것이다.
　― 문지방 위의 현판
　'만세사표(萬世師表)' 청 성조(聖祖) 강희제 친필
　'생민말유(生民末¹⁹有)' 청 세종 옹정제 친필
　'여천지삼(與天地參)' 청 고종 건륭제 친필

돌기둥: 큰 처마의 앞을 받치고 있으며 총 10본(납석)이다. 직경이
3척 남짓이며 둘레가 8척 남짓이다. 원대(元代)에 만든 것으로 매우
정교하고 용이 서려 있다.(두께는 3촌이다.) 조각 기술이 웅혼하며 정
묘하여 비늘이 생동하고 구름을 타고 승천하는 형상이다.

전각 내부: 정면에 찬연하게 칠한 큰 감실 안에 공자의 소상을 봉
안하였다. 소상의 높이는 1장쯤이다. 진규(鎭圭)²⁰를 잡고 십이류면

19　원문의 '말(末)'은 '미(未)'의 오기이다.
20　규는 옥으로 만든 홀이다. 규의 크기는 지위에 따라 달랐다. 천자는 '진규'를 들었는데 길이는
　　한 자 두 치였다. 공작(公爵)은 '환규(桓圭)'를 들었는데 길이는 아홉 치였고 후작(侯爵)은 '신규
　　(信圭)'를 들었는데 길이는 일곱 치였다. 백작(伯爵)은 '궁규(躬圭)'를 들었는데 다섯 치였다.

(十二旒冕)²¹을 쓰고 십이장복(十二章服)²²을 입었다. 남쪽을 향해 서 있다.

소상의 제작 연대는 명확하지 않다. 강희 23년[1684] 황제가 동쪽을 순행할 때 대성전에 올라가 이 소상을 보면서 연성공 공육(孔毓)에게 물어보았다. 대답하기를, "위(魏) 흥화(興和) 3년[541] 연주자사(兗州刺史) 이중선(李仲璇)이 처음 공자상을 만들었다고 합니다." 하였으나 이 말은 공자상을 가장 먼저 제작했음을 말한 것일 뿐이다. 이 소상의 연대는 고증할 수 없다.

기타 소상: 공자의 감실 좌우에 복성(復聖) 안자(顏子), 종성(宗聖) 증자(曾子), 술성(述聖) 자사(子思), 아성(亞聖) 맹자(孟子) 네 사람의 소상과 십이철의 소상이 배열되어 있다. 각 소상은 궁규(躬圭)를 들고 면구류(冕九旒)를 쓰고 구장복(九章服)을 입고 있다.

삼대액(三大額): 공자의 감실 위에 '삼대액', '만세사표'(강희제 씀), '사문재자시중입극(斯文在玆時中立極)'²³(건륭제 씀)이 걸려 있다.

---

21 면류관은 착용자의 신분에 따라 면판의 앞뒤로 늘어뜨리는 면류의 수와 길이, 구슬의 개수와 사용하는 구슬의 색상 수가 달랐다. 황제는 십이류면을 사용하였는데 칠채(七采) 12옥(玉)이 특징이다. 각 줄마다 황, 적, 청, 백, 흑, 홍, 녹 일곱 가지 색상의 옥을 열두 개씩 앞뒤로 각각 사용하였다. 이에 반해 국왕은 구류면을 사용하였다.
22 일, 월, 성신, 산, 용, 화(火), 화충(華蟲), 종이(宗彝), 조(藻), 미(米), 보(黼), 불(黻)의 십이장문으로, 문양의 수에 따라 황제는 십이장복, 왕은 구장복을 입었다.
23 "이때에 유학이 극치에 이르렀다."라는 뜻이다.

퇴주(堆朱) 기둥: 전각 내부 기둥으로 높이는 3장 남짓이며 둘레는 두 아름 반 남짓이다.

양무(兩廡): 정전 양쪽의 긴 회랑으로, 역대 선현의 위패 130여 개를 늘어놓고 제사 지낸다.

침전: 지성(至聖) 공자 부인을 제사 지내는 곳이며 팔각형의 큰 돌 기둥이 있다. 둘레가 1장 남짓이며 화조가 조각되어 있는데 정교하고 치밀하다.

성적전(聖蹟殿): 공자 일대기를 돌에 새겨 묘사한 것으로 이는 '성적도'라고 한다. 모두 합해 120개의 상이 있다.
　― 진(晉) 고박(顧樸) 화찬: 송 태조(太祖)와 진종(眞宗) 때 제작.
　― 책상에 기댄 상: 공자가 책상에 기댄 채 앉아 있음.
　― 열 명의 제자가 모시고 있는 그림: 당 오도자(吳道子)가 손수 그림.
　― 연거(燕居)[24] 상: 당 오도자가 그리고 송 미불(米芾)이 찬(贊)을 씀.
　― 기타 사구(司寇)[25] 상: 수레를 탄 모습. 강희제와 건륭제 등 역대 제왕의 화찬비(畫贊碑)가 서 있음.
　― 명 만력(萬曆) 20년[1592] 어사 하출광(何出光)이 화공에게 명하여 옛날 그림을 보수하게 했고 비석 면에 석각하였다. 연성공의 봉인이 무수히 첨부되어 있다.

24　"한가하게 있다."라는 뜻이다.
25　고대 중국에서 형벌과 경찰 관련 일을 맡아보던 관직이다.

— 전각은 청색 유리기와로 만들었으며 외관은 매우 아름답고 고색이 창연하다.

계성전(啓聖殿): 공자 아버지 숙량흘을 제향하였다. 돌기둥은 대성전과 비슷하나 작다.

공자 어머니의 침전: 계성전 뒤에 있다.

위의 두 전각의 고색이 창연하다. 앞뜰에는 오래된 나무가 마주 보고 있으며 조용하고 한적하다.

시례당(詩禮堂): 공자의 옛집.

수목: 시례당 뜰 안에 있다. 당대에는 느티나무, 송대에는 은행나무였다.

공자고택정: 시례당 뒤.

노벽(魯壁): 공자정(孔子井) 옆에 있으며 붉은색으로 칠했다. 높이 두 간, 너비 세 간, 두께 2척 남짓이며 옆에 노벽비(魯壁碑)가 있다. 진시황이 세상 사람들에게 제자백가의 책을 태우라고 명령했을 때 노벽 안에 숨겨두었던 책이 한대에 발견되었다. 기록된 내용은 《상서》, 《논어》, 《효경》이며 죽간에 고문으로 쓰여 있다.

금사당(金絲堂): 노 공왕(恭王)이 노벽을 헐었을 때 악기 소리가 나서 나중에 이곳에 당을 세우고 '금사당'이라고 하였다. 다시 대성문 밖으로 이건하였다.

오대사(五代祠): 숭성전(崇聖殿). 계성(啓聖), 이성(貽聖), 조성(肇聖), 유성(裕聖), 창성(昌聖) 5대 사당을 합사한 전각이다. 돌기둥은 대성전과 같은 모양이나 용이 서린 조각이 깊지 않다. 동쪽 계단 아래 공자세계비(孔子世系碑)가 서 있다.

악기고: 금사당 양 회랑.

연성공부(衍聖公府): 공자 사당 동문에서 왼쪽으로 돌면 있다. 공자의 후예가 연성공의 저택을 세습받아 공자 자손으로 대우받고 있으며 역대에 동일하게 대우받았으나 세월이 흘러 송 인종(仁宗) 지화(至和) 2년[1055]에 46대손 공성우(孔聖佑)를 연성공으로 봉한 이래 지금까지 이어지고 있다.

성림별기(聖林別記)

지성림(至聖林): 공자의 무덤은 곡부현성 북쪽으로 12정쯤 떨어진 곳에 있다. 성 북문은 일직선으로 뻗어 있으며 신도(神道)로 통한다. 길 양쪽엔 오래된 노송나무와 잣나무가 울창하게 서 있다. 패문에는 황제의 명령으로 '지성림' 세 글자를 걸어놓았다. 길가의 노송나무와 잣나무는 몇 년 전의 우박으로 많은 피해를 입어 나뭇가지에서 잎들이 모두 떨어져 나가 풍치가 매우 덜했다.

연혁: 무덤자리는 가로 세로 길이를 따져 약 60만 평이고 둘레는 약 6화리이다. 무덤에 벽(벽돌로 축조)을 둘렀고 높이는 1장쯤이다. 나무 숲이 너무도 울창해 마치 무덤으로 하나의 성을 쌓아 요새를 만든 것 같은 규모다. 처음에는 너비가 겨우 1경(頃)이었으나 동한 환제(桓帝) 영수(永壽) 3년[157]에 공자묘를 수리하고 신문(神門)을 세우고 재청(齋廳)과 옛 사당의 단을 만들되 석조로 바꾸어 점차 묘의 모습을 갖추어갔다. 진(晉) 문제(文帝) 원가(元嘉) 19년[442]에 대공사를 벌여 소나무와 잣나무 600그루를 옮겨 심었다. 그 뒤 당·송·원·명 대에 더욱 확대하거나 중수하였고 강희제 때에 이르러 또다시 확대하여 오늘날에 이르고 있다.

임전촌(林前村): 노성(魯城)의 북쪽 사수 주변에서 공자를 장사 지냈는데 제자들이 모두 복상(服喪)하였고 3년상을 마친 뒤에 떠났다. 그중 뜻이 독실한 제자 수십 명이 차마 스승의 영역에서 멀리 떠날 수 없어 이곳에 머물며 집을 짓고 다투어 무덤 앞에서 도를 강학하였

곡부 지성림   곡부 성림의 만고장춘방

다. 이 촌락의 이름은 '공리(孔里)'인데 지금의 '임전촌'은 지성림 남쪽에 있다.

만고장춘방(萬古長春坊): 높이는 2장 남짓이며 돌로 만들었고 구름과 용을 조각하였다.

관루(觀樓): 원 지순(至順) 2년[1331], 공은개(孔恩凱)가 처음 담장의 문에 누각을 만들었다. 이 누각에 올라 무덤 구역을 바라보면 만두 모양인데 2,300여 무덤이 나무 아래에 산재해 있다. 이것이 70여 대 공자의 후손이 같이 묻혀 있는 곳이다.

수수교(洙水橋): 돌난간이 있는데 고색이 우아하다.

향전문(享殿門): 무덤문. 이 옆에 역대 돌비[石碑]가 죽 늘어서 있다.

곡부 성림의 수수교

향전(享殿): 후한 환제(桓帝) 영수(永壽) 원년(지금으로부터 1,760년 전)
[155]에 건립하였다. 안에는 공자 삼대의 무덤이 있다. 큰 소나무와
오래된 잣나무가 빼곡히 무성하여 절로 숙연해지는 분위기가 있다.

향전 앞에 옹중(翁仲)[26] 둘이 왼손에 홀을 잡았는데 원표(元豹)[27]가
둘, 각단(角端)[28]이 둘, 화표(華表)[29] 둘이 있는데 모두 한 영수 원년

---

26 무덤 앞에 세우는 돌로 만든 사람, 곧 인석을 가리킨다.
27 팔준마(八駿馬) 중 하나인 현표(玄豹)로 검은 표범이라는 이름을 지녔다.
28 하루에 만 리를 가고 각 지방의 말이 다 통한다는 상상의 동물이다. 형상은 말과 닮았는데, 두
    귀 사이 또는 코 위에 뿔이 하나 있다고 한다.
29 중국에서 궁전이나 묘우(廟宇) 또는 능묘 전방에 세운 한 쌍의 석주를 말한다. 상고(上古)의
    성왕 요(堯)의 〈비방지목(誹訪之木)〉에서 비롯된 것이라는 전설이 있다.

[155]에 만든 것이다.

석정(石鼎): 향전 앞에 있다.

자공(子貢)이 손수 심은 해(楷)나무: 높이 4장 5척, 둘레 1장가량. 옛 가지가 아직도 남아 있다.

근국공(沂國公) [공자의 손자 자사(子思)] 무덤: 앞에 이중으로 된 돌이 1장인데 자못 소박하다.

사수후(泗水侯) [공자의 아들 백어(伯魚)] 무덤: 직경 세 간. 상부에 오래된 해나무 한 그루가 하늘을 가릴 듯 무성하다.

대성지성문선왕(大成至聖文宣王) (공자) 무덤: 높이 2장, 둘레 100척. 무덤의 모양은 옛 기록에 따르면 말갈기 모습인데 지금은 반원형 바리때 모습으로 사면에는 해나무, 잣나무, 떡갈나무가 있다. 그 외에 좋은 나무와 기이한 화초는 당시 제자들이 각자 자기 나라에서 가져다 옮겨 심은 것이다. 다만 무덤 위에 풀들이 자랐는데 아침에 시들었다가 다시 푸르게 되고 줄기는 팔각형 모습으로 팔괘(八卦)와 닮았고 오엽(五葉)은 오행(五行)과 닮았다. 풀 한 무더기에 줄기가 50개 있다.

묘비: 묘 앞에 있다. 높이 1장 2척. 대성지성문선왕묘(大成至聖文宣王墓)를 전서로 새겼으며 명대에 만들었다.

공자 관시(官諡): 공자의 관직은 노나라 대사구(大司寇)였다.

　— 한 평제(平帝) 때 포성선니공(褒成宣尼公).

　— 당 현종(玄宗) 때 문선왕(文宣王).

　— 송 진종(眞宗) 때 지성문선왕(至聖文宣王).

　— 원 무종(武宗) 때 대성지성문선왕(大成至聖文宣王).

그 후 명 가정(嘉靖) 연간[1521~1566], 공자에게 왕의 호칭을 붙이는 것이 적절한가 하는 문제로 학자들 사이에 큰 논쟁이 벌어졌다. 그 결과 '지성선사공자(至聖先師孔子)'로 부르기로 하였다. 이후 청조에서는 각 지역의 공자 사당에 모두 이 칭호를 썼으나 오직 이곳의 묘비문에는 명대에 고쳐 새기지 않은 것이 지금까지 그대로 남아 있다.

자공여막처(子貢盧墓處): 공자 무덤 서쪽 옆 작은 건물에 '자공여막처'라고 새긴 비가 서 있다. 공자가 세상을 뜬 후 여러 제자가 삼년상을 치렀으나 오직 자공만이 6년 동안 여막에 남아 있었는데 바로 그 유적이다.

사수서원(洙泗書院): 현의 성 동북쪽에 있다. 약 1리 12정이다. 사수가 그 북쪽을 흐르고 수수(洙水)가 그 남쪽을 흐르는데 공자가 예전에 이 사이에서 가르쳤다. '사수학'이라고 하는 것은 바로 이 때문이다.

　이상 문묘와 성림의 웅장하고 삼엄함은 궁궐과 능침이라도 이보다 더하지 못할 것이다. 내 생각에는 역대 제왕이 마음을 쓰지 않은 바가 없었고 청조에 이르러 한층 대규모로 토목공사를 확장시켜 그 규모가 웅대하고 장식이 정교하며 단청의 찬란함이 극에 달하지 않은 바가 없다. 공자를 배우는 사람이라면 한 번쯤 보지 않을 수 없으니 청조가 유가의 도를 이렇게 숭배한 것에 감복할 따름이나, 혹 한족을 유화하려는 책략은 아닐까. 나는 남경 명 태조의 능을 평지에 산처럼 조성한 것을 보았을 때 한차례 감회에 젖었는데 곡부 공자묘 또한 비슷한 느낌이다. 제왕과 성인의 권위로도 풍수법을 다 적용할 수 없어 평지에 묻은 것인가. 오히려 풍수에 급급해하는 우리나라의 관습이 진실로 미혹한 것이다.

다시 마차를 몰고 이랴이랴 재촉하여 곡부로 나가 기다렸다. 오후 2시 40분에 기차를 탔다. 햇볕이 뜨거워 일행 모두 지치고 배가 고팠다. 오후 7시 반에 제남(濟南)에 도착해 학가여관(鶴家旅館)에 들어갔다. 주인이 글을 써달라고 하기에 '학명구고(鶴鳴九皐)'[30] 네 글자를 써주었다. 미쓰이 회사 제남 지점 직원 오가와 노부오(小川信郎)가 찾아와서 이야기를 나누었다.

강남 강북 잘 구경했으니	江南江北好躋攀
몸은 바쁘지만 마음은 한가하네.	身自奔忙意自閑
백 리 길을 수레 타고 돌계단 올랐고	百里命輿穿石磴
한밤에도 배 재촉해 나루를 나섰네.	五更催棹出津關

---

30 《시경》〈소아〉'학명(鶴鳴)'에 나오는 구절이다. "학이 깊숙한 못가에서 울어도, 그 소리는 하늘까지 들린다.(鶴鳴九皐, 聲聞于天.)" 군자가 깊이 숨어 있어도 그 명성은 자연히 세상에 드러남을 뜻한다.

마음을 청정세계에 통하려 여산에 묵고   心通淨界宿廬岳
층층 구름 밟을 듯 태산에 올랐다.   足躡層雲登泰山
잠 못 자고 밥 못 먹었다 하지 말게.   休道失眠且忘飯
이런 여행 백년 인생에 몇 번이겠는가.   此遊能幾百年間

5월 3일

197

제남을 들러보다

맑았다. 오전 9시에 아침을 먹었다. 지점 직원의 안내로 자동차를
타고 제남성(濟南城)에 들어갔는데 도로가 넓고 시가지가 깨끗하였
다. 좌우로 푸른색 안내판과 금빛 현판이 걸려 있어 눈이 현란하였
다. 인구는 10만 명이며 진포선(津浦線) 철도가 연결되어 있다. 제남
은 산동성의 성도(省都)로, 남북을 잇는 교통의 요충지이며 도심지
는 새롭고 주변의 산수는 수려하다. 길을 따라 우선 이 지역의 장관
을 보았는데 천불산(千佛山)[예전에는 '역산순경지(歷山舜耕地)'¹라고 불
렀다.], 청하(淸河), 대명호(大明湖), 구돌천(趵突泉)이 있어 바삐 둘러
보았다.

72개의 샘이 하나의 호수로 흘러들어	七十二泉傾一湖
호수 색이 밝은 곳에 푸른 갈대 모였네.	湖光明處簇青蘆
때때로 배에 가희(歌姬)가 부채를 흔들며	有時畫舫搖歌扇
손으로 뱃전을 쳐 물가의 물오리가	拍拍驚飛兩岸鳧

---

1 '역산(歷山)'이며, 순임금이 밭을 갈던 곳'이라는 뜻이다. 순임금이 어렸을 적에 부모와 동생이 순
을 괴롭히고 죽이려 했지만 순은 효성스럽고 공손했다. 그래서 순이 역산에서 농사를 지을 때
역산의 사람들 모두가 밭고랑을 양보했다고 한다.

놀라 날아가네.

한 자 되는 세 곳의 샘물이 호수에 샘솟아	三泉盈尺湧平池
'구돌' 이름 전하니[2] 그 또한 기이하네.	跔突傳名亦一奇
제남성 안 곳곳에서	多少濟南城裏各
도도한 탁세에 갓끈 씻는 자 누구인가.	滔滔濁世濯纓誰

　같은 날 오전 10시 20분 제남을 떠나 청도(青島)행 기차를 탔다. 하늘은 맑고 날도 훈훈해 창을 여니 제(齊) 땅의 동쪽 들판이 푸르고 무성한 것이 천 리나 이어졌는데 이곳이 바로 묵하(墨河)와 치하(淄河), 유수(濰水)가 지나는 길이다. 수수(高粱)는 길게 자랐고 백속(白粟)은 싹이 움텄으니 땅이 비옥해 농사지을 만하였다. 소산 손봉상 옹이 나에게 "이 땅은 검은색인데 토지가 인삼을 심기에 적당하니 이곳을 얻어 삼포를 만들면 수천만 평이라도 삼밭을 얻을 걱정이 없다."라고 하여 서로 크게 웃었다. 청주(青州) 정가역(鄭家驛)에 도착했는데 기차가 바퀴 고장으로 멈추었다. 이때가 오후 1시경이었다.

기적을 울리며 제남을 떠나니	汽笛聲聲出濟南
제 땅 동쪽 해가 안개를 걷네.	齊東晴日捲炯嵐
청주 들판엔 풀들이 이어져 있고	青州野色連芳草
치수의 물결엔 푸른색이 쏟아진 듯.	淄水波光瀉碧藍
역에서 기차 멈춰 바람 쐬러 나가니	驛下輪停納凉步

2　원문의 '부(傅)'를 '전(傳)'의 오기로 이해하고 번역하였다.

손에 든 책엔 기이한 이야기 실려 있네.　　　手中卷有載奇談

서양인과 함께 앉으니 자리가 좁디좁아　　　車茵窄窄西人共

등을 대고 말없이 낮잠에 빠졌네.　　　　　向背無言午睡酣

더운 날씨에 앉아 있으면서　　　　　　　　天中薰日坐當頭

가끔씩 차 파는 아이 불러 갈증을 해소하네.　時喚茶童洗渴喉

그래도 여섯 종사관[3]이 다 탔으니　　　　但得輸來六從事

오늘 밤엔 청주에서 묵어도 상관없네.　　　不妨今夜宿靑州

들판에 지체해 있다 보니 무더워 땀을 닦으며 차를 청하며 걱정스
레 긴 하루를 보냈다. 게다가 기차의 좌석도 좁아 다리를 구부린 채
자느라 편안히 밤을 보내기도 어려웠다. 그러는 사이 날이 밝았다.

3　종사관은 조선시대 임시 문관직으로, 중국에 보내던 하정사(賀正使)나 일본에 보내던 조선통신
　사를 수행하던 삼사(三使) 중 하나이다. 직무는 사행 중 정사와 부사를 보좌하면서 나날의 사건
　을 기록하였다가 귀국 후 국왕에게 견문한 바를 보고하는 것이다. 이 시에서 공성학은 중국을
　유람하는 자기 일행을 종사관에 비유한 것이다.

청도에서 세찬 비바람을 만나다

아침에 안개. 오전 6시, 청도역(青島驛)에 도착했다. 미쓰이 회사 청도 지점 직원 마쓰자와 고헤이(增澤廣平)가 마중 나왔다. 자동차를 타고 3층짜리 건물인 청도반점에 들어갔다. 피곤해서 등나무 의자에 기대어 잠깐 잠들었다가 문득 눈을 떠보니 안개가 점점 걷혀 오가는 배가 차츰 강에 나타났다. 주먹만 한 작은 섬이 한번 바라보는 사이에 우뚝 서 있으니 바로 가등도(加藤島)였다. 강가를 치는 조수가 흰 물결을 일으키며 밀려오고 밀려가는 것 또한 하나의 맑은 감상거리였다.

아침밥을 먹고 집에 보낼 편지와 여러 곳에 보낼 편지를 손수 봉하여 우체통에 넣었다. 갑자기 다시 낮비가 부슬부슬 내려 잠을 자고 싶은 마음이 더욱 간절하였다. 지점장 시미즈 도요카즈(清水豊一)가 찾아와 이야기를 나누다가 평강리다루(平康里茶樓)로 초대를 받았다. 점심을 먹고 구경을 한 뒤 여관으로 돌아왔다. 잠시 비가 내리다 그쳐 시내 구경을 하려고 박 군, 조 군과 함께 문을 나선 지 몇 걸음 만에 빗발이 다시 굵어져 돌아왔다. 비가 또 그쳐 다시 나가 몇 정(町)[1]을 가자 비가 또 하늘에 가득 찼다. 이것은 하늘이 내가 가는

---

1 1정은 360자로 약 109미터이다.

길을 일부러 가로막는 것이 아닐까. 여관으로 돌아와 식당에 들어갔다. 음악이 밝게 흘러나오는데 키가 크고 눈이 푸른 외국인들이 이미 식당을 가득 채운 채 밥을 먹고 있었다.

밤이 되자 큰 비가 퍼붓듯 쏟아지고 천둥치는 소리가 우르릉 쾅쾅 울려서 차를 맹렬하게 타고 가서 건물 벽을 쿵쿵 쳤다. 손에 든 담배가 저절로 떨어지는 줄도 모른 채 무서움에 떨었으며, 일대가 번개로 번쩍였고 번갯불이 비친 강물은 쉼 없이 밝아졌다 어두워졌다 하였다. 이와 함께 가등도의 등불이 갑자기 꺼졌다가 다시 켜졌고 부두의 잔교에 걸어둔 전등 빛이 강물 속 물고기들을 헤아릴 수 있을 정도로 밝게 비추었다. 이때의 갖가지 광경은 시나 그림으로 형용하기도 어렵고 직접 못 본 사람들에게는 설명하기도 어려울 정도였다. 박봉진 군과 조명호 군은 차를 마신 뒤 바둑을 두었고 나는 차 향기와 바둑 두는 소리가 나는 옆에 누워 시구를 떠올렸으나 시구를 가다듬기도 전에 천둥처럼 코를 골며 잠들었다. 다음 날 아침에 서로 이야기하며 한바탕 웃었다.

차를 타고 도착한 곳은 숲으로 둘러싸인 곳	駈車砥道繞芳林
산과 호수를 만들어주니 마음이 상쾌하네.	改造山河爽找襟
굽이굽이 강물엔 푸른 봉우리 우뚝하고	曲曲灣流靑嶂立
첩첩산중엔 흰 구름이 깊어라.	重重疊跡白雲深
강의 누각엔 한밤에 비와 번개가 쳐서	江樓電閃三更雨
나그네 침상에 불 꺼지니 고향 생각 간절해라.	客榻燈涼萬里心
바둑 두고 차 마시는 벗들 옆에 있어서	賭奕評茶故人在
오늘 밤엔 수마가 덮치지 못하리.	不容今夜睡魔侵

중유일기

청도를 떠나 발해로 향하다

맑았다. 아침을 먹고 지점으로 가서 감사 인사를 하였다. 지점 직원의 안내로 차를 타고 욱산(旭山)에 올라 포대(砲臺) 유적을 보고 산등성이를 구불구불 가서 조림(造林)을 보았고 동화공사(東和公司)와 낙화생유제소(落花生油製所)를 관람하였다. 해안으로 돌아와 해수욕장을 보고 교주만(膠州灣) 일대를 둘러보았다. 청도는 독일 사람들이 개척한 지역으로 일본이 장악한 이후 도로와 시가지를 더욱 확장하여 환연히 일신하였고 산수가 수려하고 기후는 청량하며, 푸르고 붉은 지붕으로 지은 집이 화려하여 피서지로 사용되었으나 지금은 다시 상업지가 되었으므로 과거에 얻은 것을 이제 잃어버린 것에 대해 감회를 느꼈다.

여관으로 돌아왔다. 정오에 시계 종이 울렸다. 짐을 꾸려 먼저 배로 부치고 식당으로 들어갔다. 어제 들었던 음악은 이별의 노래[1]를 연주하는 것 같아, 청도가 나와의 이별을 아쉬워하는 듯하였다. 그래서 일희일비하는 감정은 마음에 달려 있지 음악에 있는 것이 아님을 난생처음 깨달았다. 오후 2시에 청도를 출발했다. 지점장과 점원이 부두에서 전송하였다. 발해로 향하는 장평환(長平丸)을 탔다. 동

---

1 원문은 '여구곡(驪駒曲)'이며 이별의 노래를 의미한다.

청도 교주만

쪽으로 노산(勞山)을 가리키는데 산동성의 명산이다. 독일 사람들이
산꼭대기에 길을 만들어 여름 별장을 세웠다고 한다. 갑자기 누런
먼지가 하늘을 가득 채웠고 배는 속도를 늦추었으며 모르는 사이에
해는 이미 서쪽으로 지고 있었다. 이날 밤에는 배 안에서 잤다.

대련에 도착하다

맑았다. 아침을 먹었다. 하늘과 강물이 모두 푸르고 끝없이 아득하였다. 희당(希堂) 최중건(崔中建), 춘산(春汕) 조인원(趙仁元)이 준 시에 화운하였다.

오늘 밤 동으로 가는 배엔 육대륙의 손님들	東舶通今六洲客
고금의 산천은 옛 구주의 고장	山河從古九州鄕
여러 나라 사람들은 피부색으로 나뉘고	列邦人物分黃白
권력의 쟁패로 우열을 겨룬다.	爭霸權衡較短長
구름 가신 태악(泰岳)엔 여러 이야기 얽혀 있고	泰岳掃雲謾多事
발해(渤海)에 비치는 달 또한 마찬가지네.	渤流泛月亦奚當
끊임없는 시구(詩句)를 여행 가방에 들고 다니면서	了無佳句携歸橐
부질없이 50일간 풍류객[1]이 되었네.	空作五旬游冶郞

---

1 원문의 '유야랑(游冶郞)'은 풍류를 즐기는 사람, 주색잡기에 빠진 사람을 말한다. 이백의 시 〈채련곡(采蓮曲)〉에 "언덕 위 뉘 집의 풍류객인가, 삼삼오오 짝을 지어 수양버들 사이에 비치네.(岸上誰家游冶郞, 三三五五映垂楊.)"라는 구절이 있다.

무슨 일로 중국에 왔냐고 나에게 묻나니	問余何事入中州
홍삼 팔러 이리저리 땀 흘리며 다녔네.	蔘市彷徨汗漫秋
생계를 위해 와각(蝸角)²을 다투고	浮生活計爭蝸角
세상의 어려움은 호랑이 아가리인가 싶네.	世路危機料虎頭
연(燕)과 조(趙)에서 비가(悲歌) 부르는 사나이³	未逢燕趙悲歌士
만나지 못했으니	
어찌 강회(江淮)의 멋진 유람⁴에 비유하리오.	豈擬江淮壯歲遊
세상이 변하여 계책도 소용없으니	時變有觀策無用
고향으로 돌아가는 게 차라리 낫겠네.	不如歸臥故林邱

오후 4시 반 대련에 도착했다. 미쓰이 지점 직원 사카모토 쓰요시(坂本幹)가 마중 나와 자동차에 타서 대화반점(大和飯店)에 들어, 쉬고 묵었다.

---

2 '와각지쟁(蝸角之爭)'에서 온 말이니, 곧 "달팽이 뿔 위에서 싸운다. 작은 나라끼리, 또는 하찮은 일로 싸운다."라는 뜻이다.
3 연·조 두 나라에는 예부터 나라를 걱정하는 슬픈 노래를 부르는 선비가 많았으므로 원문의 '연조비가사(燕趙悲歌士)'는 비분강개하는 우국지사를 가리키는 것이다.
4 원문의 '강회((江淮) 장세유(壯歲遊)'는 사마천이 20대에 중국 전역을 순력한 일을 지칭한다. 《사기》에 따르면 사마천은 강회(江淮), 회계(會稽), 우혈(禹穴), 구의(九疑), 원상(沅湘), 문사(汶泗), 제(齊), 노(魯), 양(梁), 초(楚) 등지를 돌아다녔다.

여순을 둘러보다

맑았다. 오전 7시 반에 대련을 출발해서 이날 9시 반에 여순에 도착했다. 사카모토의 안내로 자동차를 타고 백옥산(白玉山) 정상에 올라 표충탑(表忠塔)을 바라보았다. 탑은 해발 623척이다. 계관산(鷄冠山) 보루 요새전(要塞戰) 기념품 진열장을 둘러보았다.

여순에서 승전하던 날[1]	旅順凱歌日
동양의 세력이 강성했었네.	東洋勢可扶
한마음으로 보국하려고	一心惟報國
만 번 죽을 각오로 자신을 잊었네.	萬死盡忘吾
빛나는 탑에서 충혼을 조상하고	塔光弔忠魄
전쟁터에서 웅대한 계책을 한탄한다.	壘跡歎雄圖
계관산 아래 나그네는	鷄冠山下客
강개한 마음으로 술을 사러 가네.	慷慨酒仍沽

---

1 1894년 일본이 조선의 자주 독립을 명분으로 청일전쟁을 일으켜 압도적으로 승리하고 1895년 청나라와 시모노세키 조약을 체결했다. 러시아가 이를 견제하는 상황에서 1904년 2월 8일 여순항에 있던 러시아 제국의 극동 함대와 2월 9일 제물포항에 있던 전함 두 척을 공격하였다. 1년 반 동안 지속된 러일전쟁 역시 일본의 승리로 끝났다.

여순 백옥산 표충탑

러일전쟁 초기 여순 일대의 전투 장면을 그린 프랑스 〈르 프티 주르날(Le Petit Journal)〉 삽화

여순의 바닷가는 오목하여 마치 사방에 병풍을 쳐놓은 듯 별천지²를 특별히 열어놓은 것 같았다. 러시아가 최초로 경영하여 그 보루는 웅장하고 견고하며 무기는 정련되고 날카로워 백전무패로 러일전쟁 때 일본인 사상자가 4만여 명에 이르렀다 하니 가히 "한 장수의 전공(戰功)은 만 명의 군사가 싸움터에서 죽은 결과[一將功成萬骨枯]"라고 할 만하다. 오늘날에는 여행객의 여름 휴양지로 사용되고 있다. 나는 전쟁 유적을 가리키며 그저 감탄할 뿐이었다.

정오에 역 앞 여관에서 점심을 먹었다. 12시 20분에 여순을 출발

---

2 원문은 '호중건곤(壺中乾坤)'인데, 이는 신선(神仙) 호공(壺公)의 고사에서 생겨난 말로 별천지, 별세계, 선경을 뜻한다. 후한 시대 비장방(費長房)이라는 사람이 호공이라는 노인을 따라 그가 사는 항아리 속에 들어갔더니 그 안에 기와집이 있고 기와집 안에는 진수성찬이 차려져 있었다고 한다.

해 오후 2시에 대련에 도착했다. 이날 6시 영리환(永利丸)을 타고 지부(芝茶)를 향해 떠났다. 저녁에 벤토를 먹었고 이날 밤에는 배 안에서 잤다.

지부에서 홍삼 저장고를 보다

맑았다. 오전 5시 반 지부에 도착해 국수여관(菊水旅館)에 들었다. 미쓰이 지점 직원 도리우미 사부로(鳥海三郞)와 기타데 에후쿠(北出永福, 조선 사람으로 성이 한 씨인데 기타데의 양자가 되었다), 지점장 마쓰나가 쓰요시(松長剛)가 차례로 찾아왔다. 아침을 먹었다. 인력거를 타고 영사관에 방문한 뒤 미쓰이 지점으로 가서 홍삼 저장고를 구경하였다. 인천에서 운송해 와서 쌓아둔 것으로 주문을 받으면 그에 따라 각 지역으로 나누어 보낸다고 한다. 지부의 날씨가 청량해서 가능한 일인 것이다. 이때 마침 홍삼을 모아 바람에 말리고 있었는데 삼복(三伏)에는 창고 문을 열지 않기 때문이라고 하였다. 곧이어 유풍덕삼호(裕豊德蔘號)의 지배인 왕수전(王守田)을 찾아갔는데 아마노와는 구면이라 중화루 2층에서 맞아주었다. 차를 내놓고 담배를 권하며 다정하게 말하기를, 홍삼은 각지에서 생산한 것으로 연간 생산량이 200근인데, 고려산은 몇 십 근에 불과하다고 하였다.

또 비단방적소와 머리망[髮網] 회사를 보았다. 머리망의 연간 생산액은 700만 원이고 비단은 1,000만 원이라고 한다. 머리망은 나로서는 처음 본 것인데, 사람의 머리를 성기게 엮어 그물망을 만든 것으로 서양의 부인들은 묶은 머리 위에 망을 써서 운동할 때 머리가 산발이 되지 않도록 한다는 것이다. 망 하나에 가격이 5전부터, 놀랍게도 700만 전까지 한다니 중국인들이 부지런히 일해 작은 이익이라도 놓치지 않으려 하는 것이 이러한 까닭이다. 이는 부녀자와 아동들이 작업하는 기반이 되는 것으로 견본을 가져다 모양을 만든다.

여관으로 돌아가 점심을 먹었다. 오후에 박봉진 군, 조명호 군, 아마노 등 여러 사람이 바둑을 두면서 시간을 보내는 한편으로 술값 내기를 하였다. 여러 사람이 내가 바둑을 못 둔다고 생각해 그저 옆에서 보고 훈수만 두게 하니 이른바 "굿이나 보고 떡이나 먹는" 격이었다. 그저 승패나 보면서 남보다 먼저 술을 마시니 나쁜 일만은 아니었다.

오후 6시에 지점장의 초대로 관방루(冠芳樓)에 갔는데 유풍덕삼호의 또 다른 사람 여럿이 자리를 함께하고 있었다. 명함을 보내[1] 기녀를 부르는 것이 상해의 주문 방식과 같아서 먼저 '아무개 선생 호출'이라 쓰고 그다음에 '기녀 이름'을 쓰고는 '당일'이라는 6구(句)[2]를 쓴 다음 모처에 종을 울려 주문한다. 관방루의 중식과 서양식 메뉴에는 술이 딸려 나오는데 술이 떨어지는 일이 없도록 빨리빨리 가져다준다고 한다. 얼마 지나지 않아 동기(童妓) 일고여덟 명이 차례로 와 앉으면서 술을 자주 권하고 손님들을 기쁘게 해주려고 노래를 불렀다. 벽을 향해 서서 가는 소리를 내는 것이 강남의 기녀들과 다를

---

1 원문 '비첩(飛帖)'의 원래 의미는 중국에서 춘절 때 교유의 범위가 넓은 사람이 일일이 직접 다니며 새해인사를 하기 어려워 심부름꾼에게 명함을 보내 새해인사를 대신했다는 것이다. 여기에서는 명함을 보내 요청한다는 의미로 번역하였다.

2 본문의 '6구'는 그 의미가 확실하지 않지만, "호출한 사람, 기녀 이름, 날짜"를 1구로 생각해 여섯 명이 이렇게 주문했다는 의미로 보인다. 중간에 귀국한 김원배를 제외한 공성학 일행 다섯 명과 미쓰이 지점장을 합해서 여섯 명이 주문을 하고 유풍덕삼호의 여러 사람들이 각각 주문해서 어린 기녀 일고여덟 명이 나온 것 같다.

바 없었다. 다만 오래 앉아 있다가 돌아서 방향을 바꾸어 서는 것이 다를 뿐이었다. 술잔을 교차하며 끊임없이 청하는 사이 나도 모르게 홍조가 얼굴에 퍼져나갔다.

그날 밤 10시, 항구를 돌며 바닷가의 아름다운 배 30여 척을 바라보았는데 전등이 휘황찬란하고 번화하였다. 여관으로 돌아와 잤다.

우리나라에서 개항한 것을 떠올려보니	憶昔吾邦商港開
가장 먼저 배를 통한 곳이 청도의 연대였네.	最先通舶是烟臺
산수를 바라보니 막 왔을 때처럼 유쾌하고	山河擧目欣初到
사람들은 정이 들어 오래전에 온 듯하네.	民物緣情似舊來
유황색 비단 주머니는 중국산인 걸 알겠는데	纁紬流黃認華織
창고의 홍삼은 우리나라에서 재배한 것이구나.	倉蔘堆紫見韓栽
청루와 술집은 인산인해인데	靑樓酒肆人如沸
수많은 병사 태운 전함이 피서하러 오네.	美艦千兵避暑回

5월 10일
지부를 떠나 대련으로 향하다

맑았다. 아침을 먹었다. 소산 손봉상, 신재 박봉진과 더불어 인력거를 타고 지점 직원의 안내에 따라 구시가지를 통과했다. 시가지는 허름해서 볼 만한 것이 없었다. 여관으로 돌아왔다. 정오에 유풍덕(裕豊德)이 열빈루(悅賓樓)에서 여는 오찬 모임에 갔는데 요리가 풍성하고 기녀들이 술을 마실 줄 알아 손님들에게 같은 양의 술잔을 청하더니 얼굴을 마주 보자고 하였다. 얼굴을 마주 보며 손님들을 따라 다 마시니 예닐곱 잔에 이르렀다. 나 또한 사양하지 못해 술을 많이 마셨더니 절로 만취할 수밖에 없었다.

여관에 돌아왔다. 곧바로 짐을 꾸려 부두에 나가니 지점장과 직원들이 부두에서 전송해주었다. 오후 6시에 지부를 떠나 다시 대련으로 향했다. 이날 밤 달빛이 밝아 고향에 대한 그리움을 불러일으켰다. 소산 손봉상 옹, 신재 박봉진 형과 함께 갑판에 올라 교의(交椅)에 앉아 이야기를 나누었다. 밤이 깊어도 잠이 오지 않아 배에서 달을 보며 시를 지었다.

배는 산동에서 솟은 달을 따라가는데	行舟隨月出山東
달빛이 물에 비쳐 배가 하늘에 떠 있는 듯.	月印波心舟在空
집 떠나며 초승달을 가리켰었는데	離家纖指弦初上

배 타고 달 보니 다시금 차오른 보름달.　　　　踏海圓看輪再同

바다를 누비는 여러 배는 등불이 찬란하고　　　巡洋列艦燈成市

바닷가 멀리 봉우리엔 바람에 안개가 걷히네.　　隔岸遙峰霧捲風

고향 생각에 객담을 나누다 보니 잠 못 이루어　鄕思客談淸不寐

뱃전을 두드리며 한밤에 갑판에 앉아 있구나.　扣舷露坐五更中

대련의 성포와 노호탄을 거닐다

맑았다. 오전 8시, 대련에 도착해 대화반점에 들어 아침을 먹었다. 미쓰이 지점 직원 사카모토의 안내로 자동차를 타고 대련물산(大連物産) 진열관과 미쓰이 유지(三井油池), 산타이(三泰) 대두공장[1]·전기공원(電氣公園)을 둘러본 뒤 여관으로 돌아와 점심을 먹었다. 오후에 다시 차를 타고 서남쪽으로 이십 리를 가서 성포에 도착하였다. 만주철도회사에서 바닷가 10만 평 부지를 골라 공원과 별장을 많이 건설하였다. 바람을 쐬며 평상에 기대 있으니 가슴이 상쾌하다. 때마침 해무가 하늘을 가려 포구의 모습은 볼 수 없었다.

내가 탄 차는 유성같이 빠르고	雙輪駈我似流星
포구에서 회포 푸니 술이 쉽게 깬다.	臨浦披襟酒易醒
속인에게는 진면목을 허락하지 않는 듯	不許俗人眞面見
두터운 안개가 석양의 해변을 가리네.	一重霧掩夕陽汀

---

1 원문의 '유방(油坊)'은 콩기름을 만드는 회사이며, 대두공장으로 번역하였다. 러일전쟁 이후 대련은 줄곧 대두 가공업으로 번성하여 1920년대 중반기에 그 절정을 맞이했다. 산타이 대두공장은 1908년에 미쓰이 물산이 대련의 대두 제조업을 흥기시키려고 그 산하에 설립한 회사이다.

대련 남쪽에서 십여 리 떨어진 노호탄

돌아오는 길에 노호탄(대련 남쪽에서 십여 리 떨어진 곳이다.)으로 갔다. 노호탄 서쪽에 바위 하나가 튀어나와 있는데 그 바위가 꼭 호랑이 같은 모습이어서 이런 이름[老虎灘]이 붙었다. 해적의 소굴이었는데 지금은 해수욕장으로 조성되었고 왕래가 편하도록 산을 파서 다리와 전차 다니는 길을 놓았다.

바위 아래 여울소리 바다를 진동하고   岩下灘聲動海門
호랑이 같은 모습은 숲에서 나온 듯.   形如老虎出林蹲
오늘은 숲에서 나온 자취는 사라지고   今日緣林跡如掃
모자 쓴 사람들이 바람을 쐬며 다니네.   冠童風浴散晴喧

여관으로 돌아와 행장을 꾸렸다. 지점 차장 다카하시 시게타로(高橋茂太郞)에게 가니 그 집에서 만찬회를 열어 기녀들이 섬섬옥수로 술을 권하는데 매우 즐거웠다. 오후 10시에 대련에서 출발하였다. 이날 밤에는 기차에서 잤다.

대련은 일본 사람들의 상권이 가장 왕성한 곳이다. 여순에서 승기를 잡은 뒤 반드시 대련을 중심점으로 삼아야겠다는 생각으로 전력을 쏟았으며, 그리하여 만주철도 사업이 날로 창대해졌으니 실로 남북 만주 교통의 요충지가 되었다. 배산임수의 지형이고 날씨는 맑고 화창하다. 도로, 시장, 공장 및 주택 모두 새로이 정비하지 않은 곳이 없다. 그 시가지가 흡사 거미가 거미줄을 친 것같이 보인다. 만주대두(滿州大豆)가 주요 생산물이라고 한다.

만주에 이주한 조선인들의 근황을 듣다

맑았다. 오전 6시, 봉천(奉天)에 도착해 대화반점에 들었다. 미쓰이
출장소장 아마노 데이지(天野悌二)가 찾아와서 함께 아침을 먹었다.
같은 출장소 직원의 안내로 영사관을 찾았다.

부영사 양재하(楊在河)는 조선 사람으로 대구 출신이다. "현재 만
주에 조선 사람이 80만여 명 있는데 개척할 토지는 있으나 경작할
사람이 없어 잠시 머물며 우리 조선 동포의 이주를 준비하고 있습니
다. 5조권[소유권, 상조권(商租權), 압권(押權), 연조권(年租權), 분작권(分作
權)][1]에 따라 농지를 임대하여 농사를 짓는데, 이주해 온 사람들 중

---

1 19세기부터 간도 지역에 조선인들이 이주하여 살기 시작하면서 청과 조선 사이에 영토 분쟁이
발생했는데, 1909년 일본과 청은 간도 협약을 맺어 간도를 청의 영토로 하였고, 일본은 만주 안
봉선 철도 부설권을 차지하였다. 간도 협약 규정에 의해 이주 한인에게 토지소유권이 인정되었
으나 화룡현과 연길현 등 일부를 제외하고는 귀화 입적자가 아니면 토지소유권을 인정받지 못
했다. 1915년 일제와 중국 군벌 원세개 사이의 남만동몽조약(南滿東蒙條約)에 의거하여 상조권
(계약에 의해 토지를 사용할 수 있는 권리)에 의한 방법으로 토지를 경작하거나 귀화 입적하여
소유권을 획득했다. 압권은 만주 고유의 전권[典權 또는 압권(押權)]에 의해 획득하는 기한부
토지사용권이며, 연조권은 1년을 기한으로 토지를 임대할 수 있는 권리이다. 분작권의 의미는
불명확하다. 여러 명의 비귀화 조선인들이 자금을 모아 귀화인의 명의로 토지를 구입한 뒤 금
액에 따라 토지에 대한 권리를 나누어 가지는 전민제(佃民制), 또는 이기영의 《대지의 아들》에
나오듯 땅 주인이 농사짓는 작인(作人)에게 최소 한도의 농량(소금, 좁쌀)을 대주고 경작을 시
킨 뒤 소작료와 미리 대출한 종자대와 농량을 제하고 남는 것으로 작인과 반분하는 방천[半作]
제도를 가리키는 것이 아닌가 한다.

평안도 사람들은 언어와 풍속에서 중국의 것을 익히 들어 알고 있어 심하게 곤란한 점이 없었습니다. 그러나 경상도 사람들은 이들의 언어나 풍속을 들은 바가 전혀 없었는데 졸지에 살 곳을 찾아 떠돌다 수천 리를 온 것이라 매우 고달프고 너무나 어려운 상황이었습니다. 그런데도 오히려 평안도 사람들이 이들을 거지의 찢어진 걸낭 취급을 하며 수모를 주었으니 그 사정 또한 너무도 안타깝습니다. 그런데 우리 경상도 사람들이 안동과 봉천의 부영사로 온 뒤로는 경상도 사람들을 절로 우대하게 되었고 그 때문에 평안도 사람들이 감히 이전처럼 경상도 사람들을 업신여길 수 없게 되었습니다."라고 하였다. 영사관에서 금융조합을 몇 곳 지정해 낮은 이자로 돈을 빌려주도록 하여 농민들을 후원한다고 한다.

아득한 석양빛의 심양성	蒼茫落日瀋陽城
조선의 유민들을 차마 어찌 보랴.	忍見流民自漢京
곤궁한 동포들은 언제쯤에야	溝壑同胞此何日
이역 땅에서 농사지으며 여생을 보낼까.	農桑異域寄殘生
요동 들판에서 개간에 전념하다가	遼東野土埋頭盡
두만강 물결에 눈물 흘리며 운다.	豆滿江波洒淚鳴
북릉 서탑 근처에 말을 세우니	立馬北陵西塔畔
눈에 가득 먼지라 놀란 마음 드네.	風塵溢目我心驚

마차를 타고 북릉(北陵)으로 갔다. 북릉은 청 태종(太宗) 문황제(文皇帝)의 장지이며, 봉천에서 10리 떨어져 있다. 평원을 바라보니 소나무와 잣나무가 울창하고 멀리서 바라보면 흙으로 만든 만두 모양

으로 능을 조성하였다. 능 위쪽으로 백양나무 한 그루를 심었는데 오래 지나니 몇 아름이나 되어 마치 우산을 편 것 같았다. 겹겹이 있는 전각의 노란 지붕이 찬연하게 빛나고 전각 문 밖에는 말 석상이 쌍으로 서 있는데 조각이 자연스러웠다. 이는 태종이 말을 매우 좋아했음을 나타낸 것이었다. 강희제가 쓴 태종 공덕비가 우뚝하게 서 있었다. 돌이켜 보면 명나라와 쉰여덟 차례 싸워 모두 이겼으니 중원에 있던 명나라의 여러 장수가 안에서 반란을 일으켜[2] 항복하러 올 정도로 막강했던 무력이 오늘날에는 그저 한 줌의 흙에 지나지 않게 된 것이다. 더욱이 봉천은 곧 심양(瀋陽)이니 예전에 우리나라 삼학사(三學士)의 일[3]을 떠올려보면 격세지감이 들어 한숨을 금할 길이 없다. 북릉의 모습은 5년 전과 비교하면 조금씩 보수한 흔적이 있다.[4] 파수병이 있는 탓에 안내를 청할 수 없으니 아마도 봉천 독군(奉天督軍) 장작림(張作霖)[5]이 민심을 수습하기 위해 그리한 듯하다.

---

2 원문의 '도과(倒戈)'는 '창을 거꾸로 잡는 것'이니, 곧 거느리고 있던 군사가 자기편에 반기를 든다는 뜻이다.

3 삼학사(三學士)는 병자호란[1636~1637] 때 조선이 청나라에 항복하는 것을 반대하고 척화론을 주장했다가 심양으로 끌려가 참형을 당했던 척화파의 강경론자 세 사람 홍익한(洪翼漢), 윤집(尹集), 오달제(吳達濟)를 가리킨다.

4 공성학은 1919년에 만주 일대를 온 적이 있다. 이때 방문한 곳은 안동(단동), 봉천(심양), 영구(營口), 대련, 여순이었다. 공성학이 쓴 시 〈만주 유람[滿洲漫遊]〉의 '혼사일에 어찌 겨를 나기를 기다리랴, 중국의 강산을 이참에 보련다(婚娶暇何待, 江山權且看)'를 보면 집안의 혼사로 온 것이라 여행이 주목적은 아니었지만, 1919년에 북릉을 보고 압록강 철교를 지나갔기 때문에 《중유일기》에서 그사이의 변화를 서술하고 있다. 그래서 엄밀한 의미에서 보면 공성학이 처음 중국에 간 시점은 1919년이다. 그러나 《중유일기》에서 중국 방문에 크게 의미를 둔 이유는 중국 문명의 중심지인 북경과 강남 지방에 가서 유명한 사적들을 직접 보았기 때문이다. 공성학의 입장에서는 진정한 의미에서의 중국을 여행한 것이라고 할 수 있다.

5 중국의 군인·정치가(1875~1928)로서, 봉천군벌(奉天軍閥)의 총수이며 단기서를 도와 공화국 회복에 힘썼으나 장개석의 북벌군에 크게 패하였다.

평원 십 리에 푸른 소나무들	平原十里萬松蒼
백 장이나 높은 능 위로 한 그루 백양나무.	百丈陵高一白楊
공덕비는 몽골 문자로 전해져서	功德碑傳蒙古字
융은문을 여니 만주의 모습이네.[6]	隆恩門啓滿洲光
등불은 어두운 궁의 구석에서 명멸하고	漆燈明滅玄宮邃
첩첩이 늘어선 석마는 묘도를 빛낸다.	石馬嶙峋墓道煌
이곳은 청조의 발상지여서	爲是淸朝發祥地
봄바람에 멀리서 온 나그네의 회포가 길구나.	春風遠客感懷長

차를 마시고 돌아오는 길에 지나가(支那街)[7]를 경유하여 청의 옛 궁전인 숭정전(崇政殿)을 들어가서 보았다. 당시의 전형적인 모습이 완연했다. 중앙의 용상에 글씨가 걸려 있었는데[惟天聰明, 惟聖時憲, 惟臣欽若, 惟民從乂.[8]] 오른쪽 편액[功崇惟志, 業廣惟勤,[9] 首出庶物, 萬國咸寧.[10]], 왼쪽 편액[豈弟君子, 四方爲則.[11] 知人則哲, 安民則惠.[12]], 오른쪽 기둥의 대련[念玆戎功,[13] 用肇造我區夏.[14]], 왼쪽 기둥의 대련[愼乃儉德,[15]

6 중국 심양은 북경, 상해, 천진과 함께 중국의 4대 도시 중 하나로, 17세기 만주 지방을 중심으로 일어난 후금(後金)이 이 심양을 수도로 삼아 대륙 진출의 교두보로 삼은 바 있다. 이후 후금은 중국 전역을 지배하며 '청(淸)'으로 이름을 바꾼다. 그래서 심양에는 만주족의 유산이 다양하게 남아 있으며, 청나라 2대 황제의 능인 북릉에 융은문이 있다.

7 '지나'는 중국을 가리킨다.

8 《서경》〈열명(說命)〉에 나오는 구절이다. "하늘은 총명하시니 성인께서 이를 본받으시면 신하들은 공경하고 따를 것이며 백성들도 따라서 다스려질 것입니다."라는 뜻이다.

9 《서경》〈주서(周書)〉에 나오는 구절이다. "공이 높은 것은 뜻이 컸기 때문이고 업적이 큰 것은 부지런했기 때문이다."라는 뜻이다.

10 《주역》〈건(乾)〉에 나오는 구절이다. "만물의 으뜸인 머리가 나와 온 세상이 다 함께 편안해진다."라는 뜻이다.

式勿替有歷年.^{16]} 구조가 소박하고 규모는 검소해 겨우 3층의 흙계단
이 있을 뿐이라, 우리 경복궁 건물보다도 못했다.

전각 뒤에 청녕전(淸寧殿)(침전)이 있는데 낮은 갱과 갈대와 이엉
의 나뭇조각, 붉은 나무로 만든 창과 기둥에 달린 소박한 장식으로
보아, 검소함을 중시하며 정치를 했음을 알 수 있었다. 전각 좌우는
관저궁(關雎宮), 인지궁(麟趾宮), 영복궁(永福宮), 연경궁(衍慶宮) 네 개
궁으로 나뉘어 있는데 그 역시 긴 복도가 있는 구조에 불과했다. 그
러나 보관했던 귀중한 기물은 원세개가 당시 모두 북경으로 옮겨버
려 지금은 탈피한 매미의 빈 껍질 같다.

---

11 《시경》〈대아(大雅)〉의 '권아(卷阿)'편에 나오는 구절이다. "점잖으신 임이시여, 온 세상이 본받
   는다."라는 뜻이다.

12 《서경》〈고요모(皐陶謨)〉에 나오는 구절이다. 해당 구절이 들어간 원문은 "우(禹)임금이 말씀
   하셨다. '아, 너의 말이 옳으나 이와 같이 하는 것은 요임금도 어렵게 여기셨다. 사람을 알면 명
   철하여 훌륭한 사람을 벼슬시키고 백성을 편안하게 하면 은혜로워 모든 백성이 그리워할 것
   이다. 군주가 명철하고 은혜로우면 어찌 환두(驩兜)를 걱정하며 어찌 유묘(有苗)를 귀양 보내
   며 어찌 교언영색으로 간악한 마음을 품은 자를 두려워하겠는가.(禹曰: 'IT! 咸若時, 惟帝其難
   之. 知人則哲, 能官人, 安民則惠, 黎民懷之. 能哲而惠, 何憂乎驩兜, 何遷乎有苗, 何畏乎巧言令
   色孔壬?)"이다.

13 《시경》〈주송(周頌)〉'열문 1장(烈文一章)'에 나오는 구절이다. 이 구절이 담긴 문장은 "봉해준
   네 나라를 어지럽지 않는다면 왕이 그를 높여주니 이 큰 공을 생각하고 대를 이어 크게 하리
   라.(無封靡于爾邦, 維王其崇之, 念玆戎功, 繼序其皇之.)"이다.

14 《서경》〈강고(康誥)〉에 나오는 구절이다. 원문은 "감히 홀아비와 과부를 업신여기지 않으시며
   등용하여야 할 사람을 등용하고 공경하여야 할 사람을 공경하고 위엄을 보여야 할 사람에게
   위엄을 보이시어 덕이 백성들에게 드러나 우리 중국을 창조하셨다.(不敢侮鰥寡, 庸庸, 祗祗,
   威威, 顯民, 用肇造我區夏.)"이다.

15 《서경》〈태갑(太甲)〉에 나오는 구절이다. 원문은 "삼가고 검소한 덕으로, 영원한 계책을 생각하
   십시오(愼乃儉德, 惟懷永圖.)"이다.

16 《서경》〈소고(召誥)〉에 나오는 구절이다. 원문은 "위아래가 부지런히 돌보며 '우리가 받은 하늘
   의 명이 하나라 임금이 여러 해 다스릴 때와 같으며 이로써 은나라의 역년을 없애지 말라.'라
   고 하셨다.(上下勤恤, 其曰: '我受天命, 丕若有夏歷年, 式勿替有殷歷年.')"이다.

전각 앞에는 봉황루(鳳凰樓)가 있는데 역대 황제의 초상화가 봉안된 곳이다. 2층으로 올라가 봉천 시내를 내려다보니 독군 장경요(張敬堯)[17]의 군부(軍府)가 눈앞에 즐비하였다. 곧바로 명호(明湖)의 춘주루(春酒樓)로 향했는데 고시의 여러 구절을 모아 지은 내용의 현판(但使閭閻還揖讓,[18] 不知書劍老風塵.[19])이 걸려 있었다. 점심을 먹고는 술값을 계산하려 했으나 직원이 말리는 것을 보고 우리에게 대접한 것임을 알게 되었다. 시장의 붉은 기둥과 조각한 처마, 옻칠한 간판, 금빛 편액이 가는 곳마다 모두 같았다. 숙소로 돌아와 쉬었다.

17　1910년대 중국의 군벌 안휘파(安徽派)를 결성한 사람 중 하나이다. 1920년 직예파(直隸派)와 싸운 안휘직예전쟁에서 패배함으로써 그 실체가 사라졌다.

18　당나라 두보(杜甫)의 시 〈성도의 초당으로 가는 도중 지은 것으로 우선 엄정공에게 보내는 시 5수(將赴成都草堂途中有作, 先寄嚴鄭公五首)〉에 나오는 구절이다. 해당 시구가 들어 있는 문장은 "그래도 여염집에서는 오히려 예를 차리니 소나무, 대나무가 오래되어 황폐해진 것을 어찌 논하랴.(但使閭閻還揖讓, 敢論松竹久荒蕪.)"이다.

19　당나라 고적(高適)의 시 〈정월 초이렛날에 습유 두이에게 부치다.(人日寄杜二拾遺)〉에 나오는 구절이다. 해당 시구가 들어 있는 구절은 "동산에 한 번 누워 서른 번의 봄을 보내니, 책과 검이 풍진 속에 늙은 것을 어찌 알겠는가.(一臥東山三十春, 豈知書劍老風塵.)"이다.

무순의 탄광을 들러보다

흐렸다. 오전 6시 10분 봉천을 출발하는 기차를 탔고 운하(渾河)에 이른 뒤부터 기차는 지선 선로로 운행해서 갔다. 오전 7시 10분 무순에 도착하였다. 역 앞 여관에 도착하여 골동반(骨董飯)¹을 사 먹었다. 인력거를 타고 탄광 사무소에 가서 이름을 알 수 없는 담당 직원의 안내로 전차를 타고 노호대갱(老虎臺坑) 발전공장, 유산공장(硫酸工場)² 및 제일노천굴(第一露天掘)을 가서 둘러보았다. 그 규모가 크고 계획이 치밀하여 놀랍고 불가사의하였다. 탄광이 있어 율시 한 수로 감회를 썼다.

사람인가 귀신인가 반신반의할 정도로	非人非鬼半疑然
구중의 샘물 아래 샘물까지 뚫었네.	鑿及九重泉下泉
살아생전 천금을 얻지도 못하면서	生涯不有千金得
목숨을 오직 매달린 줄 하나에 기대네.	性命惟憑一緪懸
으슥하니 염라국인가 싶지만	幽冥身判閻羅府

---

1 비빔밥을 가리키는 한자어. 명나라 때 동기창(董其昌)이 《골동십삼설(骨董十三說)》에서 분류되지 않는 옛날 물건들을 통틀어 골동(骨董)이라 부른다면서, 여러 가지 음식을 혼합해 조리한 국을 골동갱(骨董羹)이라 하고, 밥에 여러 가지 음식을 섞어 익힌 것은 골동반이라 한다고 썼다.
2 여기서 유산은 곧 황산을 말한다.

1921년의 노호대갱 전경

석탄이 입에 들어오니 예양의 어짊을 알겠구나.[3]　　呑啞心知豫讓賢
슬프구나. 동포 역시 하늘이 낸 것인데,　　　　　哀爾同胞亦天産
인생의 궁달이 어찌 이리 판이한가.　　　　　　百年窮達此何偏

　무순의 석탄은 지금으로부터 600년 전 고려인이 채굴하여 도기
를 제조할 때 연료로 썼다. 청조 건륭 연간에 이곳이 영릉(永陵), 동
릉(東陵)과 가까이 있어 풍수의 해를 입을 것을 염려하여 채굴을 엄
금하였다. 이후 광서(光緒) 27년[1901]에 청나라 사람이 정부의 채굴

3　전국시대 진(晉)나라 지백(智伯)이 조양자(趙襄子)에게 죽임을 당하자 지백의 신하였던 예양이
　몸에 옻칠을 하여 문둥이처럼 꾸미고 숯을 삼켜 벙어리 행세를 하면서 그 원수를 갚고자 하였
　다. 그러나 뜻을 이루지 못하고 발각되어 죽었다.

허가를 얻었다. 그 후 석탄 채굴권은 러시아로 귀속되었으나 극동삼림회사(極東森林會社)에서 사업을 시작하기도 전에 러일전쟁이 일어나 일본군이 점령하자 명치(明治) 40년[1907]부터 만주철도회사가 경영하게 되었다.

석탄이 매장된 구역의 면적은 약 1,820만 평이고 길이는 40리, 폭은 10리이다. 종사원(從事員) 및 직고원(職雇員)은 750명인데 모두 일본인이다. 용고원(傭雇員)이 6,500명이며 상역부(常役夫)는 8,400명, 채탄부(採炭夫)는 9,700명으로 모두 중국인이다. 모두 합하여 2만 5,350명이다. 하루 평균 출탄량은 약 1만 2,000톤이고 연간 수량은 380만 톤이다. 지질로 보면 30년간 채굴이 예상된다.

아아, 이 탄광은 고려인이 발굴해낸 것으로, 우리말로 이른바 '맹인이 문에 들어간 격'이니 그때 어찌 상당한 기술이 있어서 이리할 능력이 있었겠는가! 그러니 당연한 일이다, 남에게 빼앗긴 것은. 그러나 청국 정부는 이것이 나라를 부강하게 하는 일대 재원이라고 하면서도 스스로 경영하지 못하고 땅의 보물을 포기해버렸으니 그 또한 어리석다.

역 앞에서 간단히 중국 음식을 먹었는데 가랑비에 옷이 젖었다. 이날 오후 2시 10분 봉천으로 돌아갔다. 중국 편력의 마지막 날이었다. 인생의 즐거움으로 생각해보면 유람의 흥취는 아직 끝나지 않았지만, 집과 관련지어 생각해보면 돌아가고 싶은 마음 또한 끝이 없었다. 그러나 42일간 둘러봤던 산천의 풍광과 사람들과 풍물, 풍토는 바로 일장춘몽이었다. 밤 9시 30분, 봉천을 출발했다. 외로운 달이 한창 밝으니 그리운 마음은 끝이 없었다. 그날 밤은 기차에서 잤다. 이야기를 나누다가 소산 손봉상 옹에게 율시 한 수를 써드렸다.

배 아홉 척과 기차 스무 대로 보낸 50일 　　　九船卅轍五旬盈
중국을 편력한 만 리 길의 여정 　　　　　遍踏中州萬里程
몇 곳의 명산에서 구름과 함께 잤고 　　　幾處名山雲共宿
끝없는 바다에선 달과 함께 갔었지. 　　　無邊滄海月俱行
바람을 울리는 호탕한 말에 진회 기녀들 입을 　豪談風動淮娥嘿
다물고
정신을 모은 좋은 시구는 상해 문사들을 놀라게 　佳句神凝滬士瞠
했네.
신선과 같은 배 나도 탔으니 　　　　　　仙侶同舟吾亦得
이 좋은 일로 평생의 감회를 삼는다. 　　　也將勝事感平生

소 옹의 원운을 첨부하다 　　　　　　　附韶翁原篇
차를 세워 또다시 심양성을 물어보니 　　　駐車又問瀋陽城
천 리 길 고향 산이 하루밖에 안 걸리네. 　　千里鄕山一日程
태산의 새벽 구름 역 따라 멀어지고 　　　泰岳曉雲隨驛遠
양자강 밤의 달 누각에서 솟아 밝네. 　　　楊江夜月上樓明
이제 개성으로 돌아가 늙어가리니 　　　　今歸崧下吾終老
어서 유럽으로 다시 여행 떠나보세. 　　　早向歐西子復行
옆에서 잠자는 객을 일으켜 세우려 하니 　　欲起同隣閒睡客
새벽에 닭 우는 소리도 기다리지 않으련다. 　東天不待一雞鳴

5월 14일

조선으로 돌아오다

맑았다. 오전 5시경 안동현에 도착했다. 차장이 불러 깨우자 일행이 모두 놀라 일어나 눈을 비비며 보니 세관 관리가 짐을 검사하겠다며 재촉하고 있어 상자를 열어 보여주었다. 이른바 선물로 받은 물품에는 약간의 징세를 했고 또 상자 하나를 열었는데 황색으로 장정한 책이 있을 뿐이어서 살짝 웃으며 가버렸다. 옷매무새를 바로하고 앉아 소매 안의 시계를 한 시간 더 가게 맞췄는데 조선과 중국의 시간이 강을 경계로 달라지기 때문이었다. 창을 열어 바라보니 5년 전에 봤던 압록강 철교였다. 철교를 건너자 비로소 새로 다린 흰 모시옷을 입은 사람들을 보게 되어 조선 땅임을 실감하였다. 나는 조명호 군에게 "흰옷은 내 평생 입은 옷인데 겨우 40일 동안 못 봤다고 하여 어찌 이리 생소한가?"라고 하였다. 조명호 군은 "다름 아니라, 늘 이야기했듯 우리나라 의복 제도가 효율적이지 못했고 중국의 짙은 색을 실컷 본 데다 오늘 아침 갑자기 흰색으로 바뀐 까닭입니다." 하였다.

차와 배 타고 쏜살같이 달리니	驅車行舶疾如飛
만 리 길 여정에 보름달 다시 빛나네.	萬里長程月再輝
보리가 바람에 나부낄 때 시모노세키를 떠나	大麥風輕馬關去
푸른 청포에 비 그칠 때 압록강으로 돌아왔네.	綠蒲雨歇鴨江歸

짐 검사하는 관리가 가져온 책을 비웃고	檢裝吏笑藏黃卷
강 건넌 사람은 흰옷 걸친 이들을 보네.	渡水人看掛白衣
고향의 산이 갈수록 가까워지는 것에 기쁘니	心喜鄉山行漸近
동쪽으로 구름 낀 숭산의 고향집을 바라본다.	片雲東望碧崧扉

멀쩡하게 벙어리 귀머거리 신세 되어	無病作聾啞
문을 나서며 혼자 탄식한다.	出門堪自嘆
중국 말은 뱁새가 내는 소리 같고	漢音鳩舌聽
영어 문자는 게 걷는 것처럼 보이네.	英字蟹行看
서양식 의복과 모자를 쓰고	衣帽和洋製
시찰단이라고 이름 붙였네.	名標視察團
허랑한 여행길 무슨 소용이냐고	浪游竟何益
널리 사람들의 비웃음이나 얻겠지.	博得世人訕

또 강 건너 동쪽을 보았는데 좌우의 산세가 웅장하고 맑고 수려했다. 조명호 군이 내게 말했다. "조선은 자랑할 게 없으나 오직 산천이 중국보다 낫다고 하겠습니다." 내가 말했다. "아름다우면 뭐 하나. 우리 땅이 아닌데." 함께 몇 차례 한숨을 내쉬었다. 기차 식당에서 점심을 먹을 때 나는 맥주잔을 들고 아마노에게 말했다. "이걸 해산식(解散式)으로 삼읍시다." 이 잔은 연경 길[燕京路] 삼천리를 위한 것인데 평안도에서 출발해 평안도로 돌아왔으니 자축하는 술잔이었다. 그러나 '남경 제일'¹을 불러올 수 없다는 것이 옥의 티였다. 또 한바탕 웃고 신막(新幕)²에 도착했다.

일행의 자식들과 조카들 및 삼업조합 직원들이 마중을 나왔다. 모두 즐겁게 악수하고 토성(土城)³에 도착했다. 또다시 네댓 명 친구들이 마중 나오고 개성역(開城驛)에 도착하였다. 기적이 울려 숭산(崧山)이 눈에 보였다. 아마노와 헤어지면서 이후 경성으로 갈 때를 기약하고 역에 내렸는데 그때가 오후 5시였다. 관리와 친구, 친척 및 삼업조합원 등 200여 명이 역으로 나와 맞이하면서 다투어 위로하며 말하기를, "일행의 얼굴이 모두 좋고 빛이 나니 여행의 고단함은 다행히도 없었나 봅니다."라고 하여 내가 "40일간 중국요리를 먹었는데 어찌 기름이 끼지 않았겠습니까?"라고 답하였다. 돌아오는 내내 웃으며 걸어서 집에 돌아온 뒤 봤더니 창강 김택영의 시 세 편이 있어 책상 위에 두었다.

천하제일의 멋진 강산	天下第一江山勝
초산 한 조각이 강에 비쳤네.	焦山一片江中央
높은 물결은 밤낮으로 금부처를 씻으니	驚濤日夜浴金佛
범범한 작은 절이 배 한 척 같네.	汎汎小寺如孤航
만 리 길 여행길 하찮은 길손 되니	浮遊萬里式微客
이 아니면 어찌 수심을 펴리.	非此何以寬愁腸
배를 매어둔 백 길 위에 절문이 있고	百丈橫繫寺門畔
오와 초 땅 둘러보며 푸른 산 다 가봤네.	縱觀吳楚窮靑蒼
노래 다 부르면 흰 파도 일어나고	高歌唱斷起浪白

---

1 4월 17일 일기에 "기녀를 가리켜 '강남 제일'이라 하였는데"라는 구절이 있는 것으로 볼 때 기녀를 가리키는 듯 보인다.
2 황해도 서흥군(瑞興郡)에 있는 읍.
3 황해도 봉산군(鳳山郡) 토성을 가리키는 것으로 보인다.

중유일기

마구 취한 채 노란 달을 맞네.	狼酒醉來迎月黃
손권(孫權)과 주유(周瑜)를 만난 것 같았고[4]	仲謀公瑾若相逢
소요하는 동파거사[5] 옆에 선 듯했네.	東坡居士參翺翔
준치를 샀다면 삶아 먹고 회로 먹고	倘能買鰣烹且膾
호방한 유람은 서늘함을 씻기에 충분하네.	豪橫尤足洗寒凉
아아, 나는 피곤하여 함께 가지 못하니	寒予罷病未同去
한탄은 줄곧 장강과 함께 길구나.[6]	一恨直與長江長
창평의 성인에게 후손이 있어[7]	昌平聖人有後孫
태어나자 육예(六藝)[8] 문장 읽을 줄 알았네.	生來能讀六藝文
만 리 여행길 뜻은 어떠한지	萬里遠遊意何似
성인의 자취 상상하면 희비가 교차하네.	想像聖跡交悲欣
태산과 동산은 직접 대면한 듯	泰山東山如面目
넘실넘실 흐르는 강물 소리 들리는 듯	江河濺濺聲如聞
멀리서도 알겠지, 20년간 고향 떠난 한을.	懸知卄世去鄕恨
하늘 우러러 흰 구름에게 하소연해볼까.	仰天欲訴空白雲

---

4 원문의 중모(仲謀)는 손권이고 공근(公瑾)은 주유이다. 주유는 손권을 찾아온 제갈량(諸葛亮)
과 손잡고 적벽대전을 대승으로 이끌어 오나라의 기반을 닦는데, 여기서는 적벽을 보고 손권과
주유를 떠올렸다는 뜻이다.
5 적벽을 보고 소식 곧 소동파의 〈적벽부(赤壁賦)〉를 떠올렸다는 뜻이다.
6 김택영의 문집 《소호당집(韶濩堂集)》 속권 1에 실려 있다. 제목은 〈소산과 춘포 두 군이 진강에
서 지은 율시를 보내왔기에 장구를 지어 화답하다(韶山春圃二君以鎭江所作律詩見寄作長句和
之)〉이다. 공성학 일행은 김택영과 헤어진 뒤인 4월 14일에 진강으로 가면서 시를 썼다.
7 공자가 노나라 추읍(陬邑) 창평향(昌平鄕, 지금의 산동성 곡부시)에서 태어났는데, 공성학의 본
관이 곡부이고 공자를 시조로 하기 때문에 자신을 가리켜 공자의 후손이라 표현한 것이다.
8 고대 중국의 주된 텍스트 여섯 종, 《시경》, 《서경》, 《예기》, 《악기(樂記)》, 《주역》, 《춘추》를 말한다.

늙은 이 몸 다행히 그대를 만났으니　　老身何幸得夫君
흰 얼굴 긴 수염 발군의 모습　　　　玉貌長髥出俗群
강 씨(江氏)⁹의 시문은 비단처럼 곱건만　江氏詞華渾似錦
왕랑(王郞)¹⁰의 먹물로 얼마나 옷을 적셨나.　王郞墨汁幾沾裙
유장한 여행길로 바닷길 누비고　　　遠遊漫漫窮黃海
아련한 옛 책에서 푸른 구름 바라본다.　舊籍依依望綠雲
바람 앞 피리 소리 세 잔의 술에　　　一笛風前三盞酒
만나자마자 헤어짐을 어찌 견디랴.　　相逢那忍卽相分

9　육조시대 양(梁)나라의 문인 강엄(江淹)을 가리키는 것으로 보인다. 김택영은 〈춘파별호설(春
　　坡別號說)〉에서 '강엄의 오색화(五色花)'를 언급한 바 있다. 이와 관련해 강엄이 만년에 장경양
　　(張景陽)이라는 사람에게 비단폭을 돌려준 뒤로부터 문장이 갑자기 퇴보하기 시작했다는 고사
　　가 전한다.
10　위(魏)나라 문인 왕찬(王粲)을 가리키는 것으로 보인다. 왕찬이 동탁(董卓)의 난리를 피해 형
　　주(荊州)에 있는 유표(劉表)에게 몸을 의탁하고 있을 때 유표에게 그다지 대우를 받지 못한 상
　　태에서 고향 생각이 절실해지자 고향 하늘을 바라보며 〈등루부(登樓賦)〉를 지었다고 한다.

광록동 모임에서 다 같이 시를 짓다

마을의 여러 선생이 돈을 갹출해 광록동(光祿洞)에서 모임을 열었다.
소산 손봉상 옹과 내가 힘겨운 여정을 마치고 돌아온 것을 위로하는
자리로, 모인 사람이 36인이었다.[1] 각자 시를 지었다.

깊은 산속 옛 고을 광록동에	古洞烟霞光祿深
환영하러 오늘 잘 찾아왔네.	歡迎今日好相尋
나는 인생사 늙어가는 마음을 쓰건만	叙我人間拙老意
그대는 천하의 장관을 보고 논한다.	論君天下壯觀心
천진 다리에 뜬 달은 꿈속에서 보았고	天津橋月夢中見
상해 시장의 먼지는 옷에 스며드는데	上海市塵衣上侵
오늘 왔더니 소 옹과 춘포는 피곤한 기색도 없고	今來韶圃渾無累

---

1 공성학 일행의 귀국을 환영하며 모인 이들은 모두 개성에 살고 있는 인물들이지만 인적사항
을 구체적으로 알 수 있는 사람은 그다지 많지 않다. 모인 인물 중 박규대(朴奎大), 황찬(黃燦),
박재선(朴在善)은 김택영 사후에 《창강선생실기》를 간행할 때 만사(輓詞)를 썼고, 최중건(崔
中建, 1853~1933)은 김택영이 중심이 된 시사 황화사(黃花社)의 일원이었다. 김진구(金鎭九,
1854~1928)는 김택영의 친구였으며 손석권(孫錫權)은 김택영의 문집 《창강고》를 간행하는 비
용을 분담하였으며, 김근용(金謹鏞, 1871~?)과 이기소(李箕紹, 1874~1940)는 김택영의 문인
이다.

5월 숲은 나무도 청량하네.　　　　　　　　樹亦淸凉五月林

- 금하 김명설(錦霞 金明說)

그대는 원유의 깊은 흥으로 장관을 보았지만　　壯觀爲君遠興深
부끄럽게도 나는 쇠약해 동행하지 못했네.　　愧余衰朽失追尋
이야기의 반은 서호의 풍경이고　　　　　　高談半帶西湖景
한바탕 취하니 누가 북해 가고픈 마음이 아니랴.　一醉誰非北海心
속세 티끌 없는 샘물과 바위 있는 곳에서　　泉鳴石枕塵喧息
나무 둘러싼 뜰에 비 기운이 스며든다.　　樹擁山庭雨氣侵
북학에 대한 관심은 이제 그만두자,　　　　北學關情今已矣
회포를 푸노라니 그저 숲에 있는 게 좋을 뿐.　披襟只合臥凉林

- 기원 최영창(綺園 崔永昌)

우리나라에서 사귐을 따지면 누가 깊을까.　　海內論交孰淺深
그대를 좋아하기에 날마다 찾아왔네.　　　愛君無日不相尋
이별한 후엔 천 번이나 꿈을 꿨고　　　　故縈別後千回夢
갑자기 지금 만나니 일편단심일세.　　　忽照逢今一片心
술에 한껏 취하니 하늘이 맑고　　　　　斗酒淋漓天氣朗
옷과 두건은 저녁 바람에 시원하네.　　衣巾瀟洒晚嵐侵
산에 해가 진다고 걱정 말게나.　　　　莫愁白日靑山暮
함께 취해 같이 숲에 누워 있으니.　　共醉終同臥茂林

- 성사 박규대(星史 朴奎大)

변방에서 늙어가며 멍하니 있다가　　　生老褊邦塊坐深

패망한 나라의 산천을 날마다 찾아왔네. 殘山剩水日相尋

그대가 천하 만 리 구경함을 기뻐하니 萬里喜君天下觀

다음 생엔 우물 속 내 마음도 넓어지리라. 三生豁我井中心

대종[2]의 이내에 옷을 적시고 宗岱烟嵐衣上濕

장강의 흰 물결 귀밑머리에 스며들었겠지. 長江波浪鬢邊侵

술 앞에 두고 여러 좋은 작품 다 듣고 보니 樽前聽罷諸佳作

까마귀와 까치 소리 벌써 숲에 가득하네. 烏雀啾啾已滿林

― 희당 최중건(希堂崔中建)

푸른 숲 그늘진 깊숙한 옛 고을에서 綠樹陰陰古洞深

즐거운 모임 하러 다들 찾아왔네. 合歡一會共相尋

시로는 산천의 기운을 담아냈고 詩篇能得山川氣

꿈에서는 고향 그리워하느라 바빴으리라. 夢想應勞鄉國心

벗을 부르니 숲에선 꾀꼬리가 지저귀고 喚友樹間鶯語滑

손님을 잡아둔 시냇가엔 술 향기가 스며든다. 留賓澗上酒香侵

서호 이야기를 자세히 들으려 하니 就中細聽西湖說

천고의 맑고 고아한 처사들이 숲을 이루었네. 千古淸高處士林

― 쌍계 김진구(雙溪金鎭九)

새 지도 한 폭의 겹겹이 깊숙한 新圖一幅萬重深

무수한 유적들을 하나하나 찾아갔네. 勝蹟昭森歷歷尋

엄숙한 공자 사당에서 그대는 무릎을 꿇었을 테고 闕里廟嚴屈君膝

---

2 태산을 가리킨다.

폭포 떨어지는 여산에서 내 마음 유쾌했으리.　廬山瀑落快吾心

이곳의 물과 바위는 오히려 시원하여　一區水石猶堪暢

속세의 티끌이 범접하지 못하네.　九陌氛埃不敢浸

두 사람의 여행 이야기에 귀를 기울이며　二子壯游傾耳聽

여유를 내어 반나절을 숲에 앉아 있노라.　偸閑半日坐青林

- 정암 김제필(貞菴 金濟弼)

풀과 나무 무성한 깊숙한 마을에　草樹芬蒕古洞深

두 친구 환영하러 멀리서 찾아왔네.　爲迎二友遠相尋

삼십 일 지나 배 타고 돌아오니　三旬始返滬淮棹

연과 조 땅 만 리 길을 돌아다녔겠지.　萬里徘徊燕趙心

오래 앉았노라니 햇살이 산 정상에서 지고　坐久日光峯頂轉

멀리 보이는 구름이 지팡이로 다가왔네.　望遙雲氣杖頭侵

뱁새 같은 내 신세 부끄러워하며　愧吾身似鷦鷯拙

그저 둥지에서 옛 숲을 지키리라.　只自安巢守故林

- 초정 손석권(草亭 孫錫權)

깊은 흥취 읊는 두 친구를 부러워하니　多美二君吟興深

만 리 길 바다와 산을 마음껏 다녔겠지.　海山萬里恣游尋

다른 나라 이야기 들으니 얼마나 꿈을 꿀까.　聞說殊邦幾勞夢

실제 땅을 다닌 것도 놀라운 마음이네.　踏來實地也驚心

더운 안개와 비 맞으며 배로 건너고　瘴烟蠻雨帆前過

향기 나는 계화꽃이 옷에 스며들었겠지.　桂子天香衣上侵

그저 속세의 먼지 씻고 작은 모임 열어　聊爲洗塵開小酌

꾀꼬리가 친구 부르며 또 숲으로 날아드네.　　老鶯喚友又西林

- 소석 우석형(小石 禹錫亨)

커다란 마음속에 장대한 포부 품고　　　　胸襟爽潤壯鞱深
만 리 길 강산을 차례로 찾아다녔지.　　　萬里江山次第尋
만수산 산색이 신발 아래에 있고　　　　　萬壽山光低屐齒
동정호 물빛은 물결이 일어났으리.　　　　洞庭湖色涌波心
멀리 하얀 학은 구름 밖으로 날아가고　　　鶴飛雲外清標遠
세상을 근심하며 개구리는 우물 안에 앉아 있네.　蛙坐井中世慮侵
좋은 이곳엔 봄 술이 바다처럼 잘 익었는데　勝地春醪深似海
거기에다 세상이 절로 숲을 이루었네.　　　況而海陸自成林

- 온암 이방현(穩菴 李邦鉉)

중국 간 두 친구는 의기가 자못 깊어　　　二子西游意頗深
이날 이 정원에 서로 잘 찾아왔네.　　　　名園此日好相尋
다닌 곳을 하나하나 말하는데　　　　　　經行歷歷聞君說
다 듣고 나니 여유롭게 마음이 넓어진다.　聽到悠悠豁我心
조용한 이곳이 문득 성시와 가까운 듯　　　地靜翻疑城市近
시원한 나무에 갑자기 눈서리 내릴 듯.　　樹涼却恐雪霜侵
어제의 취기가 미처 깨기도 전에 오늘 다시 취하니　昨醉未醒今又醉
한 시대 맑은 무리가 모여 숲을 이루었네.　一代清流萃若林

- 눌재 박천봉(訥齋 朴天鳳)

허공을 날 듯 배는 깊은 바다를 건너고　　吳舶憑虛胸海深

큰 강과 높은 산 찾아 물살 거슬러 갔네.　　　　　大川喬嶽遡流尋

소주와 항주의 누각은 번화한 모습이고　　　　　蘇杭樓閣繁華色

연과 조 땅의 풍연(風煙)에 강개한 마음 든다.　　燕趙風煙慷慨心

만 리 길 여행에 붓 잡은 손이 굳건해지고　　　　萬里壯游橡筆健

한 잔 술에 낭독하니 자리에 향기 더해지네.　　　一樽良唔座香侵

이 여행으로 평생의 뜻을 이루었으니　　　　　　此行便遂平生志

천추에 우러를 성림을 참배했기에.　　　　　　　慕仰千秋謁聖林

- 난곡 현재덕(蘭谷 玄在德)

그대 둘의 마음은 바다처럼 깊은데　　　　　　　兩君胸次海如深

천하의 강산을 몇 곳이나 찾아갔나.　　　　　　　天下江山幾處尋

건업(建業)³에선 옛 시절에 대한 감회를 써야 하고　建業宜吟感古賦

사수(泗洙)에선 선현을 흠모하는 마음 일으켰네.　泗洙一起慕先心

석 잔 술 마시며 취할까 사양하지 말게.　　　　　三杯美酒莫辭醉

두 귀밑머리가 하얗게 되는 건 피할 수 없으니.　雙鬢寒霜無奈侵

그대들 돌아온 건 축하할 일이니　　　　　　　　之子歸來今可賀

노란 꾀꼬리가 나를 불러 푸른 숲에 앉혔네.　　　黃鶯喚我坐靑林

- 신재 이경연(愼齋 李庚淵)

뜻을 중국에 둔 채 세월을 보내다가　　　　　　　志在中州歲月深

하루아침에 결심하고 멀리 찾아갔네.　　　　　　　一朝決意遠相尋

연 땅에서 눈길을 끈 건 번화한 시내　　　　　　　燕珍奪目繁華市

3　중국 남경의 옛 이름이다.

태산 정상에서 쓴 시는 마음이 확 트이네.　　泰頂披襟快豁心
이곳을 뜰 땐 어찌 천 리 길 멀다고 걱정하랴.　出境何愁千里遠
꼭 50일을 채워 집으로 돌아왔네.　　還家洽滿五旬侵
바다와 육지를 빠뜨린 곳 없이 편력했으면서　遍遊海陸無遺處
게다가 또다시 고생하며 성림을 방문했구나.　況復辛勤拜聖林

－ 금소 박순(錦沼 朴栒)

깊은 바다 너머 아득한 중국 땅　　神州漠漠滄溟深
그대는 배 타고 두루 돌아다녔겠지.　念子乘舟去遍尋
백 편의 시문에는 옛 왕업 담겨 있고　華藻百篇輸舊業
한 달 간의 여행으로 초심을 이루었네.　壯游一月償初心
제와 노 땅 지나갈 땐 노랫소리 들렸고　身過齊魯絃歌聽
강회 지날 땐 물결에 스며들었으리라.　衣拂江淮波色侵
이제 돌아왔으니 그 뜻은 어떠한가.　歸來今日志何許
광록동에 모인 이들 무성한 숲을 이뤘네.　光祿洞中一茂林

－ 야인 장시순(野人 張時淳)

북쪽으로 전차 타고 점점 깊이 들어가　向北電車漸入深
유명한 곳은 남김없이 모두 찾아갔네.　名區無處不相尋
태산에서만 놀라웠던 것이 아니라　泰山非獨能驚眼
곡부에서도 멀리 흠모하는 마음 많았으리라.　曲阜應多遠慕心
만 리 길 지나 돌아오니 계절이 달라졌고　萬里歸家時序變
행장 가득 쌓인 시구엔 묵향이 담겨 있네.　滿裝貯句墨香侵
한 잔 술로 환영하는 뜻을 말하려는데　一樽欲叙歡迎意

지는 햇살이 광록동 숲을 비추네.　　　　　斜日穿明光祿林

- 괴헌 주남영(槐軒 朱南英)

여름 숲이 우거진 광록동　　　　　　　　夏木成陰一洞深
오늘 시회 여니 멀리서 찾아오네.　　　　詩筵此日遠來尋
맑은 물 흰 돌성 서쪽 길　　　　　　　　清泉白石城西路
나비가 춤추고 꾀꼬리 노래하는 속세 밖의 마음　蝶舞鶯歌物外心
내 앉은 자리엔 청풍 불어 속세의 더위 물러　我坐清風塵暑退
나고
그대는 만 리 길 여행하느라 귀밑머리가 세었　君游萬里鬢霜侵
구나.
시 짓다가 나도 모르게 집에 늦게 돌아가니　吟中不覺歸家晚
안개 속에 새 울음 들리는 이미 저문 숲.　　烟鳥一聲已暮林

- 창암 김진철(蒼巖 金鎭喆)

소산과 춘포는 포부가 깊어　　　　　　　韶老春君抱負深
만 리 길 여행 떠나 명소를 찾아갔네.　　　壯遊萬里勝區尋
악양루 여산폭포 실컷 바라보았고　　　　岳樓廬瀑雙騁眼
노와 제의 강물에 마음을 씻었네.　　　　魯海齊河一洗心
비는 환영하듯 우리 모인 이날 쏟아지고　舊雨歡迎傾社到
정원의 좋은 모임엔 속세의 기운 없네.　　名園佳會絶塵侵
한 잔 술로 잘 돌아온 걸 축하하노니　　　一樽爲賀歸來健
새가 즐겁게 온 숲에 가득 지저귄다.　　　幽鳥欣欣啼滿林

- 미산 홍응표(眉山 洪應杓)

기쁜 마음으로 대륙을 누비면서 　　　　西遊大陸喜歡深

절과 누각 몇 곳이나 찾아갔나. 　　　　古寺名樓幾處尋

성모의 연원에 곱절로 감흥이 일고 　　　聖廟淵源應倍感

소제를 만든 이야기에선 다들 같은 마음이었네. 蘇堤事業可同心

재자가인들 있는 곳에 　　　　　　　芳名才子佳人在

광풍이 몰아치고 소나기가 내렸었지. 　　浩劫狂風急雨侵

장강과 회하에 할 이야기 있을 듯하니 　領略江淮堪有說

여행의 피로를 위로하느라 숲에 들어가네. 行勞聊慰入長林

　　　　　　　　　　　　　－동루 조봉식(東樓 趙鳳植)

북쪽으로 여행 간 것은 늦은 봄 즈음 　　北行吟策際春深

궐리사와 태산을 모두 누볐으리라. 　　　闕里泰山應徧尋

대성지성은 여전히 은택(恩澤)이 남아 있는데 大成至聖尙遺澤

명복 선생⁴은 일찍이 고심하셨네. 　　　明復先生曾苦心

석 잔 술로 푸른 숲에서 환영하고 　　　三酌歡迎碧陰轉

저물녘 걷는 신발엔 이끼가 묻었네. 　　　蹇鞋晩踏綠苔侵

중원의 고사 이야기에 기뻐서 　　　　　中原古事聞之喜

나도 모르는 사이 저녁 숲에 해 진다. 　　不覺斜陽映茂林

　　　　　　　　　　　　　－금서 황찬(錦西 黃燦)

---

4 송나라 학자 손복(孫復)을 가리킨다. 자가 명복(明復), 호가 부춘(富春)으로 진주(晉州) 평음(平
陰)(지금의 산동성 경내) 사람이다. 진사에 급제하지 못하자 태산에 거주하면서 제자들을 모아
놓고 강의했기 때문에 '태산 선생'이라고도 불렀다. 여기서는 위 구절의 '궐리사'와 '태산'을 각각
'공자'와 '손복'과 대응시키고 있다.

5월의 정자에는 그윽한 경치　　　　　名亭五月景幽深

초대받아 이곳에 찾아왔네.　　　　　路出招邀此處尋

고적의 천추의 일을 둘러봤고　　　　閱來古蹟千秋事

만 리 떠나 쓴 시를 다 들었지.　　　聽罷新詩萬里心

온 땅에 안개와 노을 있어 속세가 절로 멀어　偏地烟霞塵自遠

지고

온 산의 소나무와 상수리나무로 더위가 물러　滿山松櫟暑無侵

났네.

이 여행 어떤 성대한 여행과 같은가.　　　兹游何似盛游處

온종일 정담 나누느라 사림들 진동하네.　盡日淸談動士林

　　　　　　　　　　　　　　　　－ 난헌 민영화(蘭軒 閔泳華)

만 리 길 떠나는 그대와 이별한 지　　　萬里程長君別深

50일이 못 되어 고향으로 돌아왔네.　　五旬未過故鄕尋

감회를 쓴 시첩에 늙어 침침한 눈을 뜨고　披來寶帖開衰眼

이야기 들으며 여러 사람 놀란다.　　　聽得豪談動衆心

부평초 같은 내 삶은 이 속세에서　　　萍水吾生塵累在

천지간 하루살이 신세로 머리만 희어지네.　蜉蝣天地鬢毛侵

잔치 연 오늘 어찌 취하기를 사양하리.　開筵此日何辭醉

지는 해 산에 비치고 저녁 숲엔 바람 이네.　斜日映山風晚林

　　　　　　　　　　　　　　　　－ 춘강 민영필(春崗 閔泳弼)

깊은 동네에 파릇파릇한 풀과 나무　　草樹新晴洞府深

두 친구 환영하러 여기를 찾아왔네.　　歡迎二友此相尋

242　　　　　　　　　　　　　　　　중유일기

배와 차로 몇 번이나 해외 가는 꿈을 꾸었던가.   舟車幾作殊邦夢

문물에는 분명 고국의 풍정 많았으리라.   文物應多故國心

기험한 곳 찾아가며 몸은 더욱 굳건해지고   探奇探險身尤健

강과 산에는 독한 기운 따위 없었으리라.   於水於山瘴不侵

돌아와서 그동안 본 것 알려주려고   圖說歸來供一覽

여행 떠올리느라 해 지는 것도 몰랐네.   馳神不覺日西林

- 송간 김기하(松磵 金基夏)

여름 나무 그늘 드리운 깊은 동네에   夏木成陰洞府深

두 친구 맞으려고 모두 찾아왔네.   招邀二子好相尋

여행을 하면서 오래 품어온 뜻 이루었고   壯游已遂多年志

웃고 우느라 반나절을 보냈네.   劇語差歡半日心

석 잔 술에 온통 취할 지경인데   三盃醞釀渾成醉

한 점의 티끌도 들어오지 못하리라.   一點塵埃不許侵

그대 중국의 승경은 그만 말하게   請君休說中州勝

이 땅의 명승지도 무수히 많으니.   此地名區是樾林

- 춘고 김근용(春皐 金謹鏞)

광록동의 구름은 깊고도 깊은데   光祿洞雲深復深

시 짓고 술 마시는 친구들 찾아왔네.   詩朋酒老此來尋

그대의 만 리 길 즐거운 여행 애기 들으며   聞君萬里歡遊語

적적한 이내 반생을 달래본다.   慰我半生寥寂心

천하의 풍진이 아직 가라앉지 않았으니   天下風塵猶未定

귀밑머리에 서리가 찾아오지 말았으면.   鬢邊霜雪莫相侵

꾀꼬리도 환영하는 마음을 아는지　　　　　　　　黃鸝亦解歡迎意
온종일 꾀꼴꾀꼴하는 푸른 숲.　　　　　　　　　盡日嚶嚶綠樹林

— 성암 이기소(省菴 李箕紹)

그대가 여행 이야기를 늘어놓는 곳은　　　　　　游歷任君話淺深
여름 나무 높이 솟은 가파른 절벽.　　　　　　　斷崖夏木長千尋
강과 바다 건너 번화하게 다닌 걸 생각하니　　　翻回江海繁華跡
이곳 산골에서의 적막한 마음이 떠오르네.　　　喚起溪山寂寞心
시냇가로 자리 옮기니 숲 그늘 더하고　　　　　澗邊移席樹陰轉
바위 위에서 시 지으니 이끼가 짙어지네.　　　　石上題詩苔色侵
창 옹을 위해 한마디 하려 하니　　　　　　　　一言欲爲滄翁辨
역사에 밝으면서 돈도 잘 번 사람이 몇 명이었나.　明史攻錢幾士林

— 춘산 조인원(春汕 趙仁元)

한 폭의 중국이 꿈속에 들어오니　　　　　　　一幅中州入夢深
서경에서 그대 보내러 찾아왔네.　　　　　　　西京送子好相尋
높은 악양루에선 옛일 생각하고　　　　　　　　岳陽樓屹應懷古
드넓은 양자강에서도 생각은 많았으리라.　　　揚子江橫也有心
그대 떠나는 만 리 길 평안하기를,　　　　　　萬里平安君去路
온갖 마귀도 이 여행길 다가서지 못하리라.　　千魔不敢此行侵
그대 환영하러 산속에서 모임 여니　　　　　　迎君偶設山中會
고국의 꾀꼬리 날다 저녁 숲에 내려앉네.　　　故國鶯飛落晚林

— 해창 김홍채(海倉 金鴻埰)

244

글 읽던 그대가 만 리 길 떠나니　　　　書劍豪情萬里深
가볍게 짐 꾸려 먼 나라 찾아갔네.　　　輕輕行橐遠邦尋
중국을 유람하며 명소를 누비고　　　　華天遊到收名蹟
성상을 참배하며 도심(道心)을 보았네.　聖像陪來見道心
연시의 풍광은 시 속에 녹아 있고　　　燕市風光詩上載
황학루 풍경은 그림 속에 담겨 있네.　　黃樓烟景畫中侵
바다 높은 파도 이제 다시 잠잠하니　　鯨波遠海今還穩
축하하며 술 따르며 많이들 모였네.　　爲賀傾樽會似林

　　　　　　　　　　- 경재 최동일(敬齋 崔東壹)

중국을 여행하겠다는 뜻이 남달라　　　遠游中土意殊深
배 타고 산 오르며 몇 곳을 가봤던가.　泛水登山幾處尋
특히 그대에게 중국 산에 대해 묻다 보니　特地問君華嶽說
표연히 동정호 보고 싶은 마음이 일어나네.　飄然起我洞庭心
젊을 땐 그렇게 황금이 좋더니　　　　早年不覺黃金好
이젠 흰머리 막을 수가 없구나.　　　　此日難禁白髮侵
만 리 길 다니느라 분명 피곤하겠지.　萬里驅馳應有困
한 잔 술로 고원의 숲에서 마주 앉았네.　一樽相對故園林

　　　　　　　　　　- 벽암 임진원(碧菴 林鎭源)

강남과 강북 가르는 강물이 깊고 느려　江南江北澨流深
갖가지 골패 들고 이곳에 찾아왔네.　　種種投瓊供此尋
황학루 앞의 한구를 거쳤고　　　　　黃鶴樓前過漢口
용금문 밖 호수에서 배를 탔네.　　　湧金門外泛湖心

상세하게 홍삼 판로 이야기를 하다 보니　細詳將擴紅蔘販
유쾌한 기분이라 머리 희는 걸 어찌 알까.　愉快何知白髮侵
만 리 길 여행 끝내니 시화가 가득　萬里歸來詩話足
종놈에게 서쪽 숲 모임을 알리지 말게.　山僮休報傲西林

- 동계 박이양(東溪 朴頤陽)

정이란 얼마나 깊고도 얕은가.　情何淺也情何深
헤어졌던 두 공 다시 보니 너무도 좋구나.　最喜二公別後尋
고향에 돌아오니 감회가 있을 테고　故國後來應有感
중국에선 어느 곳에서 심정을 논했던가.　中原何處可論心
약한 나를 술이 공격하니 사람들 모두 웃고　酒兵我弱人皆笑
잘 쓰는 그대에게 시로 대적하니 세상 사람들　詩敵君強世莫侵
말릴 수 없네.
환영하는 진정한 뜻을 알려면　欲識歡迎眞有意
대 위에 숲처럼 모인 사람들을 보게나.　請看臺上士如林

- 소암 박준성(小巖 朴準成)

광록동 연못으로 가는 길 깊숙하지만　光祿池臺一路深
환영 모임 하기로 약속해 찾아갔네.　歡迎有約好相尋
홍삼 시장 시찰만 하려 한 게 아니니　蔘市非專輪察意
예전부터 중국을 여행하고 싶었지.　神州曾欲壯遊心
양자강 물결 소리에 옷을 적시고　揚子江聲衣上濕
무창산 산색이 귀밑머리 물들이네.　武昌山色鬂邊侵
술잔 앞에서 귀 기울여 좋은 시 듣고　樽前側耳聽佳作

석양 녘 푸른 숲에서 취해 누웠노라.　　　　　　醉臥斜陽碧樹林

- 소파 홍순철(少坡 洪淳哲)

숭산에서 헤어지고 이별의 정회 깊었는데　　　嵩南一別別懷深
이역의 강산을 일일이 찾아다녔구나.　　　　異域江山歷歷尋
노 땅의 거문고 소리에서 속태(俗態)를 보고　　絃誦魯鄉猶見俗
연 땅에서 축 노래 들으며 심정을 논했겠지.[5]　筑歌燕市共論心
구주의 풍물을 시로 짓는 것 힘들지만　　　　九州風物吟詩苦
오악의 풍경을 소매 가득 싣고 왔네.　　　　五岳烟霞滿袖侵
이 모임 열어 여행 이야기 들으려고　　　　　欲問奇遊開此會
두 늙은이 나란히 서림으로 향하네.　　　　　兩翁連袂向西林

- 붕해 진문섭(鵬海 秦文燮)

두 장로의 풍류와 회포[胸海]가 깊더니　　　　兩老風流胸海深
중국의 남북 지방을 순식간에 다녔네.　　　　荊南薊北一時尋
저녁엔 서호에서 좋은 시 짓고　　　　　　　晩泊西湖題傑句
다시 동악에 올라 속세의 마음 씻었네.　　　　更登東嶽洗塵心
만 리 길 여행은 지금 생엔 힘들기에　　　　萬里壯遊今世絶

5　연나라 태자 단(丹)이 진(秦)나라에서 도망친 뒤 진시황을 죽이려고 자객을 고용했는데 그 자객
　이 형가(荊軻)였다. 형가는 연에 들어가 개백정 노릇을 하면서 고점리(高漸離)와 친하게 지냈
　는데 고점리는 축(筑)을 잘 탔다. 형가가 연의 저잣거리에서 술을 마시다 취하면 고점리가 켜는
　축의 반주에 맞추어 노래를 부르고 통곡했다. 진으로 떠나던 날 태자 단을 비롯해 사람들이 소
　복을 입고 역수(易水)로 전송하러 나왔을 때 모두 눈물을 흘리는데 형가의 친구 고점리는 축을
　타고 형가는 자신의 심정을 "바람은 쓸쓸하고 역수물은 차구나. 장가가 한번 떠나면 돌아오지
　못하리.(風蕭蕭兮易水寒, 壯士一去兮不復還)"로 노래하였다.

한 잔 술 마주하니 해가 지는구나.   一樽相對夕陽侵

탈 없이 돌아온 선생을 축하하니   爲賀先生無恙返

우스갯소리 하며 푸른 숲에 앉았네.   好將笑語坐靑林

－표은 김진원(豹隱 金鎭元)

두 공의 깊은 사귐 흠모하여   仰慕兩公交益深

작은 술 모임 있다기에 찾아왔네.   略排小酌好相尋

달 감상하던 천진에서 장관을 보고   天津閱月壯觀日

먼 요동 길로 귀국했었지.   遼野遠程歸國心

광록동엔 구름 걷혀 푸른 봉우리 나오고   古洞雲收靑嶂出

샘물에는 비 그쳐 푸른 이끼 생겨난다.   靈泉雨歇綠苔侵

그중 세속 이야기는 말하지 말게   箇中莫道緇塵事

온 자리 좋은 손님 모두 사림이기에.   滿座嘉賓摠士林

－일당 최재훈(日堂 崔在薰)

좁은 땅에 태어나 세월을 보내다가   生來褊壤歲華深

만 리 길 관하(關河)를 유쾌하게 찾아가네.   萬里關河一快尋

기이한 구경 못 따라가는 내가 부끄러우니   愧我未踪奇觀地

여행의 꿈을 이룬 그대를 부러워하네.   羨君能遂壯游心

강남의 달을 배 위에서 보았고   江南夜月舟中見

계북의 맑은 이내 말 위에서 보았네.   薊北晴嵐馬上侵

지금도 여전히 성대한 현가(絃歌) 소리   秪今猶有絃歌盛

천년의 구름도 성림에게 절하리라.   千載雲仍拜聖林

－제산 한경석(霽山 韓慶錫)

푸른 잎 그늘 드리운 깊은 옛 동네에　　　　綠葉繁陰古洞深
옛 친구들 데리고 찾아왔네.　　　　　　　提携舊伴好相尋
여행객은 5월의 행색으로 와서　　　　　　遊人五月來行色
돈 걷어 마시며 회포를 푼다.　　　　　　釀飮百錢開素心
붉게 익은 앵두 가지엔 봄의 흔적 남아 있고　紅熟櫻枝春有迹
푸른 시내 바위구멍은 더위도 스며들지 않네.　碧流石竇暑無侵
흰머리로 강회 다닌 것 스스로도 우스우니　白首江淮堪自笑
문장으로 언제 계림을 울리려나.　　　　　文章何日動鷄林

　　　　　　　　　　　　　　　－소산 손봉상

높은 여름 나무 있는 깊숙한 동네에　　　　千章夏木洞天深
감사히도 여러 공들 술 들고 찾아왔네.　　惠好群公載酒尋
만 리 길 돌아다니며 맘대로 여행하고　　萬里轍環浪遊跡
돈을 모아 모임 열어 회포를 푼다.　　　百錢杖掛暢舒心
시편은 홍삼 바구니에 두기도 부족하니　詩篇無足蔘籠見
구름과 물에 부질없이 신 끌고 다녔네.　雲水空將野屐侵
어찌하여 시 짓는다고 이 모임 연 것인가.　豈謂文章開此會
꾀꼬리 지저귀는데 서림에 앉았네.　　數聲黃鳥坐西林

　　　　　　　　　　　　　　　－춘포 공성학

만취(晩翠) 우종익(禹鍾益)과 춘파(春坡) 박재선(朴在善)이 나중에
시를 지어 보내왔는데 아래와 같다.

만 리 길 여행 나이가 이미 많지만　　　萬里行裝日已深

중국의 경물을 두루 여행했네.　　　　中州景物遍遊尋
표범과 범이 싸우던 땅을 버려두고　　輕投豹虎相爭地
곤새와 붕새의 몸짓 빨리 배웠네.　　快學鵾鵬一擧心
초 땅의 푸른 산 기차 타고 가보고　　楚峀靑蒼車上出
연 땅에 낀 구름 지팡이 짚고 다녔네.　燕雲杳靄杖頭侵
술잔 앞에서 그대 환영하는 말 다 못하고　樽前未得迎君語
성 서쪽 너머 숲을 슬프게 바라본다.　　悵望城西隔樹林

　　　　　　　　　　　　　　　－만취

사수 한 분파가 동쪽으로 와서　　　　泗水東來一派深
진원지 찾으러 만 리 길 떠났네.　　　眞源萬里直行尋
천년의 성묘는 향기가 나서　　　　　千年聖廟焄蒿氣
백세의 유손이 서글픈 마음이네.　　　百世遺孫感愴心
빈 골짜기 난초는 봄빛이 남아 있고　　空谷幽蘭春色護
살구나무 없는 옛 제단에 석양이 진다.　古壇無杏夕陽侵
돌아오는 날 그대에게 인사하느라　　爲君多謝歸鄕日
전해지는 여풍이 사림에 진동하네.　　傳誦餘風振士林

　　　　　　　　　　　　　　　－만취

기차가 이별을 재촉하여　　　　　　汽笛催相別
역 앞에서 그대를 배웅했네.　　　　驛頭送君行
이별의 한일랑 품지 말게.　　　　　勿用離群恨
사해가 모두 형제 같으니.　　　　　四海盡弟兄
50일이 채 되기도 전에　　　　　　五旬猶未滿

이 땅에서 다시 맞이하였네.	此地復相迎
차로 넓은 들판을 누비고	輪飛平野潤
배로 맑은 강에서 묵었네.	舟泊暮江清
서호의 경치를 하나하나 둘러보고	歷訪西湖景
북쪽의 연경을 구경했었네.	遊觀北燕京
꽃 사이에서 술 청해 취했고	問酒花間醉
달 아래에서 시 지어 완성했지.	裁詩月下成
창 옹은 무탈하신가.	滄翁無恙否
여러 곳을 다니니 기쁘고도 놀랍네.	驀地喜且驚
등불 아래 천금 같은 이야기	燈火千金話
관산(關山)의 만 리 길의 정회.	關山萬里情
공자 사당을 참배하며	拜瞻素王廟
예전의 뜻을 이 여행으로 이루었네.	夙志遂此程
알겠구나, 선현을 흠모하는 마음이	遙知慕先意
마치 봄풀이 돋아난 듯하다는 것을.	正如春草生
돌아와서 감회를 물어보니	歸來問所感
수많은 감정 쉽게 말하지 못하네.	懷多未易名
상자에 가득한 놀라운 시구들을	滿篋驚人句
온 마을에 서로 전하리라.	相傳播一城

- 춘파

발문跋文

처음에 개성을 출발해서 경성에서 부산으로 갔다. 곧바로 현해탄,
시모노세키를 건너 모지, 미이케, 나가사키를 경유했고 다시 배를
타고 상해에 도착했다. 항주의 서호, 소주, 통주에 체류하면서 조금
씩 왔다 갔다 하였고 그다음에는 남경에서 장강으로 배를 타고 구
강에 정박하여 여산에서 하루를 숙박하였다. 또 강을 거슬러 올라가
적벽과 황주를 구경하고 한구에 도착했다. 황학루를 구경하고 다시
철로로 북경까지 가서 둘러보았다. 곧바로 천진을 거쳐 태산에 올
랐고 곡부에 가서 문묘와 성림을 참배하였다. 제남에서 청도로 갔고
또 배를 타고 대련으로 가서는 여순을 구경하였다. 다시 지부를 갔
고 또다시 대련에 정박하여 기차로 환승해 봉천으로 들어가서 무순
탄광을 구경하였고 압록강을 건너 돌아왔다. 43일간이었다.

　나는 예전에 일본을 세 차례 여행했는데 직접 가서 보고 들어 다
소간의 느낌이 없다고는 할 수 없겠으나 한 차례 중국에 갔을 때
보다 절실하고 시급한 마음은 아니었다. 왜 그랬을까? 우리나라는
4,000년 역사 속에서 오로지 중국만을 배워, 여덟 살에 학문에 입문
하는 아이들은 반드시 먼저 《사략(史略)》 세 권을 읽은 뒤 《통감(通
鑑)》 열다섯 권을 읽는다. 유년 시절 머리가 깨치기 시작할 때면 이
미 머릿속에 《사기(史記)》를 훤히 꿰고 있어 중국 역대 제왕의 계통

과 인물의 이름부터 산천과 풍속, 칭호, 연혁에 이르기까지 모두 손바닥 들여다보듯 이야기할 수 있지만, 만약 우리나라 역사에 대해 누가 묻는다면 멍하니 꿀 먹은 벙어리가 되고 만다. 그래서 평소 익숙한 견문을 가지고 지금 현지답사를 하고 보니 실로 하나를 보면 둘을 알고 동쪽과 서쪽을 분간하게 되는 효과가 있어, 일본의 유람과는 느끼는 바에 있어 절로 차이가 나게 되었다.

비록 그러하나 나는 정치가가 아니었으므로 중국의 형세가 어떠어떠하다고는 말할 수 없었고 저술가가 아니었으므로 또한 명산과 대천이 내가 글을 쓰는 데 도움이 된 것도 없었다. 그저 연(燕)·조(趙)의 시가지를 배회하며 고려의 야삼(野蔘) 현황에 대해 묻고 다녔으므로 이 여행 기록은 피상적이고 빈껍데기에 불과하다. 게다가 손짓으로 의사소통을 하여 보고 들은 것이 마치 격화소양(隔靴搔癢)하는 격이었고 바람이 불고 비가 퍼부어도 일정에 따라 강행했으니 시찰 취지에 비추어 볼 때 매우 부끄러웠다. 그러나 얕은 식견으로도 오히려 바다 너머 망망한 타국에서 만에 하나라도 얻은 바는 있을 것이다. 이에 전말을 기록하여 여러분의 웃음거리로 삼고자 한다.

원문

序

時移而物變, 因事而起感, 揚子江岸, 碧芦千里, 想化白雪飄揚, 泰山高岳, 瑞雲萬重, 應與靈氣聚散, 眼前扶蘇之妍楓艶菊, 遂成石田之秋, 使人奔走於紅蔘原料選納之場. 曩在上海, 與華商, 論評紅蔘品格值銀販路等事, 種種入念, 以我關係之深, 自然爲一時之感焉. 是時也, 余友春圃孔君聖學, 袖致一冊, 示余, 乃是中州行程四十三日記史, 而題詠詩律付焉. 詳而盡矣, 精而美矣. 讀之欣然曰, "是固不可無也. 如其無也, 當日之經過見聞, 終爲悠悠一夢, 從何得以資參考於後日耶." 是役也, 爲左右勸引, 余亦得爲行中一人. 六十二年間寄生, 何嘗非夢中而今來四十三日之中州, 又是夢中之夢. 醒來依依, 說若說慌. 回想當時經過, 舟駛車快, 一瞬千里, 又其至於止處, 亦有日字排定, 無一時自由一日閒歇. 約束行李, 嚴於軍紀, 固非遠遊行色, 所以如干題詠山水之句, 記錄驛埠之名, 筆下手帖, 類同馬上草檄矣. 已知吾君春圃思捷而強記, 筆妙而敏書, 然其何能致意於忽卒中, 周密乃爾耶? 日自天野雄之輔君, 以撮影二十六本送寄, 此是自發京城, 向日本之福岡, 至中華之安東, 終還我開州, 水陸一萬六千里程, 凡過名勝古蹟, 天野氏以其携帶機器, 必同我一行而照寫者也. 一一按過人物衣冠山水亭樹, 非不瞭然, 已無文字以表誌, 或迷迷然. 不可速記, 是何處地, 是何物狀, 久久致思, 有不得焉者, 時日經過, 僅六個月間, 今將寫照而猶如此, 苟無記錄而存之, 其於一年後, 爲如何, 又於十年後, 復如何耶? 余於此, 尤知春圃之成此錄甚有意焉, 又提示於石田採蔘忙忙之日, 其所起感, 或非其相同耶. 凡有事而爲記, 成書而傳世, 始欲以久藏而爲備考, 誇耀其文章, 而馳譽其聲名,亦在次第矣. 願付剞劂而廣傳之, 以作後日之遊中州者, 指南也. 癸亥之九月初吉, 韶山孫鳳祥.

緒言

天下事, 皆偶然耳. 近不能見金剛山而遠見廬山泰山, 誠偶然也. 燕雲海雨, 束心罄行, 猶然環長江南北萬六千之程, 亦偶然也. 半生學圃, 已無擬議於文字而歸來, 口耳瑣瑣之語, 把筆於天磨觀音之榻, 是又偶然也. 惟吾蔘業組合, 對中華紅蔘販路視察, 係是累年宿題也. 一日, 組合長孫鳳祥氏, 與理事朴鳳鎭君, 出組合, 招余而言曰, "伊森所長說與書記長趙明鎬君, 而勸余視察, 顧余苦海之生, 俗緣家累, 在在相仍, 今日亦昨日, 來年亦今年. 而駒隙光陰, 不覺髮之星星矣. 吾今決意, 子盍偕行" 余蹴然曰, "組合長欲行之, 則余當從之. 但不能通中華之語爲欠事也" 曰, "吾與子之不能語學, 如七年之病求三年之艾也, 固哉子之言也" 朴趙兩君, 從傍勸余曰, "豈有學養兒而後産兒者哉, 余亦昧於華語, 然共當輔導, 勿失機會" 余曰, "兩兄與之俱, 則吾其備員矣" 販路之視察, 無論何時, 組合之當實擧而在余與諸氏同伴, 一機會之, 眞偶然也, 遂促治裝, 而約日啓行, 乃癸亥夏四月初吉也.

記者自敍

中遊日記

孔聖學未定草

4. 1.

四月初一日. 天氣晴暖. 着新製洋服短帽窄袖, 裝束緊簡, 依然一視察團也. 午前九時, 發開城驛, 開城出張所長, 蔘業組合役員職員一同, 及親戚故舊, 多數出驛, 見送. 而崔希堂先生·趙春汕博士·崔海觀詞伯, 各有贐行詩.

衣裳萬古唐虞國	道德千秋孔孟鄕	讀書尙友平生是
越海征鞭此日長	滬樓賈酒月初上	遼野披襟風一當
收拾江山詩滿橐	歸來好惠我漫郞[希堂]	

箕民行啓堯封州	衣帽吹凉麥欲秋	驛樹靑連飛轍外
海雲晴落晚帆頭	蒸包不幸祖龍後	壯觀猶爲司馬遊
若見申江遺世客	第詢何日返先邱[春汕]	

| 英雄能有淚 | 志士好相離 | 執手無窮意 | 以心不以詩[海觀] |

仝十二時, 着京城南大門驛, 三井會社京城支店長代理天野雄之輔, 持自働車, 出驛迎之. 該氏, 自韓國時代, 掌紅蔘事務二十年于玆, 而中華出張, 凡六回. 自專賣局靑木局長今村課長, 交涉住井支店長, 使天野氏, 爲余一行案內, 以圖便宜, 有約豫定. 故爲此出迎, 驅車, 往三井會社致謝, 仍往組合長

258

胤君孫洪駿, 寓中火, 更詣總督府靑木局長案內, 告別于齋藤
總督·有吉政務總監. 各有訓辭, 仍歸孫寓, 和海觀韻五絶,
寄書, 海石金元培, 亦作伴同行, 眞惠好携手之意也.

  錦字題紈扇　慇懃贈別離　淸風携萬里　愛讀手中詩

仝午後七時二十分, 發京城. 鄕友之留京諸氏, 及三井社員見
送. 共韶山翁拈韵賦詩, 此後率以爲常.

  將欲西遊轉向東　　逶迤玄海逐長風　　平生幾作中州夢
  萬里今將一棹通　　漢上驪歌殘照裏　　天涯鴻瓜[1]暮雲中
  盲聾於世終何補　　此去秖應感不窮

今此之行, 不由京奉線直行, 而由馬關抵長崎, 航行者, 盖中
華個鐵路沿邊, 土匪及排日, 多有不穩狀態故也. 中華之行,
衣製宜用鮮式, 而奈於易皺易汚何, 盖出於不得已也. 是吾東
一大問題, 而因循未革, 可歎. 是夜宿車中.

4. 2.

四月初二日. 晴. 午前六時着釜山驛, 三井會社釜山出張所員
山田好一, 出驛迎之. 乘自働車, 入釜山飯店(호테루). 朝飯

---

1 '瓜'는 '爪'의 오기이다.

慮船暈之苦, 未飽而止匙, 往覽釜山紡織會社. 事業頗發展,
工塲長小林一郎, 爲讚朝鮮女工之作業勤敏. 仝九時四十分,
發釜山搭昌慶丸. 是日也, 日暖風和, 舟行安穩. 揭窓而縱
目, 天水上下, 一碧萬頃. 詠七律, 又詠船暈一首.

扶桑日出海雲重　　四月行舟暖氣濃　　航路隨風飛彩鷁
輪機排浪駕蒼龍　　滄桑世事何須問　　蓬島仙儔即可逢
眞覺此身天上坐　　波聲一枕午眠憀

一時眩暈四圍重　　醉倒渾如酒氣濃　　天地回回循跡馬
形神圍圍着泥龍　　閉目秖宜忍飢臥　　開顏不得笑迎逢
破浪乘風平素志　　登船還愧拙夫憀

仝午後五時二十分, 着馬關, 三井會社門司支店長代理金井潤
三, 持小蒸汽船待之. 又乘船而去, 登春帆樓, 此春帆樓, 伊
藤博文李鴻章兩國英雄, 談判日淸講和條約之所. 而兩雄所坐
椅子, 依然在樓. 人事之變, 邈若山河. 然而試見寫眞, 講約
當夕, 猶用南包燈掛前. 伊後日本之發展如此, 亦一吃驚.

春帆樓前繞碧江　　春帆樓上暮鍾撞　　一關陡立開山口
萬舶浮來湊海邦　　講約英雄今不見　　忘機鷗鷺自成雙
小舠移向門司去　　社酒醺人臥板窓

仝六時, 還乘船, 泊門司埠頭, 搭自働車, 赴門司 三井俱樂

部, 樹木蒼凉, 屋制潔白. 受晚餐饗應. 仝九時, 搭車, 仝九時二十分着博多, 入水野旅館, 歇宿.

4. 3.

四月初三日. 晴. 朝飯, 九時乘自働車, 登博多西公園, 於忠魂碑前撮影, 俯視福岡灣. 此福岡 九州之甲縣也. 人口之繁昌, 物華之豊麗, 無異大阪東京. 轉向東公園, 內有八幡宮, 扁敵國降伏四字, 又有日蓮宗禪師銅像屹立. 男婦多集, 祈禱拜敬, 仍散策灣畔, 歸館點心.

福岡灣畔立多時	散策公園麗景遲	潮上漁磯春棹影
雲蟠山榻老松枝	石壇神像功誰大	銅殿名花事又奇
報筆經幾勞夢想	一來眞境萬般知	

仝二時, 着大牟田, 三井會社三池支店員井上竹雄, 出驛迎之. 驅自働車入支店, 支店長橋本房次, 進茶敍話, 仍往三池炭礦, 巡覽工塲. 採礦人夫, 日均三千餘名, 採掘地深, 爲一千九百尺. 新舊壙有兩處設備. 轉向三池港船積塲, 有築港工事已成. 聞此三池事業, 已經四十餘年. 長久歲月, 着根已固, 發葉繁茂, 理固然也. 三井之商權, 掀動東洋, 推可知矣. 被支店長招待, 赴三池俱樂部, 瀟洒精潔, 一如門司, 而結構之軒敞過之. 或圍棋, 或玉突, 或揮醉毫, 隨意取樂, 一行頓忘旅行之勞. 仝午後十時, 發三池, 仝十二時, 着鳥棲

驛, 爲其前車遲, 待訪驛前茶屋, 坐而假寢.

剝啄五更茶屋扉	鳥棲驛下路依微	麥酒偏宜渴喉飲
電燈暫借寫書輝	遠客戒眠聽汽笛	小鬟迎笑曳班衣
曉程又發長崎去	西望海天星斗稀	

翌曉二時半, 發鳥棲驛, 搭車西行.

纔降旋升換幾車	栖栖一路拂征裾	孤村鷄唱催紅日
百里江光動碧虛	旅夢易驚寢臺臥	程標探看驛名書
終宵行盡西濱路	酒困詩忙笑語疎	

4. 4.

四月初四日. 曇. 午前七時, 着長崎. 三井會社長崎支店員
松隈知一, 出驛迎之. 乘自働車, 入上野旅館, 朝飯. 仝九
時, 乘小蒸汽船, 越長崎造船所, 觀白山丸進水式. 盖先置船
於傾斜木板而造畢, 以機械推進港口, 恰如快馬走峻坂. 矯首
仰看, 疑泰山自超北海. 人言畧萬頓商船中雄者也. 歸路, 訪
三井會社支店長岡田省胤, 敍話. 仝十二時, 中火於一二三
亭, 是天野爲余一行, 設一卓也. 細雨午洒乍止, 歸館而臥,
仝午後七時半支店長委來旅館, 携余一行去, 登紅葉亭. 亭凡
四層, 俯瞰全港市衢, 家屋連山高低, 而結構層層電燈, 參差
照耀, 亦奇觀. 美人滿斟, 不覺自醉. 余顧謂天野曰, "自漢

城發時，意謂有紅蔘販路，視察目的矣．自門司至此，只受三井支店之迎送宴會，今余之行，便是三井主催觀光團也．"且謂支店長曰，"今夜飲酒樂，而天又雨了，無渡江之心也"慎齋(朴號)曰，"春圃，一見長崎名物，而意欲留居，若渡江而見蘇杭名物，行橐大洋之銀，恐不贍於纏頭耳"滿座大笑．夜深冒雨歸館．

一灣水口似長壺	壺裏舟容百萬輸	兒女猶通英國語
史編誰識許生謨	市衢曲曲連崎嶔	樓閣層層展畫圖
紅葉亭高俯全港	春燈細雨夜深酤	

4. 5.

四月初五日．曇．午前九時，發長崎，支店長出埠頭見送．搭上海丸，是日無甚風色，而大海故波濤撼舟．余暈吐中食，而靜臥終日，無佳況．其翌朝，強擧飯匙．

行到西濱更向西	茫茫碧水與天齊	撼來一枕波聲壯
沒却千峯海色低	彼岸心懸那日到	同舟緣得故人携
朝來漸覺黃流近	楊子江開望不迷	

4. 6.

四月初六日．晴．午前十時，着上海航，路要二十六時間也．

三井會社上海支店紅蔘係主任近藤富衛及中村彌次郞惠藤六郞
等, 出埠頭迎之. 道逢喪輿, 輿之大如屋子, 以錦緞爲帷帳,
繪畵雲物鳥龍. 輿頂, 結五色絲爲紐, 雙轅長七八丈. 紅漆鍍
金, 橫杠前後, 擔夫下不下四五十人. 金子寫銘旋. 紅盖靑盖
黑盖, 各幾雙, 幡幢五六對, 竹散馬一雙, 繼之笙簫鼓吹. 僧
徒道流, 各具其服, 誦唄念呪, 以前導, 喪主及親族男女, 各
素服, 乘腕車, 以隨輿後. 其前後儀容羅列冗雜, 殆不可以曉
其意而取其法也. 驅自働車, 入西華德路豐陽舘, 與近藤協
定販路調査件, 中火. 訪三井支店支長野平道男, 設菓進茶
言 "年前紅蔘積貨困難, 而多年努力結果, 盡售舊貨, 得好成
績."云. 默視野平氏, 體短聲洪, 論析條暢, 似有機略. 因往
日本租界, 散策洒風, 歸路入永安公司, 登倚雲閣. 閣制如日
本淺草公園十二層, 而其結構完全, 還有勝焉. 俯看上海市內
全景, 人行如荳, 馬去如蟻. 日暮眼窮, 海水渺茫.

千層閣倚片雲開　　滬景全收一目來　　萬國錯珍輸海陸
半空金碧聳樓臺　　深眸隆準方持世　　潛艇飛機各衒才
高語聞天天默默　　海山東望悵徘徊

今來未得參考的文字, 只憑重譯之口舌, 槪聞上海之沿革. 上
海, 本春申君黃歇所封之地, 而曰申江曰黃浦者, 是也. 距今
七十年前, 英人先來開拓(海關場有英人銅像). 條約通商, 商權
發展, 米法德日, 接踵而來, 由是土木日興, 飛樓傑閣, 堪稱
小西洋. 而以致轂擊肩磨之今日矣. 各租界, 一一有把守兵,

以防群衆之紛亂, 現住人口, 爲百萬云. 如永安公司者, 上海第一屆指家也, 文窓彫欄, 陳列內外珍品, 美其觀, 三階上設演劇二大廣塲, 爲千客萬來之策, 其規模之雄壯, 排布之纖密, 令人驚歎. 該商主是廣東省人, 而中華豪商多出廣東云. 歸館歇宿.

4. 7.

四月初七日. 曇. 朝飯, 往三井支店, 惠藤案內, 訪領事館. 副領事言 "鮮人行動, 甚有不便, 各須注意" 余心有不然而漫應曰, "似然矣" 商務官橫竹平太郎爲言 "紅蔘廣告茶店之說, 說甚有理" 歸館畫餐. 乍雨且止. 更往三井支店, 近藤中村案內驅車, 往醎瓜街參(蔘同)號, 參號有五大家. 葆大參號金階 · 元昌參號胡錫琪 · 阜昌參號孔愼甫 · 德昌參號鄭裁祺 · 裕豊德參號鄭天陵是也. 四家支配人, 一時會集于葆大家, 握手相見, 使中華人王廷珏, 通譯參號五家爲言 "目下紅蔘形態, 極爲良好. 而但有三種(白皮蔘, 體破裂, 尾折處黑點)欠事, 每多困難於小賣上, 則此三種改良, 第一必要. 五家每年平均販賣斤數, 爲一萬二三千斤, 若又價格小廉, 則二萬斤以上, 亦無慮販賣. 且紅蔘箱表題, 只書癸亥年度, 不然, 則單書十二年(民國年度 與大正年度 相同), 以防日貨排斥之嫌, 此商業之策略也" 相與論談, 費了五時間長話, 而先依三井會社帳簿上調査表, 參以五家口述之眞狀, 別記如左.

紅蔘販賣斤數明細 大正九年五月以降

年期	天蔘斤數	地蔘斤數	計	摘要
大正九年下半期	20,183	1,622	21,805	
大正十年上半期	22,497	3,192	25,689	
大正十年下半期	12,180	8,844	21,024	
大正十一年上半期	9,602	10,353	19,955	
大正十一年下半期	4,857	4,640	9,497	
大正十二年上半期	13,090	11,069	24,159	
計	82,409	39,720	122,129	

以上一個年平均販賣高四萬七百十斤也.

販賣價格 (天蔘數別)

年度	天十五支(片)	天二十支	天三十支	天四十支	天五十支
大正九年自六月至十二月 平均	72兩	65	64	60	58
大正十年自一月至六月	73	67	65	62	58
同年自七月至十二月	86	75	72	69	58
同十一年自一月至六月	85	70	68	67	58
同年自七月至十二月	86	72	70	69	58
同十二年自一月至六月	85	74	68	67	58

販賣價格 (地蔘數別)

年度	天十五支(片)	天二十支	天三十支	天四十支	天五十支
大正九年自六月至十二月 平均	52兩	48	44	43	42
大正十年自一月至六月	50	47	44	42	40
同年自七月至十二月	57	57	50	48	46
同十一年自一月至六月	56	57	51	49	48
同年自七月至十二月	57	54	52	50	49
同十二年自一月至六月	57	53	51	49	49

以上販賣價格, 以日本貨換算, 則六十八兩, 卽紙貨百圓也. 隨銀時
勢之高低, 販賣價格, 更定無常云.

各店別取扱斤數表 (天地蔘共)

取扱店	九年下期	十年上期	十年下期	十一年上期	十一年下期	十二年上期
上海	12,730斤	12,300	7,360	9,312	4,350	12,578
香港	2,790	3,450	6,540	3,275	2,250	4,010
廣東	1,600	2,030	1,930	2,289	310	1,740
厦門	1,295	2,880	1,140	1,920	780	2,320
汕頭	390	1,050	1,140	900	–	–
台北	1,010	1,290	1,200	670	540	540
新嘉坡	859	1,228	634	562	574	679
漢口	630	390	390	120	60	660

福州	70	135	140	40	125	100
天津	41	161	3	17	–	30
北京	–	–	96	–	70	–
泗水	30	75	84	96	41	64
盤谷	–	180	48	280	10	130
吧城	–	26	16	34	28	10
芝罘	240	242	242	212	124	1,117
西貢	110	110	40	140	76	48
蘭貢	–	–	50	35	44	90
海防	10	10	–	–	–	–
스마란 (スマラン)	–	40	36	29	30	31
京城	–	92	35	22	46	4
마니라 (マニラ)	–	–	–	2	–	8
桑港	–	–	–	–	37	–
孟買	–	–	–	–	2	–
計	21,805	25,689	21,024	19,955	9,497	24,159

新販路擴張需要, 影響如泗水·盤谷·吧城·西貢·蘭貢·스마란·
桑港·孟買·馬尼剌等地, 新聞廣告·見本寄贈·活動寫眞·廣告
宣傳印刷物配布努力中. 自三井會社, 不拘爲替之不利, 廣開
直售販路, 每年售出, 不下數千斤云.

三井會社各地特約販賣淸商號
上海, 葆大·阜昌·元昌·德昌裕·豊德.
香港, 順泰·義泰·利源長·榮泰豊·益和隆·萬松泰·萬興昌.

廣東，謙順惠·同興·榮泰豊·萬興昌.

厦門，朝德泰·豊美.

汕頭，信泰贊記.

臺灣，捷裕蔘莊.

此外南洋諸島·暹羅地方，所謂華僑根據地，自新嘉坡香港三井支店，販賣成績，漸次出現云.

各國白蔘一個年間販賣斤數單價調查表

1. 滿洲産

上海，約20000斤，一斤當二兩乃至十八兩.

漢口，約1000斤，一斤當三兩乃至二十兩.

北京，約1000斤，一斤當九弗乃至十六弗，普通.

天津，約1400斤，一斤當五弗乃至三十二弗.

2. 美國産

上海，約10000斤，一兩重當四弗七角，（山蔘）

仝，約20000斤，一兩重當四弗三四角，（養蔘）上品.

漢口，約6000斤，一斤當二十五弗乃至四十六弗，中品.

北京，約1000斤，一斤當九弗乃至十六弗，下品.

天津，約500斤，一斤當四十弗乃至七十弗，上品.

3. 日本産

上海，約100000斤，一斤當十二弗乃至十八弗.

北京，約100斤，一斤當十四弗乃至二十一弗.

4. 朝鮮産

北京，約100斤，一兩重當一弗五角.

右爲販路參考，而朝鮮産白蔘，最在弱點，則若非宣傳維持之力，難保其販路之無慮也，自當注意云.

第一支那貨幣，官鑄私鑄，紛糾錯雜. 各省用幣，依然列國之分立也. 對外貿易，其爲障碍，不可枚擧. 而實爲經濟界之茶毒，其於紅蔘賣買，亦爲一大影響，而莫可以整理統一，可慨也已. 調査畢後，觀紅蔘貯藏樻，其最上層，層底編竹貯蔘，其下第二層，稍區而全貯石灰通氣，七日或十日改貯，餘互放此，然則無過夏生綠之慮云. 盖紅蔘販路中心地，卽上海. 而以各年度調査表言之，每年三萬五千斤乃至四萬斤，無慮出售，好景氣也. 若以年前金融恐慌時，積貨如山，而猶能維持價格者，果非三井之大資本，莫可以如此也. 然而今聽蔘號五家所言，價格若又減少，則出售又加於現數，此說，或未知對三井釣利之譎言. 大抵萬物，價貴則靳買，價歇則爭買，人之常情也. 第與三井討議者，酌量此點，以薄利多賣爲主，則顧余畊作者庶無生産過剩，暴殄天物之歎也歟. 歸館，全午後七時，被近藤招待，往復興園，是中華料理店也. 蔘號五家人，亦同參席，而以筆寫紙，喚茶房給之，卽招妓牒也. 主賓，各占一椅子，繞坐圍大卓子. 茶房進熟湯一碗，碗空，又進一碗. 酒用紹興酒. 主人側每擧盃請請，賓亦擧盃請請. 勸食則稱好好. 居未幾，童妓八九名，冒雨以來，次第坐短脚桌，斟酒勸煙. 乃命唱歌，有胡弓男子，挾胡瑟，入坐妓側，而彈之，妓亦擧聲. 余不解四聲五音之韻調，而但聽人聲，樂音緊張而促急，舌强喉澁，如乳孩弄嬌. 曲終俟請去，余但點頭悠悠，一去二去，座己空矣. 妓桌之坐，遲不過一二十分，食碗

之進, 少不下三四十種, 其風俗可駭. 飲罷, 簷鈴滴滴, 又駈
車入, 亦舞臺劇場建物之高深雄傑, 非店舖可比. 不若是深
廣, 難容萬衆. 凳桌椅丌 凡係坐具, 動以千計. 幕開, 一邊
奏音樂, 而十數小兒列旗幟前行, 七八健兒或冕袍或甲冑而出
耳. 雖不聆其說明, 才談一目, 看看形容動作, 不問可知. 爲
三國誌長坂橋戰, 張飛曹操演劇也, 可謂如啞食蜜, 儘奇觀.
又有娘子劇, 而沒意味. 仝十二時, 歸宿旅館.

4. 8.

四月初八日. 宿雨晚晴. 朝飯, 往興昌洋行, 注文洋服夏衣,
近藤案內, 赴日人俱樂部月迺家別莊, 中國人沈文藻號笠山·
玉廷珏號苣孫, 同參席, 沈儀容淸雅, 年過六旬, 頗有文識,
王愷悌靑年, 粗解書畫, 又能日語, 故昨日蔘號之譯, 貽勞實
多. 是日近藤, 特爲余一行, 開書畫會者也. 兼值浴佛佳辰,
爲一助興. 午餐後, 對近藤與沈, 有詩書贈, 對王書贈紅荳曉
雲書柿葉·碧蘿春雨讀梅花古詩一幅. 連揮毫十數幅詩情畫景,
可謂'偸得浮生半日閑', 有非蔘農者之本色也.

　贈近藤
　林園瀟灑畫中開　　趁午駈車得得來　　醉墨淋漓春日暮
　蓮花燈影映淸盃

贈笠山
滬中勝景眼中開　萬里春風一艔來　詩老相逢浴佛日
名園鴎語醉深盃

附笠山原韻
嚴客方從海外來　名園待酒綺筵開　揮毫琢句成珠玉
大器原非斗石才　海外賢豪結侶來　東南美盡笑顔開
今朝卽席承明敎　恰勝當年讀玉杯

仝下午六時, 赴五家蔘號招待于凌翠娟娟家, 爲觀土風而然
也. 初入, 例有寢臺, 前設椅桌, 延賓請坐. 寢臺後隔帳, 又
有寢臺, 精而奧. 主妓翠娟, 勸賓鴉烟, 余窺見, 駭然而退.
看他多吸. 故娟則臥而供烟, 不暇乎宴桌出頭也. 童妓又來,
無數其去就, 一如昨日所見, 又有叉麻雀, 賭博消遣法, 近日
歐米人, 多効習此法, 而娛樂云. 仝十時, 臨散稱謝謝, 歸舘
宿.

4. 9.

四月初九日. 雨. 朝飯, 中村案內, 午前八時, 發上海車站,
向杭州. 相距, 約三百餘里, 此是江南第一步也, 於心愉快.
沿路村落重重, 桑葉沃若, 竹林翳如. 又兼麥秋將登, 水秧可
移. 無限平田溝澮, 縱橫設灌水機, 曲曲有運水之便. 畊牛多
用水牛. 田中多有置墓, 而或有露棺底者. 人稱'生居蘇杭,

死居樟州'(棺材多產), 非此之謂耶.

梅雨霏霏野色新　平原千里走飛輪　桑麻繞屋連雲合
田圃分塍引水均　已判封候非骨相　欲爲殖貨奈經綸
願將片土江南住　飯稻羹魚作逸民

車中中火. 仝十二時半, 雨歇, 着杭州, 入聚英旅社, 更乘
肩輿, 由錢塘門北, 上寶石山. 石磴曲折, 綠葉敷陰. 登最
高頂, 望寶叔塔(吳越王之名), 塔用甎築, 築立年久, 藤蘿雜
樹, 叢生於塔頂塔腹. 距塔數步, 有英國宣教師病院, 顧絶勝
之地, 有此不淨之措爲之遺憾. 前臨西湖全景, 行舟截波, 波
紋可翫. 復折而西, 石壁峭立, 橫刻陳不凡曁妻林氏千古佳城
十一字, 下鎖鐵扉. 其葬式, 眞副名而亦不凡. 沿石磴而上,
是爲葛嶺, 世傳晋葛洪煉丹於此, 有煉丹故址. 嶺有葛仙菴,
下視蘇堤, 宛如玉帶. 歷覽抱樸廬粲霞室諸精築. 造初陽臺,
有時疎雨點滴, 憑眺極勝. 復踰棲霞嶺, 入紫雲洞, 峭聳嵌
空, 一稱牝洞. 從洞下石階二十餘級, 廕然若堂, 紫雲濛濛,
竦然生怵. 旁有深穴, 窺之黑暗. 沿壁入, 又得一洞, 稍通
敞. 當天有孔, 大如掌, 日光下射. 瘦藤數莖, 從罅上刺, 右
有削壁, 半覆半倚, 低至壁根, 有小佛像, 刻題雲根淨界回踵
出洞.

水光山色靄氤氳　舒嘯登臨意自欣　浙隔東西一城繞
湖成裹外二堤分　陽臺仙去餘丹竈　牝洞佛靈生紫雲

賴有肩輿行半臥　寺門石路映斜曛

行到清漣寺. 寺中有玉泉, 清澈見底, 甃石爲池, 方廣三丈許, 蓄五色魚. 建亭泉上曰洗心. 夾以廻廊, 環以曲檻, 僧於池上, 設几賣麵團, 供客投餌. 余試之, 魚揚鬐而來, 聚吻爭吞, 小者輒爲大者所擠. 大魚擁上出水, 衆小魚掀其尾而全出水. 大忽一躍而入, 衆驚散. 而水清如故, 其遊泳可觀, 亭有一聯, '放生非爾池中物, 觀樂有吾濠上知' 余倣其意而詠一絶.

半沼玉泉涵碧虛　試觀圉圉放生初　好作忘竿投餌客
魚應知我我知魚

更東南至靈隱山門. 下輿步行, 恣覽飛來峰下諸洞勝景. 入玉乳洞, 旭光一線, 上透極頂, 俗稱一線天. 僧輒揭竿指示以乞錢. 夾礀而北, 岩石奇突, 泉聲淙淙. 岩上撮影, 小憩冷泉亭, 入雲林寺, 巡覽五百羅漢, 各尊一桌, 佛體高與人齊, 寺刹之宏壯, 推可知. 出山門, 更上輿, 透迤所過之路, 有屋宇細長, 是殯所卽積屍倉庫. 安置經年乃葬, 或不葬而仍放云. 到岳王廟, 扁乾坤正氣四字, 丹艧輝煌, 是爲浙江督軍盧永祥近年重修, 而工費銀二十萬兩云. 廟右又有墓, 墓前有秦檜夫妻桎梏形銅像, 其懲惡如此. 循湖畔, 只多寺門與別莊, 空垣甄築, 連亘臨湖, 有西人一二處, 作亭而已. 余謂愼齊曰, "日本若有如此之地, 豈止空垣一片繞湖者哉 余想見支那人,

好居深奧, 別無臨水軒敞之結構, 使此名區, 若歸於碧眼高準
兒之所有, 則湖畔無閑地矣. 須早江南富翁覺醒此意, 而自各
經紀建築, 無爲所奪. 十年後, 若更來看, 其湖畔亭樓, 非以
今日可論也云爾" 日之夕矣, 循湖畔歸舘.

4. 10.

四月初十日. 曇. 朝飯, 貰畫舫載妓, 發湧金門, 沿白堤虹橋
而西, 西湖有十景. 一蘇堤春曉, 二雙峰揷雲, 三柳浪聞鶯,
四花港觀魚, 五曲院風荷, 六平湖秋月, 七南屛晚鍾, 八三潭
印月, 九雷峰西[2]照, 十斷橋殘雪. 而隨其觸目實景槪咏. 其
數四.

錦浪牽風一帶橫　　長堤弱柳不勝鶯　　畫舫歌娥欺舌得
有時相和兩三聲

暫泊孤山放鶴亭前. 孤山卽湖心孤峰也. 登放鶴亭, 亭後有林
和靖墓, 墓前有鶴塚, 千載之下, 淸標可掬.

一抹湖心簦翠微　　當年梅鶴共忘機　　處士已歸梅亦盡
亭前白鶴背人飛

---

2 '西'는 '夕'의 오기이다.

從陸而步, 至西冷橋. 橋側有蘇小小墓, 建閣護之.

斷橋春水沒菰蒲　　指點香阡小小蘇　　曾照蛾眉半規月
相思千古映西湖

橋北有武松墓. 更乘舟, 溯上岳王廟前, 命貰酒于湖山春社,
而舟中午餐, 更溯蘇堤而下.

二堤十里跨平湖　　裏外分稱白與蘇　　奚但文章足千古
濟川功德與之俱

又泊舟小蓬瀛門前, 三折渡平橋而入, 是則濬取葑泥, 繞潭作
埂, 而建亭閣, 置三塔, 如瓶浮漾. 潭心月光映, 潭分塔爲
三, 故稱三潭印月, 可一洗塵心. 一同撮影, 舟更向南屏山
下, 望雷峰塔. 篷背雨脚, 斜映夕照. 艤故處, 歸旅館.

小舟初泛湧金門　　葛嶺碾來三丈暾　　偉蹟蘇堤驚歲月
靈風岳廟感乾坤　　墓前鶴瘞梅林淨　　橋上鶯啼柳浪翻
柔櫓溯洄貪勝景　　南屏細雨近黃昏

仝午後六時, 通過杭州城內市街, 道狹不能容腕車之駢進. 而
左右廛舖, 不特椅桌簾帷器皿, 花草, 俱是覘覩, 其招牌認
榜, 一舖數十, 金碧侈華. 卽其觀美, 浪費不啻千金, 盖不若
是, 則賣買不旺, 財神不佑矣. 有三數處, 高麗野蔘看板. 意

欲訪參號, 而不過是上海分賣店, 兼因排日戒愼, 未果. 而冒雨出驛, 默視入場中華人, 男婦形貌鮮明, 服飾奢侈, 有非江北之可比也. 仝午後六時, 發杭州, 仝十時二十分, 着上海. 直入各國舞蹈場, 其結構之雄偉華侈, 爲世界劇場之第一. 登踏層階, 所鋪絨毬爲五萬圓價値云. 登最上層下視, 電燈輝輝之下, 各國他男他女, 互相扶肩, 而且舞且蹈, 旋旋幾回, 可笑又可駭. 有購進麥酒挿一莖於琉璃盞, 卽含莖以吸之, 碧筒荷莖之飮, 無乃是耶. 爲之爽然. 歸館歇宿.

4. 11.

四月十一日. 宿雨晩晴. 往三井支店, 看紅蔘庫. 仝十二時半, 被支店長招待于自邸, 驅車赴之, 屋制雄華, 令人一驚. 及進食, 精潔暈香, 與市樓賣品, 不可同日而語也. 午後, 往大綸綢緞商舖, 且翫且購, 歸舘晚餐.

4. 12.

四月十二日. 雨. 朝飯, 午前七時, 近江新助案內, 發上海, 仝九時, 着蘇州, 距上海, 百五十里. 駈馬車, 入精養軒飯店, 主人來告, "蘇州舊市街, 不能容腕車, 請轎與驢" 余謂 "看山驢勝於轎" 卽騎驢. 驢小鞍纔掩臀, 而猶能善走. 余本畏馬, 堅執彎衛, 爲恐走急. 所着洋帽半帖, 細雨, 此時此狀, 人笑亦自笑. 支那市街, 曲曲引濠, 後門繁舶, 紆回而行, 登虎邱山, 此是吳王闔閭所葬地. 而世傳葬之三日, 自棺中金精, 化爲白虎, 蹲居陵上, 故名虎邱云. 山下有純陽呂祖師 (洞賓)自敍碑, 有二聯昔日岳陽曾顯跡, 今朝虎阜再留踪. 夢中說夢元非夢, 玄裏求玄便是玄. 山上望古塔, 塔少欹, 灌木叢生. 俯仰今昔, 不勝荒凉. 回過秦孃墓下, 誦譚銖詩'虎邱山下塚纍纍, 松栢蕭蕭盡可悲. 何事世人偏重色, 眞娘墓上獨題詩'轉向楓橋, 入寒山寺. 寺是梁天監年間開基, 而僧寒山住居此寺, 故後世稱寒山寺. 唐張繼詩不云乎. "月落烏啼霜滿天, 江楓漁火對愁眠. 姑蘇城外寒山寺, 夜半鍾聲到客船". 無人不誦, 而今到實地, 寺在平街污濕之地, 煉瓦鐵扉結構草草, 可謂所見不如所聞也. 噫! 楓橋夜泊之詩, 幾誤了千古詩人墨客萬里之踪跡耶. 手打鍾三鳴, 出門而西, 又登北寺塔九層, 塔高二十五丈, 是孫權時代, 爲其乳母檀越云. 俯瞰蘇州全景, 遙指姑蘇臺太湖而時促不可往遊. 更入留園, 園是獨留於長髮賊之兵燹, 故名之. 園主盛宣懷, 國中富戶, 年前身故. 沿回廊曲欄而入, 一區春堂, 窈窕花卉, 已殘又折. 一區夏亭, 淸凉方塘水滿, 又折一區秋閣, 崢嶸可賞月, 又折一區冬室, 平奧可聽雪. 園中之景, 四時代謝, 而隨以改觀矣. 曾觀袁子才隨園之圖, 而目覩此園, 以較想隨園, 則文人之經紀具體而微也. 還從市街, 繫驢市樓下, 登樓, 酤紹興酒, 更倚醉騎驢, 天氣晚晴, 夕陽照面, 左手擧扇半遮, 右手執鞭, 誠難免街童之拍手,

蘇州城裏跨驢鞍　　笑煞吳童拍手看　　一揮短轡肩先聳

半掩長鬚袖不寬　　虎邱塔影排雲逈　　山寺鍾聲落雨寒
繫爾靑樓垂柳下　　紹興春酒且交歡

歸舘計籌. 換乘馬車, 出驛. 仝午後四時半, 發蘇州, 仝六時
午, 還上海. 不解衣帶, 而催飯出埠, 爲訪金滄江先生路也.
仝八時, 偕韶山海石愼齋諸氏, 發上海, 搭江天丸, 向通州,
是夜, 宿船中.

憶昔先生志決然　　江淮獨傍白鷗眠　　擧如黃鵠三千里
夢落靑邱二十年　　楊子玄經老逾著　　管寧木榻日應穿
今來試問南通路　　一棹長風四月天

4. 13.

四月十三日. 晴. 午前十二時, 着通州. 泊舟芦涇, 換乘自働
車, 畧二十里行. 入憩南通俱樂部, 先電話于翰墨林書局, 答
云, "滄江先生在宅矣" 又遣知路小使書達往拜意. 因點心之
際, 一老人皂帽白鬚, 忽入堂中, 驚起吐哺, 再拜迎之. 先
生執韶山手, 認得舊日顏面. 余面隔十五年兼早白, 依俙未
認. 海石愼齋, 初顏陪話久之. 一同撮影, 仍隨先生, 往見居
宅. 宅是一廛之借, 而極其蕭然. 但先生以七十四高齡, 長眉
豐髥, 老益淸寧, 爲斯文可賀. 盖通州以一小縣, 賴張謇氏,
自手發展紡績也學校也, 道路之改修, 公園之設立, 足可爲中
國全幅之模範. 而滄翁之十九年爰居, 亦以其得賢主人也. 其

下士之風, 尤令人欽仰, 况兼能文能筆, 筆名現占國中第二位
云. 仝夜十時, 拜別先生. 先生有贐酒四壺, 其瞻悵之心, 反
有甚於未拜之時. 還出蘆涇, 輪船行期在曉二時. 待出埠頭,
風浪忽起, 運客小舠, 恖不能行. 輪船倏已過矣. 仍宿埠頭旅
館.

訪師歸路出蘆涇　　舟子招招曉色冥　　落帽風吹高浪白
行船月暈遠燈青　　殊方物色心無賴　　冷榻殘更夢易醒
天意通州如惜別　　故敎一夜宿津亭

4. 14.

四月十四日. 曇而風. 朝飯相論, 是夜風浪又如前夜, 則事屬
狼狽, 路雖于行, 午間乘船爲得策也. 乃以十二時, 乘江安
丸, 向鎭江(古稱京口)而發. 雨乍洒, 風稍定. 中流指點金山
焦山絶景, 而未能登臨一恨.

春風吹遠客　　伴月宿長淮　　梅雨篷頭歇　　楊江眼底佳
金焦說奇景　　吳楚放孤懷　　不有好緣在　　此遊安得偕

仝午後十時, 着鎭江. 入市中茶樓, 啜茶一盃, 徒步行道, 夜
雨又作, 更搭腕車出驛, 仝十二時, 發鎭江驛. 是夜, 宿車
中. 謝滄翁賜酒, 韻書繪葉付郵.

四壺春色映葡萄　　偏荷先生慰客勞　　意氣贈來寬禮數
江船醉臥任風濤　　千鍾中國非無酒　　一味南淮更覺豪
應得歸家傳勝事　　碧痕狼藉濺吟袍

4. 15.

四月十五日. 雨. 午前七時, 着上海. 趙君出驛迎言, "出驛
苦待, 已三回矣". 乘電車, 歸舘敘中滯事由. 朝飯, 往三井
支店, 歸路, 觀東亞同文書院, 院是日本人官立, 而日支親善
計劃特設. 支那學生寄宿舍而納之, 每年各省派遣. 日人學
生, 七十名. 調查諸般物產人情風俗報告, 則據是爲支那經濟
叢書發刊云. 又受近藤杏花樓午餐之饗, 仍隨小西知造, 乘小
蒸溜船, 沿黃浦江, 至浦東, 觀石炭部石炭積置場三萬坪, 苦
力工人三千名, 總以宿舍優遇云. 冒雨登陸, 又被近藤招待于
月廼家晚餐會. 總督府囑托尾田滿, 亦出席, 而能解語, 聽取
其日支關係, 及上海現狀之談. 午後十時散會, 歸宿旅舘.

4. 16.

四月十六日. 曇. 朝飯, 有數人囑, 故留舘揮毫. 玉觀彬來訪
旅舘, 已有韶山翁以蔘政事通信, 故電話書信屢度到舘而余等
不在舘, 故今始會面. 玉氏於余可謂名面各知之士也. 一見風
彩, 眞是如玉, 其人志氣英發, 談吐有韻, 恨不早逢於入滬之
日也. 書贈沖襟雅量·氷壺秋月·逸氣淸標·玉樹春風. 與共午

餐, 驅車, 歷訪三井會社及蔘號五家, 致謝在滬中諸般便宜,
而告別歸舘. 玉氏又先來待. 說話津津, 又共晚餐, 全午後
十一時半, 發上海, 近藤中村玉諸氏, 出驛見送. 鐵馬一聲,
河梁人遠, 却望幷州是故鄉, 正謂此也. 海石困憊有徵恙, 難
堪行役之苦. 故中途告歸, 自此分手, 誠難爲情於一東一西
也. 是夜宿車中.

4. 17.

四月十七日. 晴. 午前七時卅分, 着南京下關驛. 乘馬車, 入
儀鳳門, 略十里行, 歇寶來旅舘. 朝飯, 雇中國人案內, 驅車
登同泰寺. 寺本吳之後苑, 至宋建寺, 佛宇古儼. 訪問領事
舘, 更登淸凉山.

振策淸凉望遠天　江城百里石頭連　一時王覇終春夢
六代山河只暮煙　宮跡無多遺礎外　寺名半是臥鍾邊
我來才乏蘭成筆　誰識感懷蕭瑟年

淸凉山稱孫權石頭城故址. 而鍾山覆舟山秦淮莫愁湖, 皆入指
顧中. 飮茶一盃, 回蹕下山, 轉至文廟. 廟曾燬於長髮賊洪秀
全之亂 而曾文正國藩一新重建者也. 門有欞星·持敬·金聲玉
振之名, 趨入拜瞻, 正面設至聖先師神位, 左右配顏曾思孟四
聖, 東配閔子冉子端木子仲子卜子有子, 西配冉子宰子冉子言
子顓孫子朱子. 東西廡各祀七十八賢, 額揭生民未有·與天地

參·万世師表之稱. 其規模之宏大, 結搆之雄偉, 有非吾東文廟之所可論者也. 退出而轉進明倫堂, 上有題大學明明德一篇, 額揭進士列名. 懸板試舉一例(壯元朱之蕃萬曆二十三年 己未科江寧人)如此. 又馳車, 抵貢院 卽進士科場也. 有三層門, 揭明遠樓三字, 門內左右, 建長屋重疊碑. 有二千八百十二間之設 甎壁內僅容一膝與一燈. 是謂場屋, 卽明代三百年, 以八股文字, 枉了人才處也. 中央有至公堂衡鑑堂, 東西有總門, 覽罷赴利涉橋, 汎畵舫于秦淮. 秦淮, 秦始皇東巡時, 謂鍾山下有王氣, 斷鍾山之腰, 而引淮水以入, 故稱秦淮. 畵舫制度, 通敞綺麗, 可容數十人之椅子. 而有酒有妓, 恣意可樂. 旅館主人, 禿頭好漢. 隨來周旋, 指妓有江南第一之稱. 從後言必稱江南第一爲破寂之笑謔. 遲遲溯, 入城門, 淮之左右, 酒肆娟樓, 對起相望. 聞畵舫多至六百, 可謂銷金渦也. 唐杜牧之詩云, '烟籠寒水月籠沙, 夜泊秦淮近酒家. 商女不知亡國恨, 隔江猶唱後庭花'卽此地也. 余亦泊舟曠感, 有所詠一律.

長淮一帶貫城腰　　紫閣靑樓擁彩橋　　十里暖波連畵舫
千家香靄動歌簫　　眼底江山幾經劫　　樽前花月自相邀
且向莫愁湖上醉　　英雄魂去竟誰招

旋捨舟登車, 到明故宮跡前, 有五星門五龍橋. 滿目荒凉中, 有古跡陳列館. 宮礎之斷片, 井甃之綆痕, 恰似我之滿月臺遺墟. 而就中明太祖方正學之影幀, 及正學齒血石之宛然, 惹起

後人無限感懷, 揭有血石詠. '先生正氣塞乾坤, 幾片斑斑石
尚存. 道是萇弘新濺血, 長留杜宇舊啼痕. 一腔空抱孤臣憤,
十族同酬故主恩. 歷劫不磨精氣在, 未妨靈異托忠魂.' 又馳
到明孝陵. 自洞口遠遠間, 置石獅石象石人等, 而歷入牌樓,
碑刻道隆唐宋四字. 有一山當前, 松柏陰森, 無路可登. 余問
案內曰, "陵何在?" 答曰, "山便是陵, 別無摸捉處" 余曰, "秦
始皇設七十二塚以疑人, 明太祖築一山以疑人, 事雖不同, 疑
則一也. 然而秦明帝業, 而今安在? 徒窮民力, 其亦愚矣" 盖
南京, 古稱秣陵也金陵也石頭也江左也, 吳六朝明歷代建物而
稱號累變也. 城壁周圍, 稱一百二十里. 其時繁盛, 當何如
哉? 今見市街也, 人衆也未免蕭條, 無乃長髮賊以後如此邪?
抑近年連被革命之故邪? 可慨也已. 林風拂面, 一抹斜陽. 馬
鞭催忙疾走, 歸旅館.

4. 18.

四月十八日. 晴. 午前六時, 驅自動車, 出下關埠頭, 佇待久
之. 全九時半, 搭大福丸, 泛長江而行, 舟中朝飯. 是日天氣
淸和, 正好甲板上眺望也. 兩岸蘆田萬莖, 如束一碧十里. 時
有鷗鷺飛過之, 儘一勝槩也. 遙看挾岸漁網先豎一木, 如起重
機機端, 張大網潛水. 而江干有如蟹幕, 僅可避雨, 幕內坐挽
機綆, 則網自擧矣. 其銀鱗之跳在船頭, 或見或不見, 長江之
水廣幾何, 此可以推測矣. 或談笑或午睡, 或看詩冊, 可謂閑
消遣. 是夜宿船中.

泯濤萬里瀉長郊　　北楫南檣日夜交　　雲收吳楚開形勝
浪起蛟鼉噴沫泡　　兩邊林綠荻連岸　　百丈水痕楂掛巢
泛泛孤舟成信宿　　聊將詩句自吟嘲

4. 19.

四月十九日. 晴. 沿江左右, 略以巨郡大港言之. 桃冲漢陽坪
蕉湖太通安慶幸陽, 適此已過. 而江中有一小峰, 兀然如挿,
樹木扶疎, 頂有四層小刹如磬懸, 是謂小孤山. 單身昇降, 意
謂猶難. 況人有寺刹之建, 其佛之扶護力歟? 又過彭澤鄱陽
湖, 湖畔有中國軍港. 砲臺所築湖口, 又有一峰稍大, 於俄
見, 是謂大孤山, 此小孤大孤, 眞長江之絶品, 只恨未登覽.

三朝行棹水平舗　　吳楚峰巒半有無　　江心擎出仙人掌
一笏山靑大小孤

又行過小許, 愼齊於篷頭左指謂余曰, "半空翠黛, 君其知
邪?" 余曰, "是何山?" 曰, "廬山" 余喜之曰, "孟浩然詩云,
'掛席幾千里, 名山都未逢. 舟泊潯陽郭, 始見香爐峰'者是
也. 然則潯陽知在不遠" 曰, "九江在前頭" 余曰, "'此夜聞君
謫九江', 元禎贈樂天語也, 九江卽潯陽歟? 此廬山瀑布 安得
不觀而過邪?" 議于一行. 趙言盤纏帶腰者無幾矣, 適艦長亦
言自己近往見瀑之光景, 意或同情. 使天野交涉借銀, 則艦長
欣然諾之. 是天與我觀瀑之奇緣哉. 仍囑付行李, 省簡兼帶,

全午後六時，停舟下九江，江頭有白樂天琵琶亭．入大元旅
館，歇宿．

盧山入望鬱嵯峨　　先誦靑蓮瀑布歌　　半島客揩靑眼炯
九江舟泊夕陽多　　陶公松菊知何處　　白傳琵琶感逝波
何待畢婚遊岳日　　子平素志易虛過

回首香山送客亭　　琵琶千古管離情　　找到無因聽古曲
潯陽江上數峯靑

4. 20.

四月二十日．晴．午前五時半，喫麵包數片珈玻茶一碗，乘小
船以去，換乘自動車五十分，抵盧山下．雇四肩藤輿，從蓮花
洞紆回，登牯牛嶺．中國人家屋爲千餘戶，而中爲市街，賣菜
肉雜物．西洋人從山之前後面，營建別莊，亦近千棟云．

盤盤雲棧石崔嵬　　擔得藤輿曉色來　　牯嶺峰奇半空立
天池境僻上方開　　逢人悅若逢仙子　　避世兼宜避暑臺
聞道新居千戶足　　倘敎入籍玉皇裁

盖盧山據潯陽彭蠡之會環，三面皆水也．山之起伏壯鬱，水之
吞吐夷曠，多有娛逸之觀．而其絶頂之高，距海平線二千五百
英尺也．風景氣候，適宜避暑，然其泉石之幽夐，樹木之蒼

鬱, 不可比肩於吾州之彩霞扶山也, 而猶且爭占何也. 爲中原山少故耳. 入大元支店, 時當八點, 更雇八肩藤輿, 由南康之路, 踰絶頂而西. 石階千級, 次第鱗鱗, 時大雲千萬成陣, 遮山半腹, 而相馳逐布空中, 勢且欲雨. 輿夫披雲而下下界, 鴻濛恰如太極未制之時, 余憧憧然股戰. 中途有息肩亭, 暫息輿肩, 又循絶壑而降, 爲觀音橋. 橋上回首, 則雲捲天靑, 始覺踏下是五老峰. 李靑蓮云, '廬山東南五老峰, 靑天削出金芙蓉. 九江秀色可攬結, 吾將此地巢雲松' 眞先獲我心矣. 余亦有所詠.

雲生步履歷崔騰　　濆倂山光一盪胸　　觀音橋上回頭望
始覺飛過五老峰

又從田圃寺門之路, 而午後二時, 得達秀峰寺. 寺後稱李白讀書堂, 有石壁字刻漫漶, 莫詳其歷史. 卽見瀑布掛, 在香爐雙劍兩峰之間, 而石壁橫截其半, 若到瀑流落窮處, 又要三時間. 故仍立是處, 望半折瀑流, 視吾朴淵倍高, 而流勢則一般, 眞可謂'遙看瀑布掛長川'也. 且看石壁之下, 上之瀑流, 至此爲渦, 題刻神龍躍空. 共撮影紀念, 坐盤石, 手掬包飯, 吾邦之諺 金剛山亦食後景, 正類此也.

碧峰日射紫烟輝　　裊裊綿綿萬丈垂　　捲風白練忽中斷
散玉迸珠天外飛

白也書堂半草菜　　空山日夜動晴雷　　懵然萬里風塵眼
眞得銀河一洗來

仝三時半還發, 復循去路而返, 且行且休, 不覺日暮. 仝八時
半, 歸宿廬山大元支店.

興到匡廬石磴斜　　興擡能得八肩賒　　塵纓濯去香爐瀑
竹杖挑來五老霞　　淸夢祇應通佛界　　遠遊便是作詩家
只將囊裏名山記　　歸對鄕人也笑譁

4. 21.

四月二十一日. 晴. 朝飯, 俯瞰東林西林兩寺, 歷覽天池寺仙
人閣, 又入仙人窟, 飮玉泉, 因坐石榻撮影. 椎䯻行纏一道
人, 勸茶一杯, 碎金表謝. 仝十時半, 發廬山. 路見苦力工
人, 物皆肩擔而上山來. 削一片竹荷肩, 而兩端係繩懸物, 去
地尺餘. 竹片隨步低昂猶不折, 竹性堅忍之故邪, 可訝. 且見
洋人同夫人携幼登山, 擔夫千百. 其群爲其夏日漸熱避暑來
也.

占得淸凉臥學仙　　華樓洋屋好相連　　石磴崎嶇三十里
藤輿千百日磨肩

入九江大元旅館, 中火, 閑臥待船期. 仝午后七時, 發九江乘

大利丸, 是夜宿船中.

琵琶詞賦擅潯陽	尙有遺亭別意長	苦海此生情亦苦
香山已去字猶香	夜深岸影明漁火	舟慣濤聲付夢鄕
意謂出門無一事	山迎水送爲詩忙	

4. 22.

四月二十二日. 晴. 波濤增漲, 舟行稍遲. 問舟人則是緣西藏
之雪瀜下云. 舟過武穴蘄州黃石港, 而八時頃方朝飯. 人言赤
壁當頭矣. 余聞赤壁之聲, 未飽而徑起, 出甲板上. 右望一土
壁蕭條, 壁下舊流, 滄桑互變, 反不如吾邦臨津之赤壁也. 詠
杜牧之 '折戟沉沙鐵未銷, 自將磨洗認前朝. 東風不與周郞
便, 銅雀春深鎖二喬' 令人興感而已. 盖赤壁賦, 膾炙於千古
人口. 而及見實境, 便不神奇. 或言東坡賦中赤壁又在別處,
若然則賦中引句, 是曹孟德之戰跡, 而赤壁捨長江而何處哉.
且以 '東望武昌, 西望夏口' 言之, 以輪船之速, 自赤壁至夏
口, 相距爲八點鍾間. 雖以離婁之明, 豈可望而得見哉. 難得
其詳焉. 過少頃, 左指黃州, 想見竹樓在處是耳.

徹夜舟行夢亦浮	醒來紅日射蓬頭	西藏瀜雪黃增漲
南楚晴山翠欲流	烏鵲尙飛過赤壁	竹樓何在問黃州
江雲江樹蒼茫外	一嘯天風送遠眸	

仝午後四詩, 着漢口. 三井會社漢口支店長岩瀨治三郎·店員
三宅參二, 出埠迎之. 馳自動車, 入原旅館. 夕陽雨下, 入夜
不絶. 被支店長招待, 赴福宮家晚餐會, 快飮暢叙而歸館.

4. 23.

四月二十三日. 雨乍止, 風甚惡. 朝飯, 往三井支店, 請葆元
蔘號桂惠泉而來. 余因排日避嫌而我故不往者也. 探其紅蔘販
路概況, 更欲往觀黃鶴樓, 而一則排日騷動, 二則風浪莫棹.
相顧索然意沮, 仍登支店最高層, 隔江而遠望黃鶴樓, 悵如之
何.

江夏濺濺晚泊舟	武昌一帶望中收	半篙春水夕陽岸
千載白雲黃鶴樓	此日關山亦戎馬	吾生天地是蜉蝣
輕橈將欲洞庭去	一夜滿空風雨愁	

盖漢口合漢陽夏口之稱. 漢陽夏口武昌三處, 人口略一百五十
萬, 九省之會而八達之咽喉, 所謂三楚形勝之地. 有各國租
界, 道路之修, 樓閣之建, 足可爭衡於上海矣. 又被招待, 往
讌月大酒樓午餐, 飮食精美還勝上海. 歸館, 更訪同鄕友白台
榮安元圭於李康浩寓, 李卽曾住開城, 而近又移寓於此也. 暫
敍話, 兩友又伴來館. 漢口氣候聞甚暑, 昨雨今風頓忘暑. 同
夜十時, 發漢口. 三井會社支店員猪口義胤白安兩友, 出驛見
送. 是夜宿車中.

4. 24.

四月二十四日. 晴. 自漢口至北京, 略三十五六時, 行車二千七八百里長程也. 是日, 天氣薰蒸, 令人煩惱. 推硝窓放眼, 不見峰巒之靑蒼, 又不見水田之起墾. 而一望無際, 黃塵濛濛, 女多鋤田, 驢或耕田. 只是高粱白粟, 彌滿廣野, 或見棗樹大果園. 到黃河南岸, 岸上岩穴之間, 多有土室民居者, 古有構巢穴居, 此是天皇氏之民歟. 渡黃河鐵橋, 時間略十五分. 鐵橋之亘長, 初覩於此. 北岸頭揭示鐵橋長法尺三千十, 法尺略六里餘. 又有一行揭語 '南北快車鼓輪'. 夜渡, 電燈燦爛, 遠射波心. 推窓一望, 幾不知是水是月云. 凡亭榭市舖額題, 看多類此. 支那之嗜好漢文, 復誰能當之哉. 是夜又宿車中.

一路燕京北岸登	黃河極目晚霞蒸	汽笛迴吹黑雲散
鐵橋長貫白虹騰	衛野無邊迷草樹	嵩山何處見觚稜
風塵溢目三千里	自笑身同附驥蠅	

4. 25.

四月二十五日. 晴. 午前十時, 着北京正陽門外. 三井會社北京支店員田鍋唯一出迎. 馳自動車, 入扶桑舘, 支店長岩井光太郎來訪. 敍話中火, 店員案內, 乘自動車, 出西直門, 行三十里, 抵萬壽山. 萬壽山頤和園在於西山之麓, 而距北京三十華里. 元時稱甕山, 乾隆十六年爲祝嘏之所, 而名萬壽.

濬山前之湖, 疏導玉泉諸派滙, 於是名曰昆明, 取漢武昆明池之意. 光緒十四年, 西太后投海軍擴張費, 改築萬壽山, 命曰頤和園. 初入大牌樓, 題涵虛二字. 從小門, 過仁壽殿, 出昆明湖畔, 仰觀佛光高閣, 凌虛燦然, 湖水湛湛如藍, 眞是山紫水明. 玉帶長橋, 跨亘湖心, 西望玉泉山白塔, 亦一幅畫境. 沿湖循玉垣, 紆回, 至樂善堂, 翠柏色奇. 西入邀月門, 行長廊, 花鳥山水畫品亦奇. 巡覽雲錦玉華, 各殿金碧璀璨, 朱楹畫棟彩繪金字, 盡是當代名士之筆. 又入排雲門, 踏九十級石階, 更左折入一門, 有乾隆帝所建大理石牌樓, 更北登小階, 寶雲閣一棟, 純用銅作, 其技工巧妙, 益吃驚. 右折而假山之石, 百穿百縫, 一線之徑, 縱橫通其竇. 蟻附而上山腹, 有一閣, 黃甍蟲然, 是佛光閣. 凭欄放眸, 超脫六塵, 已非火食界也. 更歸排雲門, 挾回廊, 經秋水淸遙兩亭, 至西端寄瀾堂傍, 登淸宴石舫(大理石)二層.

湖光山色碧玲瓏　　身入珠宮貝闕中　　畫舫天然盤石固
牙檣錦纜繫春風

望湖景, 倚石欄而歎曰, "千古技藝之精妙, 規模之宏大, 人必稱阿房宮, 而我來此地, 眞目覿一阿房矣. 然阿房入項羽之一炬, 而蕩爲粉地, 適足爲後世土木之鑑戒, 則今日此園, 得非爲未火之阿房邪?" 因買小艇, 搖櫓而東, 夕陽暎波, 荷葉吹凉. 中流顧趙君曰, "今日吾儕, 復作西湖之泛耶" 趙曰, "此非西湖, 是昆明湖也" 愼齊從傍笑問曰, "何謂復作?" 余曰, "泛泛中流, 映湖帽影, 恰似西湖. 今吾昨吾, 認是一樣, 此非西湖復作耶"慎齋又大笑曰, "曾見一老翁, 夜見鏡中自己照像"殷勤問余曰, "今夜會議事屬秘密, 而坐彼白髮是何翁"余忍笑而答曰, "彼翁傍聽少無關係. 翁其安心"翁久乃自覺, 滿座腰折矣, 今春圃之言, 便是鏡中翁也, 相與捧腹大笑, 幾乎墮船. 乃登陸而駈車, 抵玉泉山.

玉泉山金時代行宮之跡也. 康熙十九年建離宮, 名澄心園, 後改以靜明園. 停車入園門, 右瞻玉峰塔, 左折至龍王廟前, 玉泉淸洞成渦. 又登短隴, 有穹碑, 題玉泉跑突(湧出之意). 又題天下第一泉, 皆乾隆帝御筆. 步壟而稍下, 汨汨玉泉, 湧出岩石之隙. 飮之淸冽, 果不負天下第一泉之名矣. 乘昏歸館.

滿襟爽氣動西山　　金代遺墟夕鳥還　　石竇湧泉泉似玉
也將一掬洗塵顏

4. 26.

四月二十六日. 晴. 朝閱新報, 昨夜軍警兩處, 以五箇月銀未支撥, 同盟罷務, 市內警護, 一時大困難云. 三井支店員案內, 乘自動車, 訪朝鮮總督派遣員木藤氏, 仍出正陽門, 登天壇. 天壇在正陽門南方永定門內, 明永樂十八年所建. 初入門, 右拆渡橋, 一廊殿宇玉座簡單, 卽天子親祭之際齋戎[3]換

3　'戎'은 '戒'의 오기이다.

着祭服之所. 從殿南又入一門, 檀樹交柯蒼翠滿庭, 東有圜
邱, 天壇是也. 壇總三階, 繞石欄, 純用大理石, 最下段經⁴
二十一丈, 中段徑十五丈, 上段徑九丈, 高一丈五尺餘, 中央
壇石(大理石)準單九數輪回均鋪, 其形圓以象天也, 一同撮影.

籌成九九築高壇　　三匝圜邱白玉欄　　欲爲天心感精潔
異香萬樹只栽檀

每年冬至日, 日出前致祭于此壇上. 若夫有天災地變民苦之
事, 必親幸祈請天壇之東. 靑瓦燦然, 有宰牲閣·井亭·神庫·
樂器庫等. 北接紫瓦又燦然, 有皇穹宇, 卽天地風雷諸神及歷
代皇帝神位奉安之所也. 冬至日奉請諸神位于壇上而致祭. 又
北方碧琉璃瓦, 眩眼輝輝, 一棟高可摩天, 卽祈年殿. 而三級
壇上, 又築大殿堂, 正月初一日, 奉請皇穹宇神位于此, 而皇
帝爲四億萬蒼生五穀豐穰祈願之所也. 稍距天壇四方越大路,
又有先農壇, 是天子親行籍田祭所也. 此外東有朝日壇, 西有
夕月壇, 北有地壇, 幷此南天壇中央先農壇, 稱五壇. 按大淸
會典, 春分祭日壇, 夏至祭地壇, 秋分祭月壇, 冬至祭天壇,
穀雨祭先農壇. 年前張勳復辟之擧, 天壇範圍內爲其巢窟云.
歸館中火. 適觀婚行過門者, 綵畵紗燈四五對, 靑盖一對, 紅
盖一對, 簫一雙, 笛一雙, 篳篥一雙, 疊鉦一雙, 中央四人肩
擔綵絲繡轎. 轎後二三腕車, 鬘揷花朶兩耳垂璫, 似是粧婆乳

---

4 '經'은 '徑'의 오기이다.

媼，而不若吾東之雅儀．又驅自働車，入紫禁城，巡覽各宮殿，黃甍丹楹璀璨，照耀眩人心目．就中書畫家博物家，千載一時的研究 上好機會，好標本者，卽文華殿武英殿陳列也．回想余等所履何地，卽四千年帝王歷史之地也．運來運去，水流雲空，九重龍樓上，千金無償之寶，一朝開放，爲千萬人之縱覽，安得無興懷於今昔之異哉！然且余等遐方微踪，不有此開放之今日，豈可得觀覽耶！

文華殿

書有張旭·東坡·山谷·文徵明·董其昌等其他諸人名書．畫有黃筌·徐熙·朗世甯·高其佩等其他山水·人物·鷄馬各種名畫．十之八九，奉勅命，盡技精妙，以供乾隆之御覽，眞世間絶品也．

武英殿

自瀋陽舊宮·熱河行宮移來，有諸寶器·銅器·陶磁器·漆器·堆朱細工象牙·細工寶石·細工彫刻物·刀劍類·玉硯·香墨·金瓶·銀皿·周漢銅器·瓦鐺等，其他諸骨董是也．其古來美術冠諸東洋，一目吃驚．

轉出宮城西華門．稱北海，引玉泉山爲巨浸．沿太液池，渡玉蝀橋，登白塔山．山是人工假山，岩石突兀奇恠，爲北京市中最高處．左側有景山，一名煤山．元世祖以備不虞之供，又有明末慘事．當時李自成剽掠四方，自居庸關侵入北京彰義門．

崇禎帝出宮殿, 登景山, 望見烽火徹天, 乃歎曰:"我民良苦",
徘徊久之, 還宮闕, 使太子遁去, 拔劍斫長平公主, 仍斬殺妃
嬪數人, 于時皇后自盡. 翌朝內城陷, 帝鳴鐘召集百官, 無一
人應者, 帝再登景山, 書遺詔, 置衣襟, 遂以自縊於山亭而
崩, 使後人登此山者, 難禁一掬暗淚. 歸宿旅舘.

馬蹄轍跡日縱橫	萬丈黃塵掩北京	大局紛如方逐鹿
列邦勢欲各吞鯨	九重縱覽皇居壯	四庫徒存古稱盈
整頓寰區誰手是	景山落日古今情	

4. 27.

四月二十七日. 晴. 朝閱新報, 總統府曉輪軍警, 只給一箇月
銀, 依舊視務. 又看昨日北京市民數千人赴總統府, 勸總統退
位, 軍部大官一場說諭, 旋又散去. 新文記者路逢請願團人,
問爾那裏去, 答云只要隨伴去, 又問去是甚事, 答云不知麼.
盖爲人二三錢所賣而如此, 其民度可知. 朝飯, 支店員案內,
乘自動車, 從長安街入安定門內, 謁文廟.
文廟東隣雍和宮, 西接國子監. 明永樂元年建新廟於樞密院故
址. 正門稱先師廟門, 皇帝勅使外, 不得出入, 從西門(持敬門)
而入. 元朝以來, 進士題名碑數十基, 略三百餘箇, 排立大成
門內. 左右設木柵, 柵揷戟十二排置, 石鼓各五個, 別有石鼓
記. 大成門相對南向有大堂宇, 卽大成殿也. 庭前古栢略三十
株, 元朝國子監祭酒許魯齋衡手植, 現爲六百餘年, 滿庭鬱

蒼. 殿閣之結構規模勝於南京, 兼且丹艧重新. 殿內莊嚴深奧
白晝沈沈. 正面奉安至聖先師孔子神位, 左右配四聖十二哲.
扁揭萬世師表(康熙帝筆). 兩廡中宗祀歷代賢臣. 庭前栢樹間,
歷代御筆閣左右各六.

石鼓記

其質石形如鼓, 故稱石鼓. 距今三千年前, 周宣王率群臣獵
于陝西省岐陽, 特表其騎射之功者也. 高二尺餘, 徑一尺二
寸, 其數十二個石鼓, 初抛棄于陳倉(陝西省寶鷄縣)野中矣.
唐鄭餘慶遷置鳳翔縣學, 後失其二. 其十之散落者, 皇祐四
年向傅師得之民間. 宋大觀二年, 自京兆移開封府大學內,
更置保和殿, 而以金嵌其字, 靖康二年, 金人運於燕剔取嵌
金, 爲王宣撫家所置, 後移大興府學. 元大德十一年虞集
大都敎授得之於泥草中, 置之國學, 後遷移文廟大成門內.
三千年來幾度轉委于草野泥土中, 風剝雨蝕, 文字現存, 僅
三百二十五字. 文字則宣王臣史籀之筆, 筆跡經三千年歲
月者, 天地間惟此石鼓而已. 就中一鼓, 上折其半, 其中空
虛, 若石臼. 此是學界珍重品, 故爲記其詳焉.

歸路入喇嘛廟, 廟卽雍正帝潛邸, 而稱雍和宮者也. 登極後喜
捨喇嘛寺, 是懷柔蒙古之政策. 廟內養喇嘛僧千人支給銀米
矣, 漸至廢去. 有天王殿 · 雍和宮 · 永佑殿 · 法倫殿 · 綏成殿等,
殿閣全然西藏, 若蒙古式佛像佛畫裝飾宗敎的美術, 現今大小
僧侶幾十名, 集中央大堂, 纏黃色僧衣, 着羊毛製僧帽 恰似

日本大禮服帽, 持珠念佛唄音, 恰似吾東讀經而罷歸, 各駢坐
于佛前左右榻, 或黙或念. 其後方有四層高殿, 額題淨界慧因
立像大佛, 高六丈, 相傳取西藏大旃檀, 一本木刻成此佛像.
有一聯'定中金磬天邊落, 悟後雲關夜半開', 料想先立佛像,
後當着建殿工事, 見佛以來初覩者也. 東側堂中有天地佛和合
佛(或馬乘婦女或蛇含産兒), 奇怪醜陋. 官憲取締以布蔽前, 猶
得褰示者, 爲暗受料金故也. 歸舘中火, 訪問公使館. 又出正
陽門外大柵欄, 訪同昌蔘號主人劉文英, 身長七尺餘, 豊額濶
口善談論, 爲言北京蔘號小賣幷畧四十戶, 而北京販路多在大
官之寄贈品, 一自革命後 無一人寄贈者, 但東昌號出售年,
額不過三四十斤云. 又訪永盛合蔘號元主人, 已出安東縣, 悵
而退. 顧左右市肆, 朱欄畫棟, 碧榜金扁, 櫛比相望, 而簷外
懸彫籠養異鳥翫弄. 其所敬財神, 多關公像, 供桌香火, 晨
夕叩拜, 有過家廟, 昨日登白塔, 歸路見城內, 無市舖之壯
觀, 謂愼齋曰: "想是北京非商業地而然也", 誰知城外如此繁
華哉! 然而以余平日所聞較看, 則紫金城長安街, 而今冷落,
是乃革命影響歟! 買携漢冲香瑣品, 歸舘. 被支店長招待於自
宅, 中華料理每患太膩太豊, 而此則折衝之務, 要淸簡, 爲之
爽口. 飮罷, 又被店員酒井忠道案內, 出前門外西衚衕, 卽中
華藝妓家也. 入奧室, 黑旋風一鹵漢坦腹而立, 高聲嘶哮一一
呼妓名, 伺候客前. 隨意擇窈窕妸娜者, 而留之, 勸茶勸烟,
黽勉應酬, 少頃計還茶銀而起. 又向東衚衕, 其呼名之擧一如
之, 而藝者繞膝昵狎, 無異熟面人問之. 則西是蘇杭來者, 有
自嬌的調致, 東是北京土産, 有悅貧的趣味. 傍室有紅羅複帳

298

角枕錦衾之具, 而牙婆軒笑勸誘奈. 余初不入, 諸葛亮何, 大
被一行之嘲謔. 而歸宿旅舘. 以後種種開說, 難禁聽衆之捧
腹.

4. 28.

四月二十八日. 晴. 八時二十分發北京, 店員見送. 仝十一時
半着天津. 三井會社天津支店員羽田久藏出迎, 馳自動車入常
盤飯店, 領事舘巡查山本宗一來訪中火. 往三井支店, 支店長
岡崎省藏進茶叙話, 又訪問領事舘. 更馳車巡天津市, 指米租
界內一樓, 是鮮人朴道一住宅. 朴於童年漂至天津, 爲美人所
收育. 美人無子而死, 其所遺財産爲朴所有, 遂爲巨富, 而尙
守本籍云. 入河北公園內, 閱直隷省生産品陳列舘. 又詣李公
祠, 祠卽李鴻章祠也, 爲表彰北洋大臣功勳勅建者, 而結構輪
奐, 祠後亭榭園池, 又極瀟洒, 遊覽納凉者多矣. 又觀擊球大
會, 紆回而歸舘. 被支店長招待, 赴神戶舘, 舘在海濱三層建
物鮮明, 範圍廣大. 內有劇場疊席設百六十七枚, 美娥成群,
擁坐勸飮, 不覺酩酊. 岡崎氏取來疋絹, 要余把筆卽書贈五
絶, "春風浪遊客, 一棹問天津. 坐擁紅裙密, 江樓醉殺人."
群娥爭要書, 贈連至數十幅絹疋, 將盡鍾欲十二打矣. 余以遲
鈍筆鋒, 困在娘子軍垓心, 而腕力脫圍酒化汗, 而迸出促車歸
舘. 一枕鼾睡, 不知日高三丈矣.

4. 29.

四月二十九日. 曇. 朝閱新報, 昨午黎總統, 逃位出天津, 有
書感一絶.

　一棹白河來問津　　李公祠下憶前塵　　聞道中原秦鹿失
當頭疾足復誰人

往萬全堂. 藥房主人黃鎧爲言販路槪況. 店內陳列紅蔘(折片)
匣, 而吉林産瞞以高麗産散賣云. 轉向天津紡績會社, 主任天
野三郞强意使人案內槪觀, 而歸中火. 帶飯店員華人徐步, 從
中華舊市街 翫各廛産物, 見衣商店員積男女退衣勵聲呼賣,
自左移右, 右又還左, 如吾東競賣品之呼賣, 而殆有甚焉. 其
莊舗制作之雄偉, 彫刻畵彩之眩亂, 只是一法, 見一則可知
百. 薄暮歸舘, 更隨支店員案內, 往西洋料理店, 繞床飮啜.
將撤之際, 有二少年, 突入向案內人, 變色而詰之. 答云:
"爾何不早來此而還詰我邪?"追聞會社爲余一行, 特設露國料
理, 而二少年同是社員, 先來此門之越家設搨待之, 始覺幷發
而詰故也. 因往劇場, 觀西洋活動寫眞, 恍惚難測. 十二鍾乘
車, 雨忽驟下, 歸舘歇宿.

5. 1.

五月初一日. 晴. 朝飯往支店, 致謝連日招待之意, 歸舘. 書
葉詩草, 以供長日消遣法. 盖天津各國租界之地, 商權爭霸,

幾與上海抗衡，而重重傑搆，爲北京大官之兎窟云．仝午後八時三十分發天津，是夜宿車中．翌曉五時頃過濟南，而日人有昇車訪天野，此是預電濟南鶴家旅舘，要泰山曲阜案内者，出驛相逢故也．車中喫弁富(飯包俗稱)向泰安．

5. 2.

五月初二日．曇．上午八時半着泰安驛．入泰安飯店，問歇坐房號，則答以臨城解俘客適來，有祝賀式，店賓滿員云．先是土匪襲擊津浦線汽車于臨城，而捉其西人七名華人五名，拘留山寨，故政府頻繁交涉，竟持銀五萬兩軍服二千件，專往山寨解放而歸路，過泰安也．只借一房，權歇買裏疊肉麭包束裝．乘山轎登程，其山轎似廬山藤輿，而下掛兩條長紐，以小木板，承兩趾之蹯蹯，板與脚搖搖未定．兩夫肩擔轎棒直線斜線．時移其擔左右隨行，二夫其息肩之際，突然立代不要須臾停轎攀登絶壁，恰似平地，可驚轎夫之矯健鍊熟也．自洞口至絶頂，稱四十華里，行到一天門，山南有廟，種柏千株，大者十五圍，有揭‘漢柏第一’四字相傳云．漢武帝所種，石階層層相連，階幅狹，自二間廣至四間．自一天門，迄南天門階，凡六千七百餘級，道兩邊低築石甃，以防橫墮．從紅門街，過萬仙樓，到斗母宮，古稱龍泉舘，有揭‘神光逼牛斗，雲氣護龍泉’．右臨桃花磵，三段爆布，噴玉洒雪．一尼寺，綺麗可觀．右邊庭際，有花卉數盆，一室精奧．爲遊山客，客棧沿高，老橋遙看石經峪岩面，有金剛經彫刻，時適工人付紙搭寫. 道兩側老栢森森, 行踏凉陰, 卽柏洞也, 路右岩刻柏洞二字. 登回馬, 嶺名, 爲登山難, 而回送馬處也. 入中天門, 有三四茶軒, 停策騁目, 徂徠山直在脚下, 意謂此山盡登也. 回首北望, 雲烟縹渺. 又有一片高門, 如針孔漏出天光, 如一點晨星, 卽南天門也. 因徒步快行, 有三華里, 平地岩面, 處處刻字, 種種過雲, 步橋指點山腹, 有歐米人別莊. 適一洋人, 岩間拾石看看, 意似探礦産者也. 又有中華人拾取放牧牛糞, 捏薄如煎餅, 晒乾太陽, 賣供燃料, 推知薪貴如桂也. 左右懸崖, 水聲瀄瀄. 登小天門, 紅亭屹立, 此卽秦始皇避雨, 封爵之五大夫松古蹟紀念也. 當時松則旣枯, 今有三株, 其大略爲數百年. 解囊而喫麵包, 酌淸泉而飮, 自入中國以來, 飮冷水者三, 廬山西山泰山是焉. 推想全國通飮茶湯者, 必緣平原生水, 不適冷飮故也. 過朝陽洞, 踏了十八盤之急峻, 走登南天門. 門揭一聯, "門闢九霄, 仰步三天勝蹟, 階崇萬級, 俯臨千嶂奇觀". 過天街, 有人家十數戶. 詣關帝廟, 僧進芳名錄, 書著朝鮮孔某. 又詣碧霞元君廟, 廟有女神塑像, 神卽泰山玉女也. 中華信仰, 慾子授子, 慾財授財, 登山參詣者, 年可數千萬云. 因登絶頂竚立, 峰頭展望, 下界一氣濛濛. 東臨齋[5]魯, 如平原斗起, 南望汶水, 如鋪一帶白練, 眞可謂 '一覽衆山小'. 盖泰山五岳之宗也, 歷代帝王東巡封禪, 皆於此山, 而况吾夫子小天下之處. 由是遐邇仰止之心, 出於尋常萬萬也. 古語云: '泰山北斗', '泰山壓卵', '泰山不讓土

---

5 '齋'는 '齊'의 오기이다.

壤', '挾泰山以超北海', '泰山如礪', '泰山鴻毛', '泰山崩
於前色不變', 皆言山高也. 山之高稱五千尺, 而如吾金剛山
則五千九百尺也. 若吾夫子見金剛, 則必曰登金剛而小天下.
然而金剛之名 未必勝於泰山者, 有以人傑. 地靈而地亦因人
而名焉, 其亦山之遇不遇也. 夫回覽玉皇閣及無字碑. 碑是秦
始皇所建, 而碑形廣厚四均, 上爲幢盖, 其石膩白而堅, 非山
所産, 不解何力致之. 明張銓立短碑於其傍, 刻詩曰:'莽蕩
天風萬里吹, 玉函金牒至今疑. 更將五色如椽筆, 來補秦王無
字碑', 又其東數武高處有碑刻, '夫子小天下處'六字, 想見
當時, 尤切瞻慕. 一行撮影, 旋踵下山. 山南有'捨身崖', 三
面削立, 萬仞矗矗. 古來爲父母病癒代命, 或求來生福樂等迷
信, 投崖而死者多. 自明時代, 繞垣禁捨, 有告示貼上下沿
路, '丐乞偏多 囊裏碎金, 一時盡竭'. 轎夫下山之步, 其疾
如飛, 余心驚怵, 却有甚於登山之時, 況兼脚與蹈板搖搖未定
者哉! 自覺戰慄上山要六時間, 及下山要三時. 歸路歷覽孫仙
人枯像, 孫君直隸人, 鍊道於岱麓, 年九十五蛻化, 卽康熙
二十五年也, 頭面手足枯着原形以坐, 亦一奇觀, 歸歇飯店.

岩岩氣勢切穹蒼	絶頂登來攬八荒	魯野拖靑開廣漠
汶河繞白護神光	萬柏洞陰傳漢武	五松雨跡說秦皇
仰止而今酬夙願	三天踏罷石梯長	

5. 3.

五月初三日. 晴. 上午二時車發泰安驛, 擬向曲阜, 而曉睡朦朧中, 汽笛忽鳴, 案內者催言下驛. 一手拭睡眸, 一手持行袋, 而下及看驛名, 則非曲阜是南驛, 南驛向曲阜第二驛也. 揮手招車, 車已走矣, 追悔奈何! 時則四時半也. 曉色尙早, 無處叩門, 只與驛中巡警筆談, 雖有曲阜行車, 爲是急行無停車于南驛云. 悶坐南驛構內, 待驛長睡起, 書陳吾們誤下之由, 兼示護照及車票. 一少年持錄紙出來, 爾們車票期日已過, 自歸無效云. 此是案內者, 不閑熟於漢語文字, 不知昨日票之期已過, 而余等盲從故也. 事甚茫蒼, 更陳情由, 幸得驛長之周旋, 爲之電話, 前驛特別停車, 復售急行券. 一同乘向曲阜驛, 下車時爲八時半也. 一行六人要馬車三臺, 而驛前只有一臺, 緣乘客非時也. 三人强乘一馬車, 三人徒步前往五里, 稍有村落, 又貰二馬車. 各分乘而行於馬車上, 解囊喫麵包若干. 自驛至城, 略十五里, 一望平遠杳杳, 紅日如昇海中. 田間道路深于車轍, 旱則爲路, 雨則爲溝, 馬奔車動, 礫礫有聲, 頭撞臀舂, 腰骨直欲鳴折, 若非慕聖德耽古蹟之熱心, 果是行不得也. 行到一川, 此四十五年耳熟的泗水也. 沙流淸淺, 馬僅沒脛. 平原左邊, 一墻垣延長無際, 意謂曲阜城郭, 而若城郭則胡無雉堞? 想是大勳業將相之別莊也. 右邊黃甍, 半天輝輝, 意謂文廟也. 馳馬入城, 下馬而趨拜, 謁文廟. 適管絃之聲, 隔廟左殿廊出來, 問之則恒是祭享奏樂之所肄習云. 有文廟別記. 轉出廟門, 有顔子廟. 廟之制度, 亞於文廟, 廟庭有虎皮松(白松), 略四抱, 灰白色·茶褐色斑點. 光

澤一木，便成森林．殿内顏子塑像，冲虚英華．兩廡有顏歆·
顏儉·顏見遠·顏推子·顏師古·顏杲卿·顏眞卿·顏印紹等聖裔
配享．還出城門，左折駈，入聖林．始覺俄見墻垣，爲聖林而
設也．拜謁文宣王·泗水侯·沂國公三世墓．墓前撮影，有聖
林別記．

路入昌平松栢原　　拜瞻萬仞繞墻垣　　玄宮馬鬣封三世
神道龜頭屹一門　　檜植已經周雨露　　洙流不斷魯淵源
只伸遲土羹墻慕　　千載雲仍豈必論

文廟別記

曲阜城：曲阜，孔子時魯國首都．其時城在縣西南，略十二
丁地．宋祥符五年，移于今地．

城郭：明武宗正德八年修補．周圍約三十丁，高二丈，設五
門．住民約七千餘．

孔子故蹟：曲阜，孔子故鄉，且終焉之地．三千弟子之教
育，皆於此處．全國尊崇之靈場，四時參拜者不絶．

孔子後裔：城内孔姓居者，爲六十餘戶．其宗家衍聖公，住
居于孔子廟傍，司祭祀．

孔子廟：在城南大部．古之闕里，卽孔子故宅．舊記孔廟東
南五百步，有雙石闕，故名闕里．

廟之建立：魯哀公十七年(距今二千三百九十餘年)，建立祠宇，
始不過三間許．唐開元二十七年，追封孔子爲文宣王，時廟
制擴大．宋·金·元·明屢加修築，清康熙二十八年修補．雍

正二年罹於火災, 又大修築境域. 略三萬坪, 周圍墻壁雄偉宏大.

門: 東毓粹門, 西觀德門, 南金聲玉振門. 門前數名兵卒, 持劍銃嚴警衛. 南門構造頗壯麗, 平日常閉, 只出入于東西門. 南門之額題, 萬仞宮墻.

弘道門: 淸世宗始建. 高一丈七尺, 潤五丈四尺, 深二丈八尺. 四圍共石柱, 左右皆挾門.

大中門: 門榜淸高宗書. 凡五間, 高二丈, 潤六丈四尺, 深二丈四尺. 左右各挾門.

同文門: 大中門同樣. 廂下立碑多數.

牌亭: 大中門同文門通路兩側, 有十三牌亭, 皆黃琉璃葺之. 歷代帝王, 投巨費極壯麗. 牌亭內部刻金·元·明·淸歷代帝王祭文. 巨石龜背上建牌, 高四間, 幅一間許. 傳言每一個碑, 工費要銀數十萬兩.

栢檜: 廟內老栢古檜. 陰森蔽天, 神威自迫.

奎文閣: 賜書藏處, 三層造. 高七丈四尺, 橫九丈四尺, 其庭前明朝御製大石碑立.

帝王駐蹕處: 奎文閣兩側有便門, 門左右有廻廊, 廊屋十五間. 歷代帝王詣聖廟時駐蹕處.

漢魏碑: 同文門內, 保存漢魏六朝碑石如左.

漢乙瑛碑　漢謁孔子時立

漢禮器碑　五鳳二年刻石

漢孔謙碑　漢孔君墓碑

漢孔宙碑　漢祝其御墳壇刻石

漢史晨碑　漢熹平年間立

漢孔褒碑　漢上谷府卿墳壇刻石

漢孔彪碑

其他碑: 六朝張猛龍碑, 唐宋以下碑, 庭前林立而皆露.

周代祭器: 周代銅祭器十餘枚, 納于廟之奧殿.

大成門: 高三丈八尺, 潤七丈五尺. 以石柱(蠟石)擎門簷,
其石柱中央刻雲龍.

孔子手植檜: 手植之檜, 歷周·秦·晉幾千歲, 至懷帝永嘉
三年己巳而枯. 枯三百九年, 子孫守之, 不敢有毀. 至隋恭
帝義寧元年丁丑復生, 生五十一年. 至高宗乾封二年丁卯再
枯, 枯三百七十有四年, 至宋仁宗康定元年庚辰再榮. 至金
宣宗貞祐二年甲戌, 罹于兵燹, 基幹無遺. 後八十一歲甲
午, 是爲元世祖. 至元三十一年, 故根重發, 又經二百餘
年. 明弘治十五年, 復燬於火, 尙有餘幹. 清雍正十年, 復
生新條. 其高三丈有奇, 圍僅四尺. 在於大成門內, 右側設
石欄保護. 今無生枝, 未知何年復枯.

杏壇: 四方棟二層閣, 繞以石欄華麗. 孔子率諸弟子, 訓道
遺址. 漢明帝幸孔子故宅, 臨御此處, 命皇太子諸王, 命講
經于堂上, 後世作殿于此. 宋天禧年間孔子四十五代孫孔道
輔擴張前庭, 移殿于後, 據講堂舊基, 疊甓作壇. 其周圍植
杏樹, 名曰杏壇. 有金黨懷英篆字碑閣.

大成殿: 高七丈八尺, 潤十四丈, 深八丈四尺. 黃琉璃瓦,
重簷金碧裝飾, 最極壯麗. '大成殿'名, 宋徽宗崇寧年間所
作. 竪扁淸世宗所書.

枋上額(萬世師表) 淸聖祖康熙帝所書

(生民末[6]有) 淸世宗雍正帝所書

(與天地參) 淸高宗乾隆帝所書

石柱: 擎支大簷前面, 總十本(蠟石). 直經三尺餘, 周圍八尺餘. 元代所作悉精巧蟠龍(深三寸), 彫刻刀技雄渾精妙, 鱗甲生動潑雲昇天形.

殿內: 正面燦爛老漆一大龕裏, 奉安孔子塑像. 像高一丈許, 執鎭圭, 着冕十二旒, 服十二章, 南面立.

塑像製作年代, 未能正確. 康熙二十三年, 帝東巡, 登大成殿, 瞻仰此塑像, 顧衍聖公孔毓, 折問之. 對曰:"魏興和三年兗州刺史李仲璇始塑聖像云." 此擧言孔像製作之嚆矢而已, 此塑像年代不可考也.

其他塑像: 孔子龕左右排列復聖顔子·宗聖曾子·述聖子思·亞聖孟子四配及十二哲塑像. 各像執躬圭, 着冕九旒, 服九章.

三大額: 孔子龕上揭三大額·萬世師表(康熙題)·斯文在玆時中立極(乾隆題)

堆朱柱: 殿內柱. 高三丈餘, 圍二抱半餘.

兩廡: 正殿兩側長廡列歷朝先賢神牌百三十餘享祀.

寢殿: 享祀至聖孔子夫人, 八角形大石柱. 周圍一丈餘, 彫刻花鳥, 精巧緻密.

聖蹟殿: 孔子一代記, 描寫刻石, 是謂'聖蹟圖'. 合百二十

---

6 '宋'은 '未'의 오기이다.

簡像.

晉顧樸畫贊: 宋太祖及眞宗作

凭几像: 孔子凭几而坐

十弟子侍畫: 唐吳道子手成

燕居像: 唐吳道子畫宋米芾贊

其他司寇像: 乘輅像. 康熙·乾隆歷代帝王畫贊碑立

明萬曆二十年, 御史何出光命畫工補修舊圖, 以石刻之碑

面. 衍聖公封印無數貼附.

殿宇靑色琉璃瓦葺, 外觀誠美古色可掬.

啓聖殿: 享祀孔子父叔梁紇. 石柱似大成殿而小.

孔母寢殿: 啓聖殿後.

右二殿古色蒼然, 前庭老樹相對, 靜寂閑邃.

詩禮堂: 孔子舊宅.

樹木: 詩禮堂庭中. 唐槐樹, 宋銀杏樹.

孔子故宅井: 詩禮堂後.

魯壁: 在孔子井傍. 朱塗, 高二間, 橫三間, 厚二尺餘. 傍

有魯壁碑. 秦始皇令天下焚諸子百家書, 而魯壁中所藏書,

至漢時發見. 其書尚書論語孝經, 竹簡古文.

金絲堂: 魯恭王壞魯壁之際, 有金石絲竹之音, 後建堂於

此, 名曰'金絲堂'. 又移建於大成門外.

五代祠: 崇聖殿. 啓聖·貽聖·肇聖·裕聖·昌聖五代合配殿.

石柱大成殿同樣, 而蟠龍彫刻浮淺. 東階下孔子世系碑立.

樂器庫: 金絲堂兩廡.

衍聖公府: 在聖廟東門左折處. 孔子正裔世襲衍聖公邸宅,

待遇孔子子孫, 待遇歷朝同一. 幾經變遷, 宋仁宗至和二
年, 封四十六代孫孔聖佑爲衍聖公以來, 襲至于今.

聖林別記

至聖林: 孔子墳墓在曲阜縣城北十二丁許. 城北門一直線坦
坦, 通于神道. 道兩側老檜古栢, 并立森密. 牌門勅揭'至
聖林'三字. 道側檜柏, 因年前雹災, 多有折傷, 禿枝碎葉,
頓減風致.

沿革: 塋域廣袤約六十萬坪, 周圍約十華里, 繞以墻壁(甎
築), 高一丈許. 萬木蓊鬱, 恰如一城塞塋域規模. 其始廣
僅一頃, 東漢桓帝永壽三年, 修孔子墓, 作神門, 設齋廳舊
祠壇, 易以石造, 墓制漸備矣. 晉文帝元嘉十九年, 起大土
工, 移植松栢六百株. 其後唐·宋·元·明各代擴大重修, 至
康熙帝時, 更加擴大, 至于今日.

林前村: 孔子葬于魯城北泗水邊, 弟子皆服喪, 三年畢, 相
訣而去. 其内篤志弟子約數十人, 不忍遠先師塋域, 仍留
此地結庵, 爭詣墓前講道. 此村落名'孔里', 今'林前村',
卽至聖林之南.

萬古長春坊: 高二丈餘. 石造, 彫刻雲龍.

觀樓: 元至順二年, 孔恩凱始造樓於墻門. 登此樓, 觀塋
域, 土饅頭形. 二千三百餘墓, 散在樹下, 是七十餘代聖孫
互葬之地.

洙水橋: 石欄干. 古色尤雅.

享殿門: 墓門. 此邊歷代石碑林立.

享殿: 後漢桓帝永壽元年(距今一千七百六十年)建立. 內有孔子三代塋域. 巨松老栢, 森森以茂, 自有肅然氣像.

享殿前, 有翁仲二, 左執笏元豹二, 角端二, 華表二, 皆漢永壽元年所建.

石鼎: 在享殿前.

子貢手植楷: 高四丈五尺, 周圍一丈許. 古幹尙殘.

沂國公(聖孫子思)墓塚: 前二重石一丈, 頗質素.

泗水侯(聖子伯魚)墓塚: 直徑三間. 上部老楷一本蔽天.

大成至聖文宣王(孔子)墓塚: 高二丈, 周圍百尺. 塚形舊記, 封如馬鬣. 今半圓橢鉢形, 四邊楷栢柞. 其外珍樹奇卉, 當時弟子各自其國移植者也. 但塚上耆草叢生, 此草一朝萎而復靑. 莖八稜象八卦, 五葉象五行, 一叢五十莖.

墓碑: 在墓前. 高一丈二尺. 篆(大成至聖文宣王墓)刻明代所建.

孔子官謚: 孔子官魯大司寇.

漢平帝時　褒成宣尼公

唐玄宗時　文宣王

宋眞宗時　至聖文宣王

元武宗時　大成至聖文宣王

其後明嘉靖年間, 以孔子王號可否問題, 學者間大論爭發. 其結果單稱至聖先師孔子, 爲當爾來, 淸朝各所孔子廟, 悉用此稱號, 獨於此地墓碑文, 因明代未改刻而存至于今.

子貢廬墓處: 孔子墓西側, 一小宇(子貢廬墓處)刻碑立. 孔子卒後, 諸弟子服三年喪, 獨子貢六年留廬之遺跡.

洙泗書院: 在縣城東北, 約一里十二丁. 泗水流其北, 洙水注其南, 孔子曾於此間設教, 故稱'洙泗學', 正爲此也.

以上文廟聖林之雄偉森嚴, 雖宮闕陵寢無以加矣. 竊瞷歷代帝王非不用意, 而至于淸朝, 一層大規模廣興土木, 其制作之宏壯·彫鐫之工巧·丹艧之璀璨, 靡不用極. 使爲學孔子者, 無不一見, 感服其淸朝崇拜吾道之爲如何耳, 未知柔懷漢族之一策耶! 余有一感想南京明太祖陵平地一造山, 而曲阜孔子墓亦如之. 夫以帝王聖人之權威, 不能盡風水之法, 而葬之平原耶? 吾東慣習猶此汲汲於風水, 誠可惑也. 還驅馬車, 叱叱催速, 出待曲阜驛. 午後二時四十分搭汽車. 赤日薰熱, 一行困飢. 同七時半着濟南, 入鶴家旅舘. 主人要書, 書贈'鶴鳴九皐'四字. 三井會社濟南支店員小川信郎來訪叙話.

江南江北好躋攀	身自奔忙意自閑	百里命輿穿石磴
五更催棹出津關	心通淨界宿廬岳	足躡層雲登泰山
休道失眠且忘飯	此遊能幾百年間	

5.4.

五月初四日. 晴. 午前九時朝飯. 支店員案内驅自動車, 入濟南城. 道路寬曠, 市街精潔, 左右碧榜金扁, 炫耀人目. 人口爲十萬, 津浦線鐵道連絡. 蓋濟南山東省首都, 南北交通之要衝也, 都會之新鮮山水之秀麗. 沿路初見此地大觀, 有千佛山

(古稱歷山舜耕地)·清河·大明湖·趵突泉，忽忽歷覽.

七十二泉傾一湖　　湖光明處簇靑蘆　　有時畫舫搖歌扇
拍拍驚飛兩岸鳧

三泉盈尺湧平池　　趵突傳名亦一奇　　多少濟南城裏各
滔滔濁世濯纓誰

仝午前十時二十分，發濟南搭靑島行汽車. 天晴日薰，推窓騁
目，齊東田野，綠蕪千里，卽墨淄河灘水所經之路. 高粱長
幹，白粟抽莖，土地肥沃，可以耕墾. 韶山翁謂余曰：“此地
紺色，土質可適於植蔘，而得此設圃，則雖百千萬坪，無慮得
田.”相與大呵. 行到靑州鄭家驛，汽輪故障，不能行. 時則
午後一時頃也.

汽笛聲聲出濟南　　齊東晴日捲炯嵐　　靑州野色連芳草
淄水波光瀉碧藍　　驛下輪停納涼步　　手中卷有載奇談
車茵窄窄西人共　　向背無言午睡酣

天中薰日坐當頭　　時喚茶童洗渴喉　　但得輪來六從事
不妨今夜宿靑州

滯在中野，天氣薰蒸，揮汗索茶，悶悶度了長日. 又兼車茵雜
窄，曲肱之眠亦難得便夜，又如是以明之.

5. 5.

五月初五日. 朝霧. 午前六時着靑島驛. 三井會社靑島支店員
增澤廣平出迎. 駈自動車, 入靑島飯店於三層樓上. 困倚藤牀
暫假寐, 忽擧眼則霧氣漸捲, 來檣去帆稍稍出現於江天. 如拳
小嶼屹立於一瞥之頃, 卽加藤島也. 打岸潮水噴白進退, 亦一
淸翫. 朝飯. 手封家書及諸處寄札, 出付郵筒. 忽復晝雨霏
霏, 睡思方濃. 支店長淸水豊一來訪討話, 被招待于平康里茶
樓. 午餐, 暢遊歸舘. 乍雨且止, 欲觀市街, 偕朴趙兩君, 出
門數步, 雨脚又大旋歸. 雨還止又出, 步行數町, 雨又滿天,
無乃天故意沮余之行歟! 歸舘, 入食堂, 音樂淸亮, 高準碧眼
已滿堂擧匙矣. 余亦參班舖啜, 而暗想顧此圃農緣何坐此而聽
此聲耶? 盖擧觴有樂古今東西暗合一致也. 入夜, 大雨如注,
震雷之聲 轟轟, 駈去猛力, 壓鳴屋脊, 手裡烟竹不覺自落而
戰慄, 一帶電光閃閃, 映江天來明暗無常 兼之加藤島上孤燈
忽滅還明 埠頭棧橋架電百燈光射波心魚龍可數 此際般般光景
難詩難畵 又難說與未見人也 朴趙兩君點茗圍局 而余則臥於
茶香棋聲之畔 試覓詩句 句未熟而鼾已如雷矣 翌朝說道相與
一笑

駈車砥道繞芳林　　改造山河爽找襟　　曲曲灣流靑嶂立
重重疊跡白雲深　　江樓電閃三更雨　　客榻燈凉萬里心
賭奕評茶故人在　　不容今夜睡魔侵

5. 6.

五月初六日. 晴. 朝飯. 往支店致謝, 店員案內駈車登旭山, 觀砲臺戰跡, 逶迤山腹, 觀造林, 又觀東和公司落花生油製所. 回抵海岸, 見海水浴場, 縱覽膠州灣一帶. 盖靑島獨逸人之開拓者也, 自日本掌握後, 道路也市街也, 更加擴張, 煥然一新, 山明水麗, 氣候淸涼, 碧瓦紫甍, 結構生彩, 儘避暑之攸居, 而今還付商敷地, 令人不能無感於朝暮得失也. 歸舘. 午鍾鳴矣, 整頓行李, 先遺船所. 入食堂, 昨聽音樂, 如奏驪駒之曲, 而爲余靑島惜別者, 然始覺一喜一悲在於心, 而不在於聲耳. 午後二時發靑島. 支店長及店員埠頭見送, 搭長平丸向渤海, 而東指點勞山, 此是山東名山, 獨逸人開道絶頂立棟避暑云. 忽黃霧蔽空, 行船遲遲, 不覺日已西矣. 是夜宿船中.

5. 7.

五月初七日. 晴. 朝飯. 天水一碧, 茫茫無涯, 和希堂春汕贈韻.

東舶通今六洲客　　山河從古九州鄉　　列邦人物分黃白
爭霸權衡較短長　　泰岳掃雲謾多事　　渤流泛月亦奚當
了無佳句携歸橐　　空作五旬游冶郎

問余何事入中州　　蓼市彷徨汗漫秋　　浮生活計爭蝸角

世路危機料虎頭　　未逢燕趙悲歌士　　豈擬江淮壯歲遊
時變有觀策無用　　不如歸臥故林邱

午後四時半，着大連．三井支店員坂本幹出迎，乘自動車，入
大和飯店，歇宿．

5. 8.

五月初八日．晴．午前七時半發大連，同九時半着旅順．坂
本案內，駈自動車，登白玉山頭，望表忠塔，塔爲海拔
六百二十三尺．巡覽鷄冠山堡壘要塞戰紀念品陳列場．

旅順凱歌日　　　東洋勢可扶　　　一心惟報國
萬死盡忘吾　　　塔光弔忠魄　　　壘跡歎雄圖
鷄冠山下客　　　慷慨酒仍沽

盖旅順海灣斗入，四圍如屛障，別開壺中乾坤．露國最初經
營，其堡壘之雄固機械之精利，未嘗讓於人，而日露之戰，日
人死傷多至四萬餘名，可謂一將功成萬骨枯也．今日適足爲鎖
夏客之保養地，指點戰跡徒增曠感．正午驛前旅舘中火，零
二十分發旅順，午後二時歸大連，同六時搭永利丸 發向芝罘，
晚喫辨當，是夜宿船中．

5. 9.

五月初九日. 晴. 午前五時半着芝罘. 入菊水旅舘, 三井支店員鳥海三郎·北出永福(朝鮮人韓姓 而爲北出氏養子)·支店長松長剛次第來訪. 朝飯. 乘腕車, 訪問領事舘. 仍往三井支店, 觀紅蔘貯藏庫, 盖自仁川運來積置, 而隨其注文分送各方面, 以其芝罘氣候淸凉故也. 時適集工晒風, 但三庚不開庫門云. 轉訪裕豐德蔘號支配人王守田, 與天野舊面, 迎入中堂二層樓, 進茶勸烟談笑媚媚爲言, 紅蔘各地産年放額爲二百斤, 而高麗産放不過幾十斤云. 又觀繭紬紡績所及髮網公司, 髮網年産七百萬圓, 繭紬一千萬圓云. 髮網是余初見, 以人髮踈結爲網, 西洋婦人網於髻上, 使運動時髻不亂散也. 一網之價五錢欻至七百萬, 華人之勤於作業, 不遺細利類此也, 歸爲婦人小兒勸業之資, 取見本收裝. 歸舘點心. 午後朴趙天野諸君賭碁以遣間, 且博飮資也. 諸君以余碁劣, 但囑傍觀諺, 所謂觀光但喫餠也. 坐觀成敗, 酒則先酌, 第非惡事. 午後六時被支店長招待于冠芳樓, 同裕豐德蔘號諸員參席. 飛帖招妓如上海方式式牒, 先書爲某先生叫, 次書妓名, 次書卽日六句, 鍾於某地, 冠芳樓中西大菜侍酒, 迅速勿延云. 居未幾, 童妓七八名次第來坐, 斟盃頻勸, 要客懽洽, 及唱歌. 向壁而立, 緊聲細唱, 無異江南, 但久坐背立有所不同耳. 觥籌交錯請請不已, 不覺紅潮漲面. 全十時循港口, 望海上美艦三十餘隻, 電燈輝煌成市, 歸宿旅舘.

憶昔吾邦商港開　　最先通舶是烟臺　　山河擧目欣初到

民物緣情似舊來　　橐紬流黃認華織　　倉蔘堆紫見韓栽
靑樓酒肆人如沸　　美艦千兵避暑回

5. 10.

五月初十日. 晴. 朝飯. 共韶山愼齋乘腕車, 隨支店員案內,
通過舊市街, 市街麤陋無可觀. 歸舘. 正午赴裕豊德悅賓樓午
餐會, 料理豊瞻, 妓能飮酒, 勸賓要同盃量, 請視面, 視面隨
客盡飮, 至六七盃. 無辭劇酒, 亦不避自令大醉, 而歸居. 無
何束裝出埠, 支店長店員埠頭見送. 午後六時發芝芣, 還向大
連. 是夜月色明朗, 惹起離鄕懷緖, 共韶翁愼兄, 登甲坂上,
交椅論談. 夜深不寐, 有舟中見月所詠.

行舟隨月出山東　　月印波心舟在空　　離家纖指弦初上
蹈海圓看輪再同　　巡洋列艦燈成市　　隔岸遙峰霧捲風
鄕思客談淸不寐　　扣舷露坐五更中

5. 11.

五月十一日. 晴. 午前八時着大連. 入大和飯店, 朝飯. 三井
支店員坂本案內, 駈自動車, 巡覽大連物産陳列舘, 及三井
油池·三泰油坊·電氣公園, 歸舘中火. 午後又駈車, 西南行
二十里, 到星浦. 自滿鐵會社, 卜海濱十萬坪, 公園別莊方多
建設. 臨風據床塵襟爽然, 適海霧掩空不見浦容.

雙輪駈我似流星　　臨浦披襟酒易醒　　不許俗人眞面見
一重霧掩夕陽汀

歸路轉向老虎灘(距大連南十里餘)．　灘之西方突出一岩，礁如老
虎狀，故名之．爲海賊巢窟，今設海水浴場，塹山架橋電車通
路，以便往來．

岩下灘聲動海門　　形如老虎出林蹲　　今日綠林跡如掃
冠童風浴散晴暄

歸舘束裝，赴支店次長高橋茂太郎濱，乃家晚餐會纖手勸酒，
其喜洋洋．仝午後十時發大連．是夜宿車中．
大連日本人商權用覇之地．自旅順得勝後，專意注力，必以大
連爲中心點，而滿鐵事業日復浩大，實爲南北滿洲交通要衝
也．背山臨流，氣候淸朗，道路也市肆也工廠也及住宅也，無
不用新規整理．觀其市區圖，恰如蜘蛛舖網也．所産滿州大豆
爲主要云．

5. 12.

五月十二日．晴．午前六時着奉天，入大和飯店．三井出張所
長天野悌二來訪，共朝飯．同所員案內，訪領事舘．副領事楊
在河，朝鮮大邱人也．爲言滿洲現在朝鮮人爲八十餘萬天，所
以開廣漠之土，而人無耕墾者，留待我朝鮮同胞移居之準備

也. 依五條權(所有權商租權押權年租權分作權), 借地作農, 而移來民中平安道人言語風俗與中華素有習聞, 故不甚困難. 至若慶尙道人了無言俗之素講, 而猝地男負女戴, 顚連於數千里, 其困難殆有甚焉. 還受平安人之凌侮, 如乞兒裂囊, 其情狀亦足感矣. 自我慶尙人俱爲安東奉天, 副領事以來自有愛黨之影響, 平安人不敢如前凌侮. 自領事舘指劃數處金融組合, 低利貸付爲作農之後援云.

蒼茫落日瀋陽城　　忍見流民自漢京　　溝壑同胞此何日
農桑異域寄殘生　　遼東野土埋頭盡　　豆滿江波洒淚鳴
立馬北陵西塔畔　　風塵溢目我心驚

乘馬車赴北陵. 北陵淸朝太宗文皇帝葬地也, 距奉天十里. 一望平原, 松栢鬱蒼, 遙望土饅頭形封陵. 陵上植白楊一株, 老成幾抱, 恰如張盖重重. 殿閣黃瓦燦然, 殿門外石像馬雙立, 彫刻天然, 此示太宗愛馬之癖. 康熙帝御撰太宗功德碑, 屹然而立. 回想與明五十八戰皆捷, 中原諸將倒戈迎降的威武, 今日莫過是一壞土. 況且奉天卽瀋陽也, 憶昔我邦三學士之事, 隔世之感, 不禁一歎. 北陵之觀, 比於五年前, 稍有修補之擧. 把守兵士, 不求案內, 料是奉天督軍張作霖, 爲其收拾人心而如此云.

平原十里萬松蒼　　百丈陵高一白楊　　功德碑傳蒙古字
隆恩門啓滿洲光　　漆燈明滅玄宮邃　　石馬嶙峋墓道煌

爲是淸朝發祥地　　春風遠客感懷長

點茶回馬, 由支那街, 入見淸舊宮殿崇政殿. 當時典型, 森然
在目, 中央龍床揭書(惟天聰明惟聖時憲惟臣欽若惟民從乂), 右揭
(功崇惟志業廣惟勤首出庶物萬國咸寧), 左揭(豈弟君子四方爲則知人
則哲安民則惠), 右楹聯(念玆戎功用肇造我區夏), 左楹聯(愼乃儉德
式勿替有歷年), 結構質素, 規模儉, 約僅免土階三等而已. 較
我景福宮建物, 還有遜色. 殿後有淸寧殿(寢殿), 低炕蘆苫之
殘片朱木窓楹之疎飾, 推見崇儉德而爲政也. 殿左右分列關
雎·麟趾·永福·衍慶四宮, 而亦不過長廊制度也, 但其保管寶
器, 袁世凱當時盡運去北京, 如今蛻蟬之空殼. 殿前有鳳凰
樓, 爲歷代御容奉安所也, 登二層俯瞰奉天全市, 張督軍府
櫛比於眼前矣. 轉向明湖春酒樓, 有揭古詩集句, "但使閭閻
還揖讓, 不知書劍老風塵". 午餐後欲計還酒錢, 則所員止之,
認是爲余饗應也. 歷覽市廛朱欄彫楣漆榜金扁, 處處同然. 歸
歇旅舘.

5. 13.

五月十三日. 曇. 午前六時十分發奉天搭汽車, 至運河從支
線. 仝七時十分着撫順. 驛前旅舘, 買喫骨董飯, 乘腕車. 往
炭礦事務所, 該主任逸其名案內, 搭電車而往, 巡覽老虎臺坑
發電工場·硫酸工場及第一露天掘, 其規模之宏大計劃之纖密,
令人吃驚不可思議. 有炭礦, 夫書感一律.

非人非鬼半疑然　　鑿及九重泉下泉　　生涯不有千金得
性命惟憑一縋懸　　幽冥身判閻羅府　　吞啞心知豫讓賢
哀爾同胞亦天產　　百年窮達此何偏

蓋撫順炭, 距今六百年前, 高麗人採掘, 供陶器製造燃料. 清朝乾隆年間, 以其永陵東陵在近, 而慮有風水之害, 嚴禁採掘. 後光緒二十七年, 清人得政府允許始採, 其後採炭權歸於露國, 極東森林會社事業未及就緒, 日露之戰爲日軍占領, 明治四十年爲滿鐵會社經營. 炭區面積, 約一千八百二十萬坪, 長四十里, 幅十里. 從事員及職雇員七百五十名, 皆日人. 傭雇員六千五百名, 常役夫八千四百名, 採炭夫九千七百名, 皆中華人. 以上合二萬五千三百五十名, 一日平均出炭, 約一萬二千噸, 年額三百八十萬噸, 地質爲三十年採掘預算. 噫! 此炭礦高麗人之發蹤, 諺所謂'盲人得門', 伊時豈有相當技術敢爲能力也哉! 宜乎! 爲人所奪. 但以淸國政府言之, 是足爲富國之一大財源, 而不能自營暴棄地寶, 其亦愚矣. 於驛前少啜中食, 細雨沾衣. 仝午後二時十分歸奉天. 此日卽中華遍踏的最終日也. 以人生快活上思之, 遊興尙未了, 以家私關係上思之, 歸心亦不已. 然四十二日間所經歷山川光景民物風土, 便是一場春夢. 仝夜九時三十分發奉天, 孤月正明, 悵緖無端. 是夜宿車中, 有話呈韶山翁七律一首.

九船廿轍五旬盈　　遍踏中州萬里程　　幾處名山雲共宿
無邊滄海月俱行　　豪談風動淮娥噤　　佳句神凝滬士瞠

仙侶同舟吾亦得　　也將勝事感平生

附韶翁原篇
駐車又問瀋陽城　　千里鄉山一日程　　泰岳曉雲隨驛遠
楊江夜月上樓明　　今歸崧下吾終老　　早向歐西子復行
欲起同隣聞睡客　　東天不待一雞鳴

5. 14.

五月十四日. 晴. 午前五時頃到安東縣. 車掌喚醒, 一同驚
起. 拭眸看之, 乃稅關吏催檢行李也. 開革箱示之, 所謂贈遺
物品, 徵稅略干. 又開一箱, 只黃裝書卷而已, 微哂而去. 遂
整衣而坐, 運袖中時表針. 益進一點, 爲鮮中時間, 隔江不同
故也. 推窓縱覽, 五年前所見鴨綠江鐵橋也. 渡橋始見人人
着新熨白苧衣, 自覺爲朝鮮地域. 余謂趙君曰: "白衣吾平生
所服之衣, 而不見纔是四十日之間, 胡乃生踈如許耶?" 趙曰:
"是無他, 常論我東衣制之不經濟, 而飽看中華之深色, 今朝
猝變爲白故也."

駈車行舶疾如飛　　萬里長程月再輝　　大麥風輕馬關去
綠蒲雨歇鴨江歸　　檢裝吏笑藏黃卷　　渡水人看掛白衣
心喜鄉山行漸近　　片雲東望碧崧扉

無病作聾啞　　出門堪自嘆　　漢音鳩舌聽　　英字蟹行看

衣帽和洋製　名標視察團　浪游竟何益　博得世人訕

且看渡江以東，左右山勢，磅礡淸秀．趙謂余曰：“朝鮮無可
誇者，惟山川一脈，堪誇於中華．”余曰：“雖美非吾土，相與
歎了數口氣．”於車食堂午餐時，余擧麥酒盃謂天野曰：“是看
做解散式”，而此盞爲燕京路三千里，去平安來，平安各自祝
盃也，但不得招來南京第一爲欠事．又一哄笑行到新幕，一行
中子侄及蔘組職員等委來迎之，各各欣握到土城，又有四五知
舊迎之到開城驛．汽笛一聲，崧山當眼，告別天野，約以踵後
入京之期，而下驛卽午後五時也．官紳故舊親戚及蔘業組合員
等二百餘人，出驛迎之，爭相慰言曰：“一行顏色，皆爲豐潤，
幸無行役之苦也．”余答曰：“四十日淸料理，豈無一塊膏膩之
得來乎！”一路笑語，徙步歸家，視之則滄江詩三篇，來在案
上矣．

天下第一江山勝	焦山一片江中央	驚濤日夜浴金佛
汎汎小寺如孤航	浮遊萬里式微客	非此何以寬愁腸
百丈橫繫寺門畔	縱觀吳楚窮靑蒼	高歌唱斷起浪白
狼酒醉來迎月黃	仲謀公瑾若相逢	東坡居士參翶翔
倘能買鱸烹且膾	豪黃尤足洗寒凉	塞予罷病未同去
一恨直與長江長		

| 昌平聖人有後孫 | 生來能讀六藝文 | 萬里遠遊意何似 |
| 想像聖跡交悲欣 | 泰山東山如面目 | 江河濺濺聲如聞 |

懸知卅世去鄉恨　　仰天欲訴空白雲

老身何幸得夫君　　玉貌長鬐出俗群　　江氏詞華渾似錦
王郎墨汁幾沾裙　　遠遊漫漫窮黃海　　舊籍依依望綠雲
一笛風前三盞酒　　相逢那忍卽相分

5. 21.

五月二十一日. 鄉中諸先生，釀金設會于光祿洞，盖慰韶翁及
余往返之勞，而會者三十六人也. 各有詩.

古洞烟霞光祿深　　歡迎今日好相尋　　叙我人間拙老意
論君天下壯觀心　　天津橋月夢中見　　上海市塵衣上侵
今來韶圍渾無累　　樹亦清涼五月林
錦霞　金明說

壯觀爲君遠興深　　愧余衰朽失追尋　　高談半帶西湖景
一醉誰非北海心　　泉鳴石枕塵喧息　　樹擁山庭雨氣侵
北學關情今已矣　　披襟只合臥涼林
綺園　崔永昌

海內論交孰淺深　　愛君無日不相尋　　故縈別後千回夢
忽照逢今一片心　　斗酒淋漓天氣朗　　衣巾瀟洒晚嵐侵
莫愁白日青山暮　　共醉終同臥茂林

星史　朴奎大

生老褊邦塊坐深　　殘山剩水日相尋　　萬里喜君天下觀
三生豁我井中心　　宗垈烟嵐衣上濕　　長江波浪鬢邊侵
樽前聽罷諸佳作　　烏雀啾啾已滿林
希堂　崔中建

綠樹陰陰古洞深　　合歡一會共相尋　　詩篇能得山川氣
夢想應勞鄉國心　　喚友樹間鶯語滑　　留賓澗上酒香侵
就中細聽西湖說　　千古清高處土林
雙溪　金鎭九

新圖一幅萬重深　　勝蹟昭森歷歷尋　　闕里廟嚴屈君膝
廬山瀑落快吾心　　一區水石猶堪暢　　九陌氛埃不敢浸
二子壯游傾耳聽　　偸閑半日坐靑林
貞菴　金濟弼

草樹芬蒀古洞深　　爲迎二友遠相尋　　三旬始返滬淮棹
萬里徘徊燕趙心　　坐久日光峯頂轉　　望遙雲氣杖頭侵
愧吾身似鷦鷯拙　　只自安巢守故林
草亭　孫錫權

多羨二君吟興深　　海山萬里恣游尋　　聞說殊邦幾勞夢
踏來實地也驚心　　瘴烟蠻雨帆前過　　桂子天香衣上侵

聊爲洗塵開小酌　　老鶯喚友又西林
小石　禹錫亨

胸襟爽豁壯韜深　　萬里江山次第尋　　萬壽山光低屐齒
洞庭湖色涌波心　　鶴飛雲外清標遠　　蛙坐井中世慮侵
勝地春醪深似海　　況而海陸自成林
穩菴　李邦鉉

二子西游意頗深　　名園此日好相尋　　經行歷歷聞君說
聽到悠悠豁我心　　地靜翻疑城市近　　樹涼却恐雪霜侵
昨醉未醒今又醉　　一代清流萃若林
訥齋　朴天鳳

吳舶憑虛胸海深　　大川喬嶽遡流尋　　蘇杭樓閣繁華色
燕趙風煙慷慨心　　萬里壯游椽筆健　　一樽良唔座香侵
此行便遂平生志　　慕仰千秋謁聖林
蘭谷　玄在德

兩君胸次海如深　　天下江山幾處尋　　建業宜吟感古賦
泗洙一起慕先心　　三杯美酒莫辭醉　　雙鬢寒霜無奈侵
之子歸來今可賀　　黃鶯喚我坐青林
愼齋　李庚淵

志在中州歲月深　　一朝決意遠相尋　　燕珍奪目繁華市

泰頂披襟快豁心　　出境何愁千里遠　　還家洽滿五旬侵
遍遊海陸無遺處　　況復辛勤拜聖林
　錦沼　朴枸

神州漠漠滄溟深　　念子乘舟去遍尋　　華藻百篇輪舊業
壯游一月償初心　　身過齊魯絃歌聽　　衣拂江淮波色侵
歸來今日志何許　　光祿洞中一茂林
　野人　張時淳

向北電車漸入深　　名區無處不相尋　　泰山非獨能驚眼
曲阜應多遠慕心　　萬里歸家時序變　　滿裝貯句墨香侵
一樽欲叙歡迎意　　斜日穿明光祿林
　槐軒　朱南英

夏木成陰一洞深　　詩筵此日遠來尋　　淸泉白石城西路
蝶舞鶯歌物外心　　我坐淸風塵暑退　　君游萬里鬢霜侵
吟中不覺歸家晚　　烟鳥一聲已暮林
　蒼嚴　金鎮喆

韶老春君抱負深　　壯遊萬里勝區尋　　岳樓廬瀑雙騁眼
魯海齊河一洗心　　舊雨歡迎傾社到　　名園佳會絶塵侵
一樽爲賀歸來健　　幽鳥欣欣啼滿林
　眉山　洪應杓

西遊大陸喜歡深　　古寺名樓幾處尋　　聖廟淵源應倍感
蘇堤事業可同心　　芳名才子佳人在　　浩劫狂風急雨侵
領略江淮堪有說　　行勞聊慰入長林
東樓　趙鳳植

北行吟策際春深　　闕里泰山應徧尋　　大成至聖尙遺澤
明復先生曾苦心　　三酌歡迎碧陰轉　　霉鞋晚踏綠苔侵
中原古事聞之喜　　不覺斜陽映茂林
錦西　黃燦

名亭五月景幽深　　路出招邀此處尋　　閱來古蹟千秋事
聽罷新詩萬里心　　徧地烟霞塵自遠　　滿山松櫟暑無侵
玆游何似盛游處　　盡日淸談動士林
蘭軒　閔泳華

萬里程長君別深　　五旬未過故鄕尋　　披來寶帖開衰眼
聽得豪談動衆心　　萍水吾生塵累在　　蜉蝣天地髩毛侵
開筵此日何辭醉　　斜日映山風晚林
春崗　閔泳弼

草樹新晴洞府深　　歡迎二友此相尋　　舟車幾作殊邦夢
文物應多故國心　　探奇探險身尤健　　於水於山瘴不侵
圖說歸來供一覽　　馳神不覺日西林
松磵　金基夏

夏木成陰洞府深
劇語差歡半日心
請君休說中州勝
春臯　金謹鏞

招邀二子好相尋
三盃醇釀渾成醉
此地名區是樾林

壯游已遂多年志
一點塵埃不許侵

光祿洞雲深復深
慰我半生寥寂心
黃鸝亦解歡迎意
省菴　李箕紹

詩朋酒老此來尋
天下風塵猶未定
盡日嚶嚶綠樹林

聞君萬里歡遊語
鬢邊霜雪莫相侵

游歷任君話淺深
喚起溪山寂寞心
一言欲爲滄翁辨
春汕　趙仁元

斷崖夏木長千尋
澗邊移席樹陰轉
明史攻錢幾士林

翻回江海繁華跡
石上題詩苔色侵

一幅中州入夢深
揚子江橫也有心
迎君偶設山中會
海傖　金鴻埰

西京送子好相尋
萬里平安君去路
故國鶯飛落晚林

岳陽樓屹應懷古
千魔不敢此行侵

書劍豪情萬里深
聖像陪來見道心
鯨波遠海今還穩
敬齋　崔東壹

輕輕行橐遠邦尋
燕市風光詩上載
爲賀傾樽會似林

華天遊到收名蹟
黃樓烟景畫中侵

遠游中土意殊深
飄然起我洞庭心
萬里驅馳應有困
碧菴　林鎮源

泛水登山幾處尋
早年不覺黃金好
一樽相對故園林

特地問君華嶽說
此日難禁白髮侵

江南江北潯流深
湧金門外泛湖心
萬里歸來詩話足
東溪　朴頤陽

種種投瓊供此尋
細詳將擴紅蔘販
山僮休報傲西林

黃鶴樓前過漢口
愉快何知白髮侵

情何淺也情何深
中原何處可論心
欲識歡迎眞有意
小巖　朴準成

最喜二公別後尋
酒兵我弱人皆笑
請看臺上士如林

故國後來應有感
詩敵君强世莫侵

光祿池臺一路深
神州曾欲壯遊心
樽前側耳聽佳作
少坡　洪淳哲

歡迎有約好相尋
揚子江聲衣上濕
醉臥斜陽碧樹林

蔘市非專輪察意
武昌山色髩邊侵

崧南一別別懷深
筑歌燕市共論心
欲問奇遊開此會
鵬海　秦文爕

異域江山歷歷尋
九州風物吟詩苦
兩翁連袂向西林

絃誦魯鄉猶見俗
五岳烟霞滿袖侵

晚泊西湖題傑句
一樽相對夕陽侵
荊南薊北一時尋
萬里壯遊今世絕
好將笑語坐青林
兩老風流胸海深
更登東嶽洗塵心
爲賀先生無恙返
豹隱 金鎮元

天津閱月壯觀日
靈泉雨歇綠苔侵
略排小酌好相尋
古洞雲收青嶂出
滿座嘉賓摠士林
仰慕兩公交益深
遼野遠程歸國心
箇中莫道緇塵事
日堂 崔在薰

愧我未踪奇觀地
薊北晴嵐馬上侵
萬里關河一快尋
江南夜月舟中見
千載雲仍拜聖林
生來褊壤歲華深
羨君能遂壯游心
秖今猶有絃歌盛
霅山 韓慶錫

遊人五月來行色
碧流石竇暑無侵
提携舊伴好相尋
紅熟櫻枝春有迹
文章何日動雞林
綠葉繁陰古洞深
釀飲百錢開素心
白首江淮堪自笑
韶山 孫鳳祥

萬里轍環浪遊跡
雲水空將野屐侵
惠好群公載酒尋
詩篇無足蓼籠見
數聲黃鳥坐西林
千章夏木洞天深
百錢杖掛暢舒心
豈謂文章開此會
春圃 孔聖學

晚翠 禹鍾益 春坡 朴在善 追有贈詩如下

萬里行裝日已深　　中州景物遍遊尋　　輕投豹虎相爭地
快學鷗鵬一舉心　　楚峀青蒼車上出　　燕雲杳靄杖頭侵
樽前未得迎君語　　悵望城西隔樹林
晚翠

泗水東來一派深　　眞源萬里直行尋　　千年聖廟焄蒿氣
百世遺孫感愴心　　空谷幽蘭春色護　　古壇無杏夕陽侵
爲君多謝歸鄕日　　傳誦餘風振士林
晚翠

汽笛催相別　　驛頭送君行　　勿用離群恨　　四海盡弟兄
五旬猶未滿　　此地復相迎　　輪飛平野濶　　舟泊暮江淸
歷訪西湖景　　遊觀北燕京　　問酒花間醉　　裁詩月下成
滄翁無恙否　　驀地喜且驚　　燈火千金話　　關山萬里情
拜瞻素王廟　　夙志遂此程　　遙知慕先意　　正如春草生
歸來問所感　　懷多未易名　　滿篋驚人句　　相傳播一城
春坡

初發開城，　自京城赴釜山，　直渡玄海下馬關經門司三池長崎.
復航海着上海，　而留杭州西湖蘇州通州，　次第往返，　轉從南京
泛舟長江行泊九江，　一宿廬山. 又遡流而上，　望赤壁及黃州，

抵漢口. 望黄鶴樓, 更從鐵路入北京巡覽, 旋出天津登泰山, 詣曲阜謁文廟及聖林, 由濟南歷靑島, 又乘舟行大連覽旅順, 復尋芝罘還泊大連, 換乘汽車入奉天, 觀撫順炭鑛 仍渡鴨綠江而歸, 凡四十三日間也. 余曾游日本三回, 其足跡之所到‧耳目之所觸, 非無多少感想, 未有若一見中華之切實敏速也. 何也? 吾東四千年歷史, 專學中華, 八歲入學之童, 必先讀史略三卷, 後讀通鑑十五卷. 乃已方其幼年聰明之時, 一部史記貫徹腦裏, 故歷代帝王系統及人物名姓, 以至山川‧風俗‧稱號‧沿革, 皆指諸掌而談論, 若有問於自國歷史, 則懵懵然一啞矣. 然則以平生所慣的聞見, 今踏實地, 實有見一知二‧指東辨西之所驗, 而其所感想, 自有異乎日本之遊也. 雖然, 余旣非政界客, 則固無容喙於中華大勢之如何也, 又非著述家, 則亦無有名山大川之助我筆氣也. 但彷徨於燕趙之市, 而詢及高麗之野蔘, 其一時記歷, 是不過皮膚糟粕而已. 又況手語目聽, 如隔靴搔癢, 風駛雨驟, 如追程盲進, 甚有愧於視察趣旨. 而管見蠡測, 猶有所得于天海之萬一矣. 玆記顚末, 以供大方家一笑云爾.

終

중유일기

공성학 지음
박동욱·이은주 옮김

1판 1쇄 발행일 2018년 2월 26일

발행인 | 김학원
편집주간 | 김민기 황서현
기획 | 문성환 박상경 임은선 김보희 최윤영 전두현 최인영 이보람 김진주 정민애 임재희 이효온
디자인 | 김태형 유주현 구현석 박인규 한예슬
미케팅 | 이한주 김창규 김한밀 윤민영 김규빈 송희진
저자·독자서비스 | 조다영 윤경희 이현주(humanist@humanistbooks.com)
용지 | 화인페이퍼
인쇄 | 청아문화사
제본 | 정민문화사

발행처 | (주) 휴머니스트 출판그룹
출판등록 | 제313-2007-000007호(2007년 1월 5일)
주소 | (03991) 서울시 마포구 동교로23길 76(연남동)
전화 | 02-335-4422 팩스 | 02-334-3427
홈페이지 | www.humanistbooks.com

ⓒ 박동욱·이은주, 2018
ISBN 979-11-6080-116-3 93910

* 이 도서의 국립중앙도서관 출판예정도서목록(CIP)은 서지정보유통지원시스템 홈페이지(http://seoji.nl.go.kr)와 국가자료공동목록시스템(http://www.nl.go.kr/kolisnet)에서 이용하실 수 있습니다.(CIP제어번호: CIP2018002676)

만든 사람들

편집주간 | 황서현
기획 | 전두현(jdh2001@humanistbooks.com) 박상경 이효온
편집 | 남미은
디자인 | 한예슬